本书受国家哲学社会科学规划项目

资源开发中政府间关系的法治化研究

龚战梅 胡永平 冯亚雯 林丽 著

知识产权出版社

全国百佳图书出版单位

图书在版编目（CIP）数据

资源开发中政府间关系的法治化研究／龚战梅等著 . —北京：知识产权出版社，2018.6

ISBN 978 - 7 - 5130 - 5559 - 8

Ⅰ.①资… Ⅱ.①龚… Ⅲ.①资源开发—法律—研究—中国 Ⅳ.①D922.604

中国版本图书馆 CIP 数据核字（2018）第 095550 号

责任编辑：齐梓伊   责任校对：王　岩

封面设计：张　悦   责任印制：孙婷婷

资源开发中政府间关系的法治化研究

龚战梅　胡永平　冯亚雯　林　丽　著

出版发行：知识产权出版社 有限责任公司	网　　址：http://www.ipph.cn
社　　址：北京市海淀区气象路 50 号院	邮　　编：100081
责编电话：010 - 82000860 转 8176	责编邮箱：qiziyi2004@qq.com
发行电话：010 - 82000860 转 8101/8102	发行传真：010 - 82000893/82005070/82000270
印　　刷：北京九州迅驰传媒文化有限公司	经　　销：各大网上书店、新华书店及相关专业书店
开　　本：787mm×1092mm　1/16	印　　张：16
版　　次：2018 年 6 月第 1 版	印　　次：2018 年 6 月第 1 次印刷
字　　数：256 千字	定　　价：68.00 元

ISBN 978 - 7 - 5130 - 5559 - 8

目录 Contents

绪　论

一、问题缘起

中央和地方的关系植根于一个国家的社会体制之中，关系到国家的统一、经济的发展和社会的稳定。中央与地方政府权力的消长过程，总是表现出一种矛盾：地方政府能力的扩大或缩小即中央政府能力的缩小或扩大，很难做到均衡化发展。随着分权化改革和市场经济的推进，地方拥有了和中央谈判的能力，更是由于各自利益的独立性使中央与地方关系日益复杂化，因利益分歧而产生的矛盾已经成为阻碍中央与地方关系协调发展的重要因素。西部地区有着丰富的自然资源，在开发利用的过程中必然涉及中央、地方、开发企业、资源所在地之间的关系，在西部资源开发中涉及的关系复杂，矛盾较多，其核心就是利益问题。这就促使我们思考一些问题：在资源开发中资源所在地政府及民众对资源享有什么权利？中央与地方是如何分配利益的？出现利益冲突时如何解决？在中央与地方进行利益协调时哪些因素影响了问题的解决？中央与地方的关系一直被作为一个重大的政治问题予以解决，但政治化的解决又给这种关系增加了许多变数。在中国这样一个大国，集权是必然的，但同时，分权的诱惑又时时影响着中央与地方的关系，并为政策分歧留下了很大的空间，使之极富张力，而我国的政治架构使这种张力总是处于一种不确定之中，缺乏合法性依据，任意性、主观性太大。所以在集权、分权的调整变化中，权力变动影响着利益分配，没有一个在法理上公平、政治上妥当、经济上合理的结论出现。因此要解决中央与地方因资源开发引发的矛盾，就要进行不同利益群体的利益分析，让参与利益分配的各方表明他们自身的利益及对利益分配的期许，这可能在一定程度上能够找到问题的症结，而主导利益分配的中央政府能够接受不同利益群体同时存在的事实，透明地呈现潜在的矛盾，使隐藏的利益群体明显化，这也不失为一种与地方、与民众沟通联系的策略，使不同利益群体的矛盾最终得到合理化的解决，这将有利于对中央与地方关系的理解，因此对这一问题进行深入研究就成了本书的学术焦点。

对中央与地方的关系，人们从不同角度、不同方法进行了探讨。本书则以利益冲突为视角，以西部地区自然资源中最具有代表性的油气资源为研究载体，以中央与地方关系的法治化为研究重点，采用专题调研、规范分析、比较等方法开展研究工作。在资源开发中各方形成了怎样的利益关系以及如何分配利益是本书研究的基础，厘清资源开发中的利益冲突，对资源开发中的利益分配、利益补偿问题进行研究看上去是本书的重点，不过本书并未将视角专注于此，资源开发中的利益分配矛盾以及冲突只是为本书研究中央与地方的关系提供了一个切入点，把中央与地方在此方面呈现出的冲突作为研究中央与地方关系的一个具体案例，从中央与地方关系的利益性特征对两者之间的关系进行审视，深层次是要解决中央与地方的关系，为协调两者关系找到一个统一的平台。

"中央与地方的关系，实际上是在一定的利益基础之上的统治阶级内部的一种政治关系。"[1] 由于权力的调整是以利益为导向的，随着利益分配的调整，权力的调整也在发生着变化。局部利益分配的适当调整不仅是一系列法律制度变迁的过程，更是一个根据法律重新分配利益的过程，因此解决利益冲突需要突破中央与地方关系的困境。利益冲突视角将利益冲突的解决与中央与地方的权力关系、利益关系等有机地结合起来。应该说本书更重要的是在解决利益冲突的过程中处理中央与地方的关系，最终为解决中央与地方关系的矛盾，实现中央与地方关系的法治化寻找一个合理路径。

（一）利益——认识中央与地方关系的基点

人们很早就注意到了利益与政治之间的关系，有人曾对此进行了详尽的研

---

[1] 薄贵利：《中央与地方关系研究》，吉林大学出版社1991年版，第9页。

究，揭示了两者之间的关系。① "政治是阶级社会中各权力主体为了利益而以政权为核心所展开的活动及其所结成的社会关系。"② 由此可以看出政治行为主体也同样摆脱不了利益关系，它的政治活动以及管理行为都是为了实现利益而展开的。"在实际的政治发展过程中，经济基础往往通过表现为一定的利益结构而对行政体系发生作用。"③ 要探讨中央与地方关系不可能不考虑利益。"政府是一个利益纷繁复杂的汇集地，各种有形无形的利益在这里纠缠、碰撞、交融，延伸至公共管理发展的纵深领域。"④ 政府组织在社会的发展中无疑是重要的利益承载体，担负着利益分配的责任，其自身也在这种整合与分配过程中成为了重要的利益主体。中央与地方的关系是建立在权力基础上的利益分配关系，而中央与地方的利益关系则是中央与地方在行使各自行政管理权力的过程中所形成的利益的分配、分享和竞争关系。因此正确反映、协调各种利益关系，解决利益矛盾，是我国政府体制改革所遇到的突出问题，所以在研究本课题时，就把利益和利益冲突作为研究资源开发中政府关系的分析视角。

在传统体制下中央与地方政府的利益、目标保持高度一致性，在利益与利益冲突方面表现得并不明显。即使存在冲突但由于地方政府没有独立的法律地位，特别是在我国这样一个中央集权的单一制国家中基本是由中央主导解决的。改革开放以后，我国中央与地方关系的利益格局发生了巨大变化，在利益格局的重构过程中，中央与地方的利益逐步分离，地方政府不但是公共利益在地方的代表者，也因不断谋取地方利益、各自利益而成为独立的利益主体。地方利益就带有了双重属性，这种双重属性的内在矛盾使中央与地方出现了三种利益：共同的公共利益、本部门或区域利益以及地方企业和民众的利益。地方政府在发展区域经济的过程中，逐渐获得了与中央抗衡的能力，至少在经济上不必过多地依赖中央，政府的功能在不同层级出现了较大的差异，在一些经济发达的省区就出现了比较突出的地方主义问题。"在 1997 年底和 1998 年初，

---

① 张江河：《论利益与政治》，北京大学出版社 2002 年版。

② 张江河："论利益与政治之基本关系"，载《吉林大学社会科学学报》1994 年第 4 期。

③ 梁波：《当代中国社会利益结构对政治发展的影响》，兰州大学出版社 2007 年版，第 41 页。

④ 涂晓芳：《政府利益论——从转轨时期地方政府的视角》，北京大学出版社、北京航空航天大学出版社 2008 年版，导言第 1 页。

以朱镕基为总理的中央政府发起了一场针对广东地方主义的运动,力图重新集中权力。"① 对共同利益的追求促成了不同层级政府间合作的基础,利益的分化又破坏了中央与地方关系的正常化。这可以从中央与地方财政体制改革看到很清晰的变化走势:中华人民共和国成立后我国实行高度集中的财政体制,计划经济体制在一定程度上影响了地方政府的积极性。地方政府怨言颇多,最终汇集到一起,地方政府开始与中央政府谈判,中央政府不得不妥协,与地方政府签订了财政承包合同,实行"分灶吃饭"。地方政府的权限在一定程度上开始扩大,增加了掌握的资源,甚至在很多问题上中央已经无力掌控,例如,地方政府为了追求地方经济的快速发展,开始与企业合谋获取更大的利益,中央政府试图改变因企业单纯追求效益而导致的资源过度开发、环境破坏或重复建设等问题,但却收效甚微。为了既保证地方政府的积极性,又达到宏观调控、适度干预的目的,中央政府开始进行分税制改革,中央与地方双方角力的结果就促成了目前中央与地方利益分立,多元利益主体格局形成的局面。梳理整个改革的过程可以发现利益成为主导中央与地方关系的核心力量,如何合理、有序并及时、有效地协调各种利益冲突,不仅关系着中央与地方关系的健康发展,而且关系着国家的安定、民众生活水平的提高。在一定程度上中央与地方关系是围绕着利益分配而展开的,通过对利益关系的分析、利益内容的把握、利益冲突的解决为西部重大的现实问题提供一个解决方案。因此,对西部地区资源开发的利益冲突问题进行全面系统的分析,努力探求合理有效的利益协调之道,不仅对解决利益冲突有积极的作用,更成为处理中央与地方关系的切入点。

1. 公共利益——中央与地方合作的基础

无论对公共利益有着怎样的争论,② 公共利益显然都应当是社会成员共享的普遍利益,体现和实现、维护和保障公共利益的职能唯有国家和因此产生的政府才能履行。现代国家的制度建制是公共利益得以实现和保障的必要条件,各级政府就是为了满足公众的公共需求而设立的,它们在本质上就是为社会公众的共同利益提供服务的机构。政府作为国家的代言人,其设立的各类机构逐

---

① 郑永年:《集权与分权的深度思考》,邱道隆译,东方出版社 2013 年版,序言。
② 余少祥:"什么是公共利益",载《江淮论坛》2012 年第 2 期。

渐成了公共利益的承担者、维护者和代表者。无论是中央政府还是地方政府都可以看作是公共利益的执行者和监管者，共同的利益取向使他们有了共同的追求。政府是因国家而生，因此各级政府都必须遵从国家意志，国家利益的存在就意味着政府行为的价值取向，各级政府都应该围绕国家利益开展自己的活动，即使在联邦制国家中，各州的主权也不得不服从联邦主权。同时国家还承担提供公共服务、公共物品的供给等方面的职能，这种角色和核心地位是其他机构所不能代替的，特别是在安全、教育、社会保障、环境保护等公共事务方面，中央政府与地方政府的目标是一致的。他们对外需要维护国家的完整和统一，抵御外来侵略，对内需要维护国家的公共安全；他们需要发展经济，提高人民的生活水平；他们需要共同提供公用基础设施、医疗、教育等公共服务，这样在政府履行职能方面就有了很强的共同性。由于各级政府间有共同的利益，所以他们在许多事务的完成方面有了合作的可能。中央利益是整个社会公共利益最集中的代表和体现，地方政府更多的是本地区利益的代表者，他们虽然代表利益并不完全相同，但他们有许多一致性，特别是地方政府要辅助中央政府完成公共利益在地方上的实现。

　　2. 利益差别——中央与地方分离的原因

　　公共利益涉及国家生存和发展的根本性问题，包括经济层面、社会层面、文化层面等的公共利益，这里面也包含地方的公共利益。这是任何一个个人或组织所不能照顾到的，只有依靠政府完成。但公共利益绝不是政府追求的全部利益，在中央政府与地方政府追求共同目标时存在利益矛盾的一面，就连实现公共利益的过程中，政府的一些部门和个人也会因生存和发展的需要滋生出个别利益，偏离社会公共利益。中央政府代表国家的整体利益和社会的普遍利益，而地方政府所代表的地方利益则具有双重特性。具体表现在两方面：地方政府与中央政府的利益具有一致性，都是为了发展社会经济，提高人民生活水平，促进社会和谐进步。同时地方利益又具有相对独立性，作为本地区利益的代表，它更希望本地区经济能得到持续、快速增长，以满足本地区人民的需要，同时也由于地方政府本身以及政府官员的生存、发展和经济状况，决定了他们更多地追求本地区的利益。尽管地方官员的任命是由上级决定而不是由地方民众选举产生，他们普遍存在"对上负责并讨好"的倾向，但这丝毫不影响他们对本地区利益的追求。

一方面，由于利益不同，地方政府需要在中央政府的领导下，分解和承接国家的发展目标和具体任务；另一方面，它又从地方利益出发，选择那些有利于地方发展的政策，因此在制定政策或贯彻上级政府下达的命令时有了自身的考量。随着改革开放的深入和市场经济的发展，地方政府（特别是省级政府）的独立性不断增强，已经成为具有相对独立的经济社会利益和相对独立的发展目标的利益主体。可以说中央政府代表的是全局的利益，其制定政策的出发点是全民的利益诉求，最终目标是国民经济整体的快速发展，从而提高人民生活水平；地方政府代表的则是局部的利益，其政策的执行目标是实现地区利益的最大化，出发点最多是本地区的利益甚至还可能是某些人的私人利益，那么其所追求执行的中央政策和自己制定的地方政策大多寻求短期利益。

随着利益分化日趋明显，在中央与地方、地方与地方、政府与社会之间，新的利益结构逐渐形成，打破了原先的一体化格局，由此就形成了各省、自治区与直辖市的利益，甚至在一个省、自治区或直辖市内部，各州、市、县又形成了各自的利益，利益驱使下各地就不可能不折不扣地执行中央的政策或命令，相反，在执行的过程中必然考虑本地区的一些利益。地方政府作为区域经济中地方利益的总代表，具有一定的管辖权和参与经济活动的权利，因而也具有自身的利益目标。地方政府往往从地方利益出发来解释和执行中央政策，使中央的一些政策难以达到预期效果。即使是在管理公共事务方面，由于所处地域不同，他们的利益也并不完全相同，都期望能为本地区争取更多的福祉。应该注意的是地方政府的利益不等于本地民众的利益，地方政府的利益也不等于公共利益。由于自利性倾向不断增加，日益膨胀的政府利益已经"影响了决策的战略性、全局性和前瞻性，损害了社会公正与大众利益，增添了国家经济及政治风险"。① 地方政府的利益极大地激发了他们在经济方面的积极性，导致产生了一系列以地方政府为主角的旨在促进本地区经济增长的制度，同时也

---

① 江涌："警惕部门利益膨胀"，载 http://www.sociologyol.org/shehuibankuai/ shehuipinglunliebiao/ 2007 - 12 - 24/4168. html，2012 年 10 月 20 日访问。

诱发了地方政府利益的扭曲。

在开发自然资源过程中，中央政府与地方政府明显有不同的利益倾向：在不同层级地方政府间的利益视野迥然不同，中央会从更宏观的视角去对待资源的配置，而地方则站在区域的层面去考虑。因此，视野不同，利益之争就不会停止。地方政府的自利性导致它在制定政策时只会从地方利益出发制定各种政策与规划，其因自主性而采取主动合作的必备条件只能是健全的制度带来的利益公平合理分配，所以不断完善利益分配制度，解决利益冲突问题，最终成为改善中央与地方关系的突破口。

3. 公共利益与个体利益的分歧——政府与个体冲突的必然

在企业和个人这些独立的市场主体生存发展中，他们总是在追求满足自身物质需要和精神需求的利益，努力实现自我利益最大化。与公共利益相比较，个体利益能够满足人们的私欲，是表现最为明显、最为直接的一种利益，在任何情况下，个体总是以自身为出发点，寻求物质与精神的满足。正如马克思所说："人们为之奋斗的一切，都与他们的利益有关。"

政府与个体的关系主要表现为政府与个人、政府与企业之间的关系。因此，在资源开发过程中，资源所在地的民众在考虑资源利益分配时，往往会从自身利益角度出发，更倾向于认为自己处于资源所在地，所以理应享有对资源的所有权，尽管这种观点很片面，但毋庸置疑的是，"资源的国家所有"虽有利于资源的开采、利用和保护，但同时割裂了资源所在地与资源之间的关系，一定程度上忽略了资源所在地民众的利益诉求。如果仅仅让资源所在地的民众看到资源的开发和输出，却没有让他们感受到资源开发给他们带来的利益，任何一个人都会对这样的开发现状不满。对于企业来说，基于社会责任的要求，它们也会按照国家法律缴纳税款、进行环境保护、改善劳动条件等，但毕竟作为市场主体，它们首要的任务是追求利润最大化，即对自身利益的追求。企业或个人都生活在一个特定的社会群体或社会组织中，其内部存在着一种与根本利益相一致的利益，这是从个体利益中抽象出的一种利益，是所有主体普遍享有的一种利益。但他们更多地则是从自身利益出发来考虑问题，对于公共物品和公共服务的供给他们只会认为这是政府应该提供的，而没有把它与自身行为或自身利益联系在一起，因此在利益取向上就会与政府之间产生较大的分歧。而政府一方面代表全民的利益，要满足社会公共利益的需要，另一方面又是独立的利益主体，这种双重身份有时候使他们在利益追求中表现出了"同"和"不同"。

在人类的早期社会，人们就已经注意到在恶劣的生存环境中，人们依靠单个人的力量很难生存下来，所以人们共同劳动、相互依靠、共享劳动成果。现代社会利益更是将独立的个体连接起来，同时由于各自的利益不同、重心不同，使他们又存在利益冲突，这主要是整体利益与局部利益、公共利益与个体利益之间的冲突。所有人都希望过一种比他们各自努力、单独生存所能达到的更好的生活，在代表全民利益方面他们与民众的利益表现出了极大的一致，但同时由于各自利益的不同，使他们又存在利益冲突，在政府与个体、政府与企业之间的关系上就表现为利益的一致性与差异性，各方采取的行动也会基于此产生明显的差异。

（二）解决西部资源开发中的利益冲突——协调中央与地方关系的动力

利益是主体运用政权对利益进行权威性分配获取的，只有通过对利益进行合理、公开的分配才能实现政治权力，并确保其稳定，达到有效控制，所以对利益的调整关系到国家、社会的稳定。而根据张江河的研究，认为"利益秩序……每一个环节都与政权关系密切，二者是一损俱损，一安俱安"。① 利益关系的协调对一个政权的向心力、凝聚力具有至关重要的价值，无论是国家利益，还是地方利益或个人利益的实现与否都与人们的安居乐业、政权的稳定安全有着现实的直接关系。通过上面的分析可以得知，中央与地方利益的内容及重要程度不同，涉及的公共事务范围各异，所以政府为了维护和发展这些利益，将其管理公共事务的公共权力按利益的重要程度和区域差异予以不同分配。也就是说，中央与地方关系实质上就是把整体利益和局部利益及维护和发展这些利益所需要的公共权力在中央政府与地方政府之间进行某种分配，他们通过运用各自的权力，履行各自的职能，实现和维护着这些利益。

根据《中华人民共和国宪法》（以下简称《宪法》）第110条规定："地方各级人民政府对上一级国家行政机关负责并报告工作。全国地方各级人民政府都是国务院统一领导下的国家行政机关，都服从国务院。"可以看出法律规定

---

① 张江河："论利益与政治之基本关系"，载《吉林大学社会科学学报》1994年第4期。

了中央与地方的关系，不过这一条文相对较为简单、原则。一旦中央政府与地方政府在资源开发中的利益分配出现不公，导致双方关系比较紧张时，利益冲突就成为他们首要解决的问题，以避免影响国家的安全与稳定。所以利益冲突最终会反映到中央与地方在权力利益分配上，要想彻底解决此问题，不依靠中央与地方关系的调整是不可能的。因此，协调中央与地方的关系就是为了缓和两者的利益冲突，促进两者利益关系的一致性。

中央与地方利益冲突表现得最为明显的当属油气资源开发领域。例如，随着陕西境内新的油气储量不断被发现，陕西省与中央在油气资源开发权、收益权等方面发生了激烈冲突。① 一直以来，基于国家安全和开发能力等多重因素考量，中央政府统领并掌握着国家油气资源的开发，而地方政府则无权涉足油气资源开发领域。毕竟地方政府可以按照行政级别大小对本行政区域内的一些中小型矿产资源拥有开发权，相对而言，在其他种类的资源开发上冲突还不像油气资源那么明显。基于此，在协调中央与地方关系时就要先解决突出的矛盾——利益分配引发的冲突，观察利益主体的反应及预期政策能否充分实现，而高效民主的政治体制是利益结构完善平衡的保障。利益关系的发展变化，要求政治体制及时进行改进和调整，因为政治制度决定了资源分配制度。

需要指出的是，利益冲突没有得到合理解决会造成严重后果并埋藏深刻的社会危机。这主要表现在：（1）利益分配关系没有理顺，中央与资源所在地政府、资源输入地与输出地政府、政府与个体之间的利益矛盾会越积越多，区域差距、东西差距扩大，导致社会利益冲突的刚性增长。（2）中央与地方的关系实质就是利益关系，利益关系处理的好坏将直接影响中央与地方关系。毛泽东在《论十大关系》中专门列出中央与地方关系，详细说明在利益关系主导下的央地关系的发展，如果忽视了地方的内在动力，扼制了地方的积极性，会使得主观随意性太强，不利于中央与地方关系的规范化发展。（3）中央政府拥有制定规则的权力，通过掌握的权力来制定规则分配利益。地方政府在执行中央规则时会使结果尽可能有利于自己或干脆制定地方性规则以保证自身利益，这就造成了地方权力的异化，严重时会危及中央权威。

---

① 党鹏："陕北石油资源开采权大战艰难落幕"，载《市场报》2005 年 10 月 14 日第 5 版。

（三）利益协调的最佳路径——中央与地方关系的法治化构建

经过三十多年的改革，已触及许多深层次的矛盾和问题。在法治不健全的情况下，中央与地方权力的收放都会带来非正常化甚至是不负责任的行为，中央与地方基于平等之上进行的沟通与交流几乎是不可能的，这就刺激了"对上负责"以及暗箱操作的行为泛滥。所以中央与地方关系的非规范化状况应通过改革，以制度化、法制化的方式加以解决。通过西部资源开发这种突出问题，更深地反映中央与地方的利益冲突及关系问题，给本书提供了绝佳的研究视角。"调整中央地方关系已经成为中国政治改革的重心之一。从某种意义上讲，控制中国社会的是地方政府而不是中央政府。因此，中央政府是否能够在维持社会稳定的同时促进快速的经济增长将取决于它是否能够争取到地方政府的合作，而这又进一步取决于中央政府如何调整其与地方的关系"。① 研究和解决中央与地方的利益关系就成为关键，但这并不是本书研究的重点。由于社会主义法制体系业已形成，它是解决我国发展过程中遇到的所有问题的根本途径，中央与地方利益关系的协调当然也须在法制发展的框架内完成。所以，利益冲突问题只有纳入法律中去解决才能得到最终的解决，也才能实现各方主体的利益诉求。因此，从利益角度探讨和思考利益分配，最终通过法律规治中央和地方的关系，才是本书研究的重点。

解决利益冲突与中央和地方关系的法制化密切相关，主要表现为以下三个方面：（1）在权力利益分配关系中，中央政府与地方政府长期存在两种极不相称的地位，地方政府难以以平等的身份和中央政府协商，中央政府往往也仅仅把地方政府看作中央政府的派出机构、隶属机构。如果不将二者的权力利益关系用法律的方式固定下来，则会造成两者之间的关系处于一种不确定状态，致使中央集权或放权完全由单方面决定，与地方争利，阻碍中央地方合作关系的发展；而地方为了尽可能多地谋求地方利益就会与中央进行"讨价还价"。为了保证中央与地方关系的稳定性和连续性，按照法制化原则，中央政府与地方政府就应当确立各自在宪法和法律上的权利义务；中央政府对地方政府的监

---

① 李凯："转型时期我国中央与地方关系的改革和发展"，载《成都行政学院学报》2003年第3期。

督方式和协调方式就应该尽量用法律手段而减少行政手段；中央政府与地方政府权力纠纷的解决途径、权力调整方式也应该用法律制度明确下来。唯有这样，地方政府才能够不越权行使中央政府的权力，中央政府也不侵犯地方政府的权力，最终才能有效避免法律制度的盲目性和随意性。（2）依靠法治化实现中央与地方利益关系的协调事关两者主体身份和权力界限的明晰。地方政府与中央政府都获得了相应的利益主体的资格，尽管前者是地方利益与局部利益的代表，后者是国家利益与整体利益的代表。但是单方面由中央政府出面处理中央与地方的关系显然是不合适的，中央政府本身就陷于这种混乱之中，其行为不一定是完全理性的，它有可能损害地方政府的合法利益。郑永年先生认为"在过去20年间，中国领导层所关心的不是按照某一种所谓'主义'来建立中央地方关系模式，其所关心的是中央政府究竟应该拥有多大权力而地方政府究竟应该获得多少权力。……中央领导层关注的焦点不是将中央地方关系制度化，而是不断调整与地方的关系以应对地方的挑战"。[1] 所以如不依靠法律调整以完善二者的关系，则无法寻求令各方都满意的解决方案。（3）实现利益协调，还可以预防中央与地方政府之间的"次生性冲突"。对于中央政府与地方政府在权力和职能分配、组织人事、利益分配、决策监督等方面，如缺乏明确而严格的法律规定，则又会引发新一轮的冲突。因此，为了保证中央的政策命令能够得到地方有效的贯彻执行，同时也能够充分发挥地方政府的积极性，在中央与地方关系的整个运行过程中需要法律加以保障。

将中央与地方之间的矛盾和焦点集中在易于规范化、法律化和制度化的分配制度上，给中央与地方关系在其他方面的处理上提供一些可供借鉴的经验，明晰中央与地方在资源开发上的产权和管理关系，这一系列都需要通过法律的设计，改善二者在资源利益中扭曲的分配关系，摆脱由此发生的"地方对中央的绑架"以及"企业对政府的绑架"。

二、研究现状

有关自然资源的开发所涉及的问题多种多样，而所有问题最终归结于不同

---

[1] 郑永年："政治渐进主义及其局限性：中国的经验"，见胡鞍钢主编：《中国走向》，浙江人民出版社2000年版，第259页。

社会利益、经济利益和政治利益之间的冲突。那么在国家与资源所在地之间产生的利益冲突势必会影响到中央和地方的关系，这不仅在我国是一个急需解决的问题，在其他国家开发自然资源时也同样出现过类似的问题。

（一）国内研究现状

1. 资源开发的基本制度

在我国，对西部地区资源开发、经济发展的研究是随着西部大开发而产生的，主要集中在经济学领域，采取何种发展战略、何种发展模式以及如何协调东西部差距一直是研究的重点，出现了大量的论著。

第一，主要是研究矿产资源的产权制度。

矿产资源埋藏于地下或地表浅层，其存在需要依附于土地，所以矿产资源与土地之间的关系非常密切。对矿产资源进行勘探和开采必然涉及对土地的利用，因此有必要厘清矿产资源所有权与土地所有权之间的关系。吕忠梅、尤明青在《试论我国矿产资源所有权及其实现》中阐述了美、英、法、德矿产资源所有权的立法体例，认为美国、英国等英美法系国家采取的是土地所有权吸收矿产资源所有权的立法例，而以法国、德国为代表的大陆法系国家则采用土地所有权与矿产资源所有权各自独立的立法例。郝举、蔡齐在《论我国矿产资源所有权》中分析了各种矿产资源所有权立法体例的优劣，以明确的法律条文为依据，指出我国采取了与法国和德国类似的立法例。我国《宪法》第9条中明确规定矿产资源属于国家所有；第10条规定土地可区分为国家所有或集体所有。这说明集体土地中的矿产资源不是集体所有，而是国家所有。根据所有权的一物一权原则，应当认为中国采取了土地所有权与矿产资源所有权各自独立的立法例。

我国确立矿产资源国家所有权制度，有利于国家对国民经济进行宏观调控，实现可持续发展，有利于进行矿产资源战略储备，进一步维护国家的资源安全。这是矿产资源国家所有权制度的价值所在，但制度在具体运行过程中还是暴露出了不少弊端。曹海霞在《我国矿产资源产权的制度变迁与发展》中以我国矿产资源产权的制度变迁为出发点，提出了我国矿产资源产权制度存在一系列的问题：国家所有的矿产资源产权虚置和产权关系不明晰；公权主导形式下导致的委托代理和寻租；矿产资源有偿取得制度不完善与外部不经济现象；矿产资源产权高度集中与收益分配不公；矿业权出让、转让程序不规范与市场不健全。文中同时针对当前存在的问题，从产权制度的界定、配置、交易以及保护等方面提出矿产资源产权制度改革的方向与路径。

我国矿产资源产权制度是在传统计划经济体制背景下建立起来的，要适应不断发展的资源经济要求，需要正确处理矿产资源的归属与勘探之间、国家利益与勘探开采者的合法权益之间的关系。妥当解决这些问题需科学配置矿产资源所有权、矿业权二项制度，理性规范矿权与地权之间的冲突。朱学义在《矿产资源权益理论与应用研究》第五章中从应然层面分析了矿产资源所有者、发现者、开采者应当享有的权益，指出只有对各类权利主体应当享有的权益做出合理化安排才能真正实现矿产资源有偿开采。高瑜在《我国矿业权与土地使用权的冲突与协调》中指出，矿产资源与土地资源都是我国自然资源中的重要组成部分，人们行使矿业权和土地使用权往往会遭遇权利冲突，文章在分析目前二者的冲突现状及冲突原因的基础上，以权利冲突时谁的效力优先为核心，提出了协调二者冲突的合理化建议。崔建远、晓坤在《矿业权基本问题探讨》中对矿业权理论进行了深入的研究，分析了矿业权与土地所有权、土地使用权、环境权等相关权利发生冲突时该如何解决的问题。

第二，考察资源开发与区域经济发展的关系。

"资源诅咒"自20世纪90年代Auty提出后，就成为解释国家（地区）间经济增长的差异的一个重要理论。该理论认为自然资源对经济增长有积极的推动作用，但资源贫困的国家（地区）在经济增长上的表现通常高于资源丰富的国家（地区）。[①] 我国西部地区对于油气资源的开发，主要是集中在采掘业等资源开发的上游产业，而加工业等下游产业发展薄弱，严重阻碍了经济转型。西部地区大开发实施多年来，并没有很好地改善西部地区落后的状况，与东部的差距并没有像人们所想象的那样缩小，而是在继续拉大，西部总体上仍处在"富饶的贫困"之中。虽然存在诸如西部地区自身区位偏僻、生态环境恶劣、文化落后等客观原因，但其中起重要作用的一个因素是资源、能源开发

---

① 张亮亮："自然资源富集与经济增长——一个基于'资源诅咒'命题的研究综述"，载《南方经济》2009年第6期。

政策——产业垂直分工政策：西部开发输出资源，东部加工资源获得高附加值收益。西部油气资源的加工量与产出量并不成正比，所获得的收益无法与东部地区相提并论，综合来看，西部地区反而更加贫困。[①]

王淑玲基于西部本地资源优势及重要发展机遇分析了油气等矿产资源开发利用在西部地区经济社会发展中所具有的重要地位和作用，认为在矿产资源开发的工业化阶段，对区域经济和社会发展在地区工业化、城镇化、带动基础设施建设发展及产业波及效应和国家生产空间组织结构演进推动效应等方面发挥了重要作用。同时，也指出了资源运输能力不足及引发的环境问题。[②]

第三，分析资源开发与生态补偿之间的关系。

张颖慧总结了先前油气资源开发中的生态补偿机制的相关学术论点，认为在生态经济学取得重要进展后，开始重点研究油气资源开发补偿。我国在20世纪90年代开始重视生态补偿问题，尤其是在生态环境较为脆弱的西部地区，油气资源的勘探、开发和生产过程，对水资源、土壤、大气、植被等造成了严重污染，对生态造成了破坏。[③] 景普秋、张复明基于矿产开发的负效应、矿产资源耗竭性理论、资源生态环境价值理论、外部性理论以及区域可持续发展能力理论等，初步构建了矿产开发的资源生态环境补偿机制的基本框架，提出采用资源补偿、生态环境补偿和矿区（区域）补偿，实行防范性补偿、即时性补偿和修复性补偿，实施实体性补偿、功能性补偿与价值性补偿。建立起遵循立法约束、政策引导与行政监督相结合的"三位一体"的补偿模式。[④] 重点建设矿产资源综合开发与补偿制度、规范化开采与环境服务付费制度、即时修复与补偿制度、矿区生态恢复制度、矿区转型支持制度。[⑤]

---

① 陈伯君、陈家泽、陈永正等：《西部大开发与区域经济公平增长》，中国社会科学出版社2007年版，序言，第1~2页。
② 王淑玲："我国西部地区矿产资源优势综合评价"，中国地质大学（北京）2006年博士学位论文。
③ 张颖慧："油气资源开发中的生态补偿机制：文献综述"，载《西安石油大学学报》2012年第2期。
④ 张复明："矿产开发负效应与资源生态环境补偿机制研究"，载《中国工业经济》2009年第12期。
⑤ 景普秋、张复明："我国矿产开发中资源生态环境补偿的制度体系研究"，载《城市发展研究》2010年第8期。

2. 利益冲突和利益协调

利益一直是人们关注的焦点，学者们分别从哲学、经济学、社会学等方面针对利益的理论问题开展了深入的研究，成果主要有洪远朋等人的《利益论——关于利益冲突的协调问题的研究》《利益学概论》《利益论——社会主义利益问题研究》，归纳起来主要有：一切经济活动的核心是利益；一切社会关系是利益关系；将利益分为经济、政治、文化利益，对利益冲突进行了分析，对中国利益冲突的协调提出了公正、平等、有序的三原则;① 将利益结构的变化与政治发展结合在一起说明两者之间的关系。②

以现行制度为基础，相关学者讨论了矿产资源税费在不同利益主体之间的分配，目前的研究普遍认为：开发中资源权、责、利不匹配是中央政府与地方政府之间的深层矛盾的根源。中央政府是资源产权主体，获得所有权收益，地方政府不具有资源所有权但可以通过资源开发许可权的行政配置和投资权的控制来获取收益，资源开发权决定了利益分配格局。③ 崔光莲等指出，新疆维吾尔自治区政府只在煤炭资源开发上具有一定的自主权，而石油天然气资源的所有权与开发权都集中于中央政府，因此，中央政府在资源开发中比地方政府享有更多的经济利益。④ 在政府与企业的矛盾方面，学者们认为我国现行税费体系造成矿业企业负担过重,⑤ 而武盈盈等人则对矿产资源收益相关主体利益分配扭曲程度测算表明，我国矿产资源收益分配中资源所有者、中央政府以及地方政府应获权益的很大比例被转移到开采商手中成为其超额垄断利润，致使政府利益受损。⑥ 在地方政府与中央企业的矛盾方面，中央企业在进行资源开发时基本不考虑地方的产业规划，当地很难利用或依靠中央企业发展出可使地方经济获

① 洪远朋：《利益关系总论：新时期我国社会利益关系发展变化研究的总报告》，复旦大学出版社 2011 年版。

② 梁波：《当代中国社会利益结构变化对政治发展的影响》，兰州大学出版社 2007 年版。

③ 马衍伟：《中国资源税制——改革的理论与政策研究》，人民出版社 2009 年版，第 181 页。

④ 崔光莲、贾亚男："厘清新疆能源资源开发中地方与中央利益关系的建议"，载《新疆财经》2007 年第 4 期。

⑤ 张云：《非再生资源开发中价值补偿的研究》，中国发展出版社 2007 年版。

⑥ 武盈盈："资源产品利益分配问题研究——以油气资源为例"，载《中国地质大学学报（社会科学版）》2009 年第 2 期。

益的后继延伸产业，相反，规模经济效应和中央企业的垄断行为，剥夺了地方企业和民营企业的市场份额，直接影响资源地政府经济利益。[1] 铁卫等进一步指出，中央企业不但没有考虑到当地经济发展，资源开采还导致资源枯竭、环境恶化等问题。[2] 在政府与资源所在地的利益冲突，学者们主要是从当地的生态环境与补偿、资源所在地居民的未来发展以及自然资源与少数民族利益关系方面展开研究，认为资源开发侵害到当地居民的环境权益，威胁到他们的生存和发展，但是补偿标准过低，不足以弥补他们在开发中的损失。[3]

在资源税改革前后学者们主要针对资源税从量计征、从价计征问题进行研究，用一些实证材料分析资源税设置的不合理，在资源税试点改革之后的研究主要集中于介绍资源税改革增加了当地政府的收入，呼吁将改革推进到其他资源产品上。在资源税费制度方面学者们还将研究扩展到对分税制的反思：一是认为资源税费定位不科学，资源价值没有充分实现；普通税负过重，加之附加性收费较多，加重企业负担。二是对税权划分问题进行一般意义的探讨，如白彦峰的《税权配置论——中国税权纵向划分问题》、胡小红的《税收立法权研究》。三是围绕油气资源财税制度展开的研究，其中涉及赵选民等人的《中国石油财税制度：理论研究与政策解读》，主要是按照理论说明石油企业应该缴纳的税费，进一步分析我国的石油税费。

在资源开发的利益协调方面，相关学者也进行了研究，首先，提出应该对矿产资源产权制度进行改革，明确资源所有者利益、管理者权益和开发者利益。[4] 其次，完善资源税费制度，进行资源税改革是学者们的共识，但提出的解决方案各不相同，有的认为应取消资源税或者把资源税与资源补偿费合一，改为国际通用的权利金制度。[5] 孙钢则建议在今后较长时期内仍实行税费并存制度，但提出调整资源税征收依据并提高相应税率、费率。[6] 学者还建议改革

[1] 张云：《非再生资源开发中价值补偿的研究》，中国发展出版社 2007 年版。
[2] 铁卫、王军："略论对资源开发地政府利益的尊重与保护"，载《理论导刊》2006 年第 3 期。
[3] 丁任重：《西部资源开发与生态补偿机制研究》，西南财经大学出版社 2009 年版。
[4] 胡健等：《油气资源开发与西部区域经济协调发展战略研究》，科学出版社 2007 年版。
[5] 赵仕玲："中国与外国矿业税费比较的思考"，载《资源与产业》2007 年第 5 期。
[6] 孙钢："我国资源税费制度存在的问题及改革思路"，载《税务研究》2007 年第 11 期。

矿山企业增值税和所得税制度，如降低增值税税率，改生产型增值税为消费型增值税，实行所得税返还政策等。[①] 在解决税收分配矛盾上，多数学者认为应将中央高度集中的税权向地方下放，赋予西部地区资源税收政策管理权，将税收分享比例向地方倾斜，形成中央向地方让利的局面。[②] 学者们就此还提出资源收益共享的机制，将矿产资源收益按照国家所有权、企业产权、地方产权和自然人产权进行分解，由中央政府、地方政府、企业以及当地居民按照各自在资源产权中所占的比例入股，组建规范的股份制企业，打破中央企业和合作企业垄断资源开发经营权的局面，促进资源开发企业产权的多元化以及公司治理结构的规范化。[③] 对少数民族地区在开发资源时的利益分配问题，世界银行和国家民委专门组织人员到内蒙古、新疆、贵州进行调研，了解资源开发的受益情况，从政策层面和操作层面提出了利益共享的建议。[④]

3. 中央与地方关系

事实上，中央与地方关系在不同国家、不同时期都是非常重要的问题。因此这方面的文献非常多，在 20 世纪 80 年代推行分权化的财政体制改革以后，学者们对地方政府的新角色与中央和地方之间的运行模式进行了研究，经济学界多是从分税制、财政、经营管理权限方面来认识问题，如董辅礽、王绍光、胡鞍钢、马力宏等人；政治学界侧重于从政治整合的角度来处理中央和地方的关系，如谢庆奎、辛向阳、金太军、薄贵利等人；法学界则主要是从宪法学和法理学角度以社会权利分析方法来研究国家的结构形式以及国家和地方的权力分配，如童之伟、张千帆等人，以上成果为进行转型时期中央与地方关系研究提供了厚实的理论平台。

---

① 赵仕玲："中国与外国矿业税费比较的思考"，载《资源与产业》2007 年第 5 期。

② 李社宁："资源利益约束下西部经济持续增长的财政对策"，载《财政研究》2007 年第 4 期；崔光莲、贾亚男："厘清新疆能源资源开发中地方与中央利益关系的建议"，载《新疆财经》2007 年第 4 期；铁卫、王军："略论对资源开发地政府利益的尊重与保护"，载《理论导刊》2006 年第 3 期；高萍："我国矿产资源开发收益分配实践与改革建议"，载《中国矿业》2009 年第 7 期。

③ 王承武、蒲春玲："新疆能源矿产资源开发利益共享机制研究"，载《经济地理》2011 年第 7 期。

④ 世界银行、国家民委项目组：《中国少数民族地区自然资源开发社区受益机制研究》，中央民族大学出版社 2009 年版。

第一，是对中央与地方关系进行历史梳理，其中包括辛向阳的《大国诸侯：中国中央与地方关系之结》和杨海蛟的《新中国中央与地方关系沿革》等，阐述了中央与地方关系的历史变迁，概括了每一时期中央与地方关系的特点。第二，主要是从财税制度改革入手，认为事权、财权划分与中央、地方政府的职能有很大关系，从集权与分权方面来研究财政分权问题。[1] 胡书东则在《经济发展中的中央与地方关系：中国财政制度变迁研究》一书中分析了分税制以来中央与地方财力的变化；王绍光、胡鞍钢的《集权与分权——中央与地方关系的构建》分析了中国以放权让利为主线的改革，在产生积极效果的同时，也存在着中央政府控制财力比重下降会导致政府汲取能力下降，进而可能导致调控能力下降的"弱政府"局面发生。戴小明的《中央与地方关系——民族自治地方财政自治研究》则是从民族地区财政自治的角度分析了中央与地方的财政关系。第三，主要集中于对中央与地方关系的认定：有的认为是一种权力分配关系，"所谓中央与地方的关系，主要是指一定的国家政权组织形式下的中央政府与地方政府之间的权力分配及统属关系"。[2] 有的认为是一种利益关系，作为利益的体现，中央政府代表国家的整体利益和社会的普遍利益；地方政府代表国家的局部利益和地方的特殊利益。中央与地方的关系实际上就是建立在一定利益基础上的国家利益和地方利益之间的一种利益关系。[3] 有的从法律的角度认为是一种权利义务关系，"中央与地方关系是指具有隶属关系或监督指导关系的中央与地方国家机关主体，在行使国家权力和地方权力时依法形成的权利义务关系"。[4] 第四，从政府职能的转变，研究事权与财权的配置，提出在赋予地方更多公共服务责任的同时，需要适当下放必要的财权。[5] 第五，薄贵利的《中央与地方关系研究》和谢庆奎的《当代中国政府》等从政治制度角度对此问题进行研究，论述了加强中央对地方的适度控

---

[1] 寇铁军：《中央与地方财政关系研究》，东北财经大学出版社1996年版。

[2] 李治安：《唐宋元明清中央与地方关系研究》，南开大学出版社1996年版，第1页。

[3] 涂晓芳：《政府利益论——从转轨时期地方政府的视角》，北京大学出版社、北京航空航天大学出版社2008年版。

[4] 刘小兵："中央与地方关系的法律思考"，载《中国法学》1995年第2期。

[5] 宋立、刘树杰：《各级政府公共服务事权财权配置》，中国计划出版社2005年版。

制，并说明了进行控制的理由和途径。① 第六，从中央与地方的博弈和合作来研究两者的关系，运用博弈论对中央与地方关系进行分析，从而建立和谐的关系。毛寿龙在《"囚犯的难题"与"地方主义的泥淖"：中央与地方关系的再思考》提到了博弈模型分析地方保护主义的优势，并认为要通过建构中央政府的权威来遏制过度的地方保护主义，并提出四个基本的建议来处理中央与地方的关系，权限划分是中央与地方关系的核心和基础。方忠、张华荣在《三层互动：中央政府与地方政府的正和博弈》运用博弈理论，从博弈双方的合作程度，论证中央与地方关系应从零和博弈的不合作走向互动的合作博弈，实现中央政府与地方政府的合作与信任。而另有学者论证了中央与地方合作的必要，并详细阐述了合作的策略。②

专门论述中央与地方权限争议法律调节机制的论著较少，已有著作包括任进的《试论中央与地方权限争议法律解决机制》《中央与地方权限划分——国际比较与借鉴》《合理划分和依法规范中央与地方职能权限》等归纳了西方中央与地方权限划分的几种模式，同时也对中国的中央与地方权限划分和争议解决进行了宪法学上的讨论。谭波的《论我国中央与地方权限争议立法解决机制之完善》，章珠海的《论我国中央与地方权限争议的司法解决机制》，辛向阳的《法治框架内的中央与地方关系》，上官王亮的《中央与地方关系的法治化值得期待》，刘小兵的《中央与地方关系的法律调控》《中央与地方关系的法律思考》，陈新民的《中央与地方法律关系的重建——检讨中国宪法中央与地方权限划分制度》，任广浩的《国家权力纵向配置的法治化选择》等，焦科龙的《我国中央与地方立法权限的划分》，张千帆的《流浪的权利与管制——从贫困救助看中央与地方权限的界定》等，这些论著一是探讨中央与地方关系的法治化，在宪法和宪政层次上建构中央和地方关系；二是强调法院和司法在处理中央和地方关系中的角色和地位。进行学术探讨性的论著这几年出现了不少，但大多是一些建议或方案的提出，对具体操作涉及较少。

值得一提的是 2007 年 1 月 6 日至 7 日，北京大学宪法与行政法研究中心

---

① 李寿初：《中国政府制度》，中央党校出版社 2005 年版。
② 谭卓卫："中央政府与地方政府合作关系研究"，湖南大学 2010 年硕士学位论文。

和耶鲁大学中国法研究中心联合举办了"中央与地方关系的法治化"研讨会。会议探讨了国家主权理论比较研究、地方保护主义的控制机制、国家统一与地方自治、分税制与资源分配的政治过程、权力平等与地方差异以及民族区域自治与"一国两制"等专题，编者斯通等精选了其中有代表性的部分论文，形成《中央与地方关系法治化》一书，这是国内有关中央与地方关系法治化的第一本著作。这一两年中也出现了几本有影响力的、关于中央与地方法治化的著作，其中包括：张千帆的《国家主权与地方自治：中央与地方关系的法治化》《权利平等与地方差异：中央与地方关系法治化的另一种视角》以及熊文钊的《大国地方：中央与地方关系的法治化研究》等。

（二）国外研究现状

国外的资源开发与中央和地方的关系方面并无太多联系，它们的资源开发与利益分配主要是从资源经济学角度来讨论租税的征收，通过征收租税来控制矿产资源的开发，也有学者从能源、水、农业、生物多样性等角度，对自然资源经济学理论、问题与政策进行了广泛详尽的介绍。[①] 自然资源经济学充分吸收现代西方经济学的研究成果，重点研究资源环境价值计量、制度政策、自然资源的可持续利用等问题。[②] 对于拥有特定资源落后地区的开发，各国是以经济学家们的理论如区域经济、发展经济和福利经济为先导，逐步调整其开发政策和法律。各国为了协调国家和资源所在地的关系，通过成立相应的协调机构，以发挥当地的资源优势。

20世纪90年代，法律人类学家们从文化、制度、法律、权力的分析层面上剥离出一些新的研究课题，开始把目光收缩到土地、自然资源开发等方面，目的在于揭示认同与它们之间的各种关联以及对少数民族权利的救济和保护的影响。在自然资源开发的过程中，更要注意保障人权，注重公众的参与，无论是立法还是实际执行都要充分考虑人的基本尊严、自由和权利。而且政府在资源开发过程中更要注意保护公众的主观能动性，不要过分干预，只需在出现纠纷无法调和的时候充当一个裁量的角色。政府作为一个选择性激励组织，只有时时刻刻为人类

---

① Tom Tietenberg, Environmental and Natural Resource Economic, Addison Wesley, 2008, p. 8.
② 朱迪·丽丝：《自然资源：分配、经济学与政策》，商务印书馆2002年版。

的基本权利考虑，辅以适度调控，这才是人类真正需要的干预。①

　　发达国家对中央与地方关系的研究给予了较早关注，研究成果相对较多。从目前对中央与地方关系模式研究成果来看，影响较大的有三种：法国学者拉焦尔概括了中央与地方关系分权的三种类型，即中央与地方政治性分权、中央与地方行政性分权、中央与地方行政权转让，并分别描述了它们的特点；英国政治学家罗斯在其《从中心政府到民族范围的政府》一书中认为，中央与地方关系是复数中央与多数地方之间的关系，而且地方上也有自律性；中央与地方的关系根据多种多样的依存方式、依存程度、依存结构，可以划分为相互依存、地方单方面依存于中央、中央单方面依存于地方、相互独立四种类型。英国学者艾伦在《布莱克韦尔政治学百科全书》中专门分析了中央与地方的关系。通过分析世界各国中央与地方关系发展史，他把中央与地方之间的关系归结为两类——合伙型与代理型；伊夫·梅尼、文森特·赖特主编的论文集《西欧国家的中央与地方关系》，收录作者们根据所处国家的情形对中央与地方关系的研究，很多内容涉及对中央与地方范例的否定，也对两者之间发生的变化予以了关注。

三、背景概念与研究范围的选择

（一）背景概念

1. 利益冲突

　　利益冲突的存在，对社会发展产生至关重要的影响。从某种意义上说，正是由于利益冲突的存在，才从根本上推动着人类社会不断地由低级向高级发展。利益冲突是利益主体基于利益矛盾而产生的利益纠纷和利益争夺，是利益主体之间的利益矛盾达到激化的一种状态。利益冲突具有双重效应，它既是生产力发展的重要杠杆，也可能是经济衰退和社会不稳定的直接原因，因此在充分发挥利益的动力机制作用的同时，必须有一套利益协调机制，最大限度地克服利益冲突的负面影响。

---

① Zillman, Donald M, Human Rights in Natural Resource Development: Public Participation in the Sustainable Development of Mining and Energy Resources, London: Oxford University Press, Incorporated. 2002, p. 5.

当今社会，利益冲突的根源首先是由利益对象的有效供给不足而造成的，如果某种利益对象非常充裕的话，人们就不会为此而发生利益冲突；其次，社会制度的内在缺陷直接导致了人们之间的利益冲突。在资源稀缺性普遍存在的社会里，利益冲突的真正根源在于利益主体与利益对象相结合的人类社会制度安排的内在缺陷。所以在资源开发中由于利益分配关系尚未理顺，各利益主体间的利益冲突不断升级，随着矛盾加剧和利益冲突升级，已影响了西部这个未来重要能源接替地区的有序开发，同时也出现了许多不稳定的社会因素。目前，我们正由利益单一化的社会向利益多元化的社会过渡，在转型的过程中必然出现资源开发与利益重新分配的问题，从而必然导致社会利益格局的重新整理。随着中国面临着越来越复杂的社会问题，利益冲突问题就是其中一个基本而又重大的社会问题。绝大多数的社会问题和社会矛盾在一定意义上说都和利益冲突相关联，有些更是由社会各利益主体的利益冲突直接引起的。用来处理利益冲突的办法、规则以及程序就会显现在中央与地方关系中，为解决中央与地方关系提供了依据，成为其突破口，最终实现协调两者之间关系的目的。本书所指的"利益冲突"主要是资源开发的利益分配制度不合理、不完善导致各主体之间的危及社会稳定的利益冲突，而不是泛指由于利益偏好和选择引起的利益矛盾（因为这种矛盾在合理的制度安排下是可以容忍的）。

利益冲突本是资源开发中的一个问题，如果处理不当，将会演变成民族矛盾和政治冲突，而过去对中央与地方关系的研究多是在事权、财权等问题上，本书则力图摆脱在一般意义上去讨论中央与地方的关系的桎梏，而是把中央与地方的关系分析置于利益冲突这一情境中，在解决冲突的过程中梳理中央与地方关系，使之逐渐规范化、法律化。把中央与地方关系的法治化问题放在利益冲突的协调与解决层面去考察，这就为研究一些现实问题提供了理论和法律支撑，有助于提升解决问题的有效性。

在对中央与地方关系的分析上如果没有利益分析则是不完备的，因为不论是分配制度的产生、分配中的利益关系以及利益冲突都与中央与地方的安排有密切联系。在人类利益结构中，最核心的内容是物质利益，其他方面的利益都是以此为基础，人们的一切活动首先是为了经济利益而进行的，政治权力不过是用来实现经济利益的手段。从长远看，利益冲突对新规范、价值和制度以及新的利益群体结构与社会的建立具有激发功能，因此，冲突作为一个平衡机制而存在，双方在冲突中展示自己的力量，较量冲突，直至达成和解，建立新的关系，所以利益冲突的存在有助于社会的维护和巩固。

2. 厘清国家与政府的区别

政府和国家不论是内涵还是在范围上都是有差异的，目前，学界对两者的认识也是倾向于把两者区别开来。国家与政府的区别集中体现在：国家是特定社会中享有主权的政治组织，而政府则是行使国家主权的机关，代表国家行使主权。在某种程度上可以说国家包括政府，政府只是作为国家要素之一的国家主权的执行者，国家与政府并不是同一层次的概念。① 国家是通过一定的组织机构对其领土和居民进行管理和控制，这就涉及国家的组织机构——政府，它只是受国家委托即人民委托，体现国家的意志和权力。② "西方学者一般认为，把这两个概念等同起来是错误的，这不仅仅是由于有些国家在法律上明确区别了国家元首和政府首脑；而且还由于下述事实：政府的意志、价值和利益虽然一般来说与国家是一致的，但绝不意味着两者不会发生差异、背离和对立。"③因此，基于政府自利性的考量，它在追求自身利益的时候必然背离国家利益，所以不能将两者等同起来。国家不具有执行具体事务的能力，总是由其代表机构或人员行事，极容易将国家与政府等同起来，因此要防止滥用"国家"的概念，另外还要防止"国家"与"中央"不分，"决策、执行、统治、管理，一切事务都归于中央，国民也将中央作为最高层次的权力主体，对中央的认同代替了对国家的认同，中央代表了一切，政府于是被淡化了"。④

政府这一概念通常有狭义和广义之分。就广义而言，政府是指行使国家公共权力的全部机构，包括立法、行政、司法机关以及国家元首等。就狭义而言，政府仅指国家政权机构中的行政机关。按照广义的理解，我国政府应包括

---

① 朱光磊主编：《现代政府理论》，高等教育出版社 2006 年版，第 17 页。
② 对国家的认识有许多理论，这里采用对它的一般认识。关于国家的概念存在着许多解释，人们分别从国家的本质、国家的职能和国家的构成等不同角度提出了各自对国家的定义，一般情况下只是把国家理解为政治社会，理解为政府机关。
③ 吴惕安等：《当代西方国家理论评析》，陕西人民出版社 1994 年版，第 94 页。
④ 朱光磊主编：《现代政府理论》，高等教育出版社 2006 年版，第 21 页。

全国人民代表大会和地方各级人民代表大会、中华人民共和国国家元首、国务院和地方各级人民政府、最高人民法院和地方各级人民法院、最高人民检察院和地方各级人民检察院、国家军事机关等。而按照狭义的理解，政府只是包括国务院和地方各级人民政府。目前，我国通常所用的"政府"概念，是狭义的政府概念，即国家行政机关。本书采用的也是狭义的概念。

政府是国家政治共同体的代表，同时又是公众的代言人和公共利益的代表。在我国，国家既是矿产资源的所有者，又是政治权力的行使者。因为国家可以凭借其政治权力和享有的矿产资源的所有权这种双重权力对开采者征收一定的税费，这就为政府增加财政收入提供了一定渠道，从这个意义上来说就要明确政府与国家的概念，而不能将两者混为一谈。国家利益，只能是一个权力整体，中央政府和地方政府都不能完全拥有矿产资源所有权的权能，都不能成为独立的矿产资源利益主体。中央政府是国家利益的代表者，地方政府则是地方利益的代表者。因此国家利益与地方利益自然而然就表现为中央与地方的关系。学界也普遍将中央与地方政府的关系等同于中央与地方关系，所以本书中如无特别说明即为此含义。

（二）研究范围

西部地区作为资源供应地和少数民族较为集中的地区，利益冲突形成区域差距问题，严重影响该地区的发展、民族团结和稳定。所以本书就以西部地区资源开发为例进行研究，但是自然资源本身涉及范围太广，加上资源的开发利用制度存在差异，对社会经济发展的影响程度不尽相同，资源地"富饶的贫困"、国家利益与资源所在地利益冲突以及有限制的、稀缺的战略性资源不能长期、可持续地规划开发，使油气资源的开发利用在西部地区成为一个影响其经济社会发展的显性问题，因此，根据西部地区的实际以及资源配置对西部地区影响的情况，本书选择了新疆地区以及油气资源的开发展开研究和分析。

1. 研究的资源类别

自然资源是指在一定经济技术条件下，人类可以直接从自然界获得并用于生产和生活的物质与能量，是人类社会生存与经济发展的物质基础。目前，学术界基于不同的研究目标对自然资源有多种分类方法，其中，地理分类法被广泛使用，即根据自然资源的地理特性，将自然资源分为矿产资源、气候资源、水利资源、土地资源、生物资源五大类。本书选择了矿产资源进行研究，但由于矿产资源的类别也很多，各地的分布情况不一，研究西部地区所有的矿产资源问题不太现实，因此将研究范围聚焦于油气资源上，便于收集资料和开展调研，容易驾驭和把握住问题的核心。

2. 油气资源分布的区域差异及其影响

由于地质成矿作用的复杂性和特殊性，资源在空间分布上极不均衡，例如，中国主要的矿产资源分布于西部。据统计，西部地区煤炭保有储量占全国的60%以上，煤层气资源量占全国的57.8%，石油可采储量占全国的25%，天然气可采储量占全国的66%。[①] 从统计数据来看，即使在西部地区，油气资源也主要集中在陕西、四川、青海和新疆等地，在地区间的分布极其不平衡，经济发达地区资源十分匮乏，油气资源的区域分布与经济发展状况的错位使国家不得不采取调控方式在不同区域间进行配置，配置的公平与否以及实际操作过程都会影响到中央与地方的关系和区域间的关系。就资源所在地而言，油气资源的开发涉及资源与水、地、环境等关系，对保障社会稳定以及实现社会经济发展起着重要的作用。就中央与资源输入地而言，资源的调配能够有效地解决资源的区域失衡状况，满足经济发达地区的资源需求，对于多方都会产生的"双赢"结果中央乐见其成。但忽略了一个显而易见的现象：从国外一些资源丰富地区的情况看，当地老百姓大都能从资源开发中得到丰厚的实惠，如海湾地区因为富产石油，百姓很富裕。美国科罗拉多州，除了科罗拉多河之外，没有更多的资源，政府规定，科罗拉多河每流到一个州，该州必须付水资源费，用水资源换取发展权，以养活这个州的人。[②] 但我国西部资源原产地却存在"富饶的贫困"现象。所以从资源开发影响的广度、程度以及重要性来看，本书选择了油气资源开发利用引致的关系问题进行分析，拟把"西气东输"作为案例和突破点来探讨中央与地方关系解决方案。

① 刘通、王青云："我国西部资源富集地区资源开发面临的三大问题"，载《经济研究参考》2006年第25期。

② 董小君："建立资源补偿机制让西部走出'富饶的贫困'"，载《中国经济时报》2007年7月20日第4版。

3. 油气资源开发利用以及利益分配的制度差异

每一种资源的开发利用制度有很大差异，对每一种资源的开发利用以及利益分配进行研究，是一个非常复杂的问题，显然，一个课题的容量也是有限的，囿于笔者的兴趣，本书选择国家资源配置的"西气东输"的战略作为重点进行研究，因为西气东输工程既是西部资源开发的重点工程，更是突出体现中央与地方利益关系冲突的典型，所以，笔者试图从国家对西部地区开发的历程入手，以利益分配为主线，勾画出中央政府—地方政府—资源所在地民众—资源开发企业的关系图。在解决利益冲突问题上借鉴西方利益分配制度，通过对我国矿权、土地权以及中央与地方关系形成发展的脉络的梳理、分析，阐明中央与地方关系的法治化构想。人们在利益冲突中发现利益、实现利益、配置利益、进行社会制度的变革，一方面打破旧体制中既得利益者的利益格局，另一方面又催生新的利益需求者，在调整这两者利益冲突的过程中，最终建立有利于生产发展和社会大多数人利益要求的利益占有和分配制度。

目前，国内对矿产资源开发利用补偿也有一些研究和初步实践，但相关法律法规不健全，远没有形成统一、规范的管理体系，补偿机制不完善，补偿的理论研究滞后，补偿标准确定缺乏科学依据，补偿政策体系还不健全，资源开发中的各种利益冲突还比较突出，如何协调各利益主体之间的利益冲突已成为学者和政府所关注的论题，只有通过构建合理的资源开发补偿机制和利益共享机制，完善各项制度安排，才能有效解决能源矿产资源开发中的利益冲突问题。

综上所述，在对中央与地方关系的法治化研究的过程中，如果离开了利益问题的讨论、利益关系的调整以及利益矛盾的调整，几乎难以说清楚两者真正的关系。

当时设计本项目时并没有将资源开发的特殊性考虑在其中，笼统地把资源开发中的利益分配作为研究视角，但在研究中发现有一些资源的开发，地方政府更多地渗透和参与其中，并不涉及中央调配其资源而发生利益冲突或者向其他省市进行资源的输出，显然研究突出的矛盾和冲突使本项目更具有典型性，也会使中央与地方在此方面的矛盾更加凸显，解决利益冲突，就为构建新型的中央与地方关系直至步入法制化轨道提供典型的样本。在研究过程中我们也发现不能局限于法学这一学科孤立地去看待中央与地方关系，必须借助于政治学中中央与地方关系的研究成果去构建合理化的纵向关系，经济学对利益分配的研究成果去研究设置合理的利益分配模式，法律人类学的田野调查法了解资源所在地居民的生活状况以及对资源开发的态度。因此，我们打破了单一学科的视野束缚，将视野转向中央与地方关系的多角度构建。

应该说本项目的研究有相当大的难度。一是研究者们本身地处油气资源丰富的新疆，而新疆作为多民族地区，2009 年发生"七五"事件，再一次使油气资源的利益冲突暴露出来，研究者们无论怎样研究，都会有地方本位主义或国家本位主义之嫌。二是考察中央与地方关系是一个令人生畏的工作，这不仅因为互动总是发生在至少两级政府之间，故需进行多层次分析，还因为它的动因涉及各种政策问题。基于这种考虑，必须全面考察中央和地方的动态变化，这种过程既复杂又有时间性。我们只有以这种整体视野，才能描绘出一幅较为相近的中央和地方在解决利益冲突时所形成的关系画面。三是本书仅讨论由法律制度的安排引起的利益冲突，至于所提及的行政关系、财政关系等不作为本书研究的重点。

多元化的利益主体和利益动机是造成中央与地方利益分化与不合作行为的根本原因。东西部差距的加大以及西部地区生存状况的恶化更加剧了这一矛盾和冲突，而完善的利益分配机制将真正促使中央与地方关系均衡的达成。因而，首先应该合理界定中央与地方政府、政府与企业以及与资源所在地的利益构成，寻求利益的"契合点"，强化各方对合作收益的预期，这是利益分配的前提；在确定可分配收益之后，应整合合作各方的利益矛盾，妥善处理各方之间的利益冲突，着力健全利益共享机制，完善利益分配和利益补偿制度，以促使中央与地方关系的法治化。

四、研究内容和创新之处

（一）本书的研究内容

本项目是按照所有权制度的基本结构以及资源开发、利用、管理、分配而产生的利益冲突、利益冲突的解决的逻辑演化方向来具体化"中央与地方关系"这一问题的。

第一部分：按时间顺序对中华人民共和国成立后西部资源开发的基本情况做概括性了解，肯定西部资源开发所取得的成就。

第二部分：从利益分配的基础——所有权制度出发，剖析我国矿产资源的制度安排。国务院是矿产资源所有权的代表行使者，它通过依附于中央政府的中央级国有企业获得收益权，地方政府直接位于资源所在地，并获得资源税，却又不是矿产资源的真正所有者，为此还得承担开发资源的代际、社会的责任。而且，中国政府的多层级结构，使得这种权利在国务院、省级、地级市、县市、乡镇之间被割裂了，形成了各自为政的利益主体。因此，基于所有权制度就衍生出对矿业权制度和土地制度的研究，分析所有权制度与矿业权制度的冲突以及矿权和土地权的冲突。

第三部分：梳理矿产资源的开发和管理制度，了解西部地区资源开发特别是油气资源开发的现状，以油气资源加工企业建立起资源开发与资源所在地之间的联系，但同时也发现在资源开发、利用以及资源管理中先天性地存在对资源所在地不利的因素。

第四部分：从整体研究视域来看，资源开发涉及中央政府、地方政府、企业、资源输入地、资源所在地民众几方的利益，也涉及几方相互之间的关系，所以在研究中央与地方关系中自然不能回避各方在资源开发中的利益分配及其对各方关系的影响，围绕矿产资源的所有权制度，针对不同利益主体的利益关系逐一进行分析，明确它们在资源开发中的利益分配状况。

第五部分：现行法律制度规制了资源开发利益的分享，本书在此基础上对油气资源开发中政府、企业、资源所在地民众的分配关系进行了深入的研究，整理出了利益分配的基本框架，同时也指出了中央与地方、政府与企业、资源输出地与资源输入地、政府与资源所在地民众之间的利益冲突。

第六部分：本部分主要是构建利益协调机制，利益协调实际上是利益表达、利益综合、利益分配、利益调适所组成的一个完整流程。那么在研究中我们通过政府利益的表达、民众利益的表达来反映利益协调机制建立的民主性，综合各方不同的利益诉求，最终在一个合理化的范围内提出利益分配的方案，同时考虑受损主体的利益，在资源开发获得的高额利润中拿出一部分资金作为收益补偿和生态补偿。

第七部分：按照利益关系—利益冲突—利益协调这样一种思路，中央与地方关系的法治化路径就呈现在我们面前。本部分主要是从中央与地方关系的立法转向开始，对立法权、财权、事权以及税权进行法治化设想，建立中央与地方争议的法律解决机制，达到协调中央与地方关系的最佳效果。

研究内容之间的逻辑关系如下图：

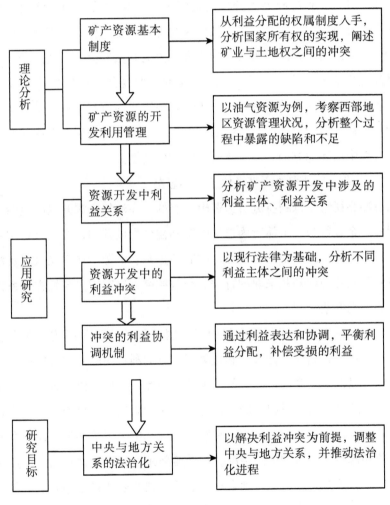

（二）创新之处

把中央与地方关系放到利益关系—利益冲突—利益协调的过程中来讨论，为深入了解中央与地方关系提供了一种进路，对改革中央与地方关系具有积极意义。

1. 对传统研究视角的深化和创新

首先，利益分析视角强调中央与地方关系是围绕利益，借助于政治权力的实现而产生的，这深刻地揭示了中央与地方关系的本质特征。其次，从利益冲突、冲突解决的角度来指引中央与地方关系的法治化道路，为中央和地方关系的最终归宿提供了一个统一的平台，避免了政策调整或政治权力干预的模糊性和单一性。最后，利益冲突的分析视角将中央与地方关系的法治化与利益关系、冲突的解决有机地结合起来，使中央与地方关系的协调有很强的针对性和有效性。以西部资源开发中涉及的中央和地方的利益冲突为研究路径，弥补了以往对此关注不足的缺陷。另外，从利益冲突的视角来研究中央与地方的关系，丰富了中央与地方关系的法治化理论。我国目前研究中央与地方关系的文献基本上是从一般理论层面来进行研究的，本书从西部资源开发中的利益冲突视角来审视中央和地方的关系，具有一定的创新性。

2. 为法律制定过程的研究提供了新的思路

利益冲突视角是以利益分析为逻辑起点的，在油气资源开发的垄断管制中政府行为、企业行为、个体行为总是围绕利益分配展开的，在此过程中结成的各种利益关系，反映了中央与地方、政府和企业、资源所在地民众对资源开发和利益分配制度的认知和采取的行动。利益冲突为研究中央与地方关系提供了一个新的研究框架。

当利益关系失衡、利益结构扭曲时，国家就必然要动用政治权力进行立法，调整利益分配制度，把某些利益集团占有的利益中的一部分转移给另一个利益集团，以保持社会利益结构的合理性。因此，我们可以看到利益冲突的解决是以法律的制定为逻辑起点的，也是以法律的制定为逻辑终点的。当以政府为代表的公共权力或社会大多数成员感觉到现实中出现了某种与他们利益、期望、价值和规范有严重冲突的情况，进而希望采取某种公共行动予以解决的社会问题时，它的提出过程就是社会利益群体反映和表述自己的利益、愿望和要求，促成立法制定或修改得更为令人满意的法律的过程，以这种方式制定的法律带有很强的民主性，确保了它的实施。

3. 以利益为研究进程的中心

本书是以西部资源开发存在利益冲突为基本假设进行研究。因为利益是政治的动力和目的，推动政治主体进行一切政治活动；政治主体所有的政治行为最终在于利益的满足和维护。[①] 本书所研究的利益具体到资源开发过程中，不仅包括中央政府的利益，也包括各级地方政府的利益；不仅包括企业的利益，也包括资源所在地民众的利益。在处理中央与地方关系的过程中，始终围绕利益关系、利益冲突、利益冲突的解决来开展研究，把中央与地方关系放在资源开发的具体情境中去观察，探讨在中央与地方关系的制衡中，如何使政府间关系的运行促进国家利益、区域利益、民众利益的共同实现，通过处理资源开发的利益冲突来达到协调中央与地方关系的目的。

---

① 张江河：《论利益与政治》，北京大学出版社 2002 年版，第 174～181 页。

第一章　西部油气资源开发的历史

我国西部地区地域辽阔，地理条件差异大，自然资源富集，我国绝大多数资源分布在这一地区。在西部地区共发现有 170 多种矿产资源，而且储量丰富。2011 年，全国石油基础储量323 967.94 万吨，西部的石油基础储量为117 565.22万吨（除贵州和西藏）；全国天然气基础储量40 206.41亿立方米，西部天然气基础储量33 796.29亿立方米；全国煤炭基础储量 2157.89 亿吨，西部煤炭基础储量为886.69 亿吨。[①] 除此之外，其他稀有矿产在西部的储量也很大。限于篇幅和内容，本章无法对整个资源开发的情况进行介绍，着重选择了其中最富影响力的油气资源开发利用情况进行介绍。

第一节　中华人民共和国成立以后至
改革开放前的西部油气资源开发

一、国民经济恢复时期与"一五"时期的西部油气资源开发

1949～1952 年是我国经济社会发展的三年恢复时期，这个时候西部的局部战争还没有结束，连年战争导致国家经济基本崩溃，西部经济更是一片空

---

① 中华人民共和国国家统计局编写：《中国统计年鉴（2012）》，中国统计出版社 2012 年版，第 410 页。

白。这一时期，党中央明确提出西北、西南地区经济建设的首要任务是在战争的废墟上恢复经济。1950年8月，中央财政经济委员会（以下称中财委）提出：要改变工业生产过分集中于沿海地区的不合理现象，并明确指出要加强西北、西南地区的铁路建设。中华人民共和国成立的头三年里，国家经济建设投资的重点是铁路、水利和重工业。1952年中财委又确定，国家基本建设投资的重点：第一是重工业（包括燃料工业），第二是铁路，第三是水利。这样的建设战略，一方面使西部水资源得到了开发和利用，另一方面配合西部重工业的工业布局调整战略，使得西部地区能源资源开发得以发展。三年经济恢复时期，国家财政预算在交通运输方面共投资17.7亿元，占同期财政投资总额的26.7%，除修复原有铁路8000多公里外，重点在西南和西北边疆地区新建铁路干线。在此期间，新建公路3846公里，明显地改善了西南、西北地区的交通状况和经济社会发展条件。[①] 经过三年的经济恢复，西部地区取得了良好的经济社会效果。国民收入由1949年的56.52亿元增加到1952年的80.46亿元，增长了42.36%，三年平均增长12.49%。[②] 这为实施第一个五年计划打下了良好的基础。

　　1953~1957年是我国的第一个五年计划时期。从1953年开始，党和国家以"一五"计划为契机加快对中西部地区的投资。据统计，在苏联援建的"156项工程"（实际施工150项）中，内地项目有118项，沿海项目仅为32项。在最后投入施工的150个项目中，包括民用企业106个、国防企业44个。在106个民用企业中，除50个布置在东北地区外，其余绝大多数布置在中西部地区，其中中部地区29个，西部地区21个；44个国防企业，除有些造船厂必须设在沿海外，布置在中部地区和西部地区的有35个。150个项目实际完成投资196.1亿元，其中东北地区投资87亿元，占实际投资额的44.3%，其余绝大多数资金都投到了中西部地区，即中部地区64.6亿元，占32.9%；西部地区39.2亿元，占20%。[③] "一五"期间，在西部形成了以兰州、西安、

---

① 国家发展计划委员会政策法规司编写：《西部大开发战略研究》，中国物价出版社2002年版，第2~3页。

② 高昭平：《中国西部大开发战略研究》，青海人民出版社2001年版，第57页。

③ 何瑜："我国西部地区工业用地污染与法律整治研究"，西北民族大学2008年硕士学位论文。

成都等城市为依托的新工业基地，修建了宝成、兰新、天兰、成渝铁路和青藏、康藏等公路。康藏公路（从四川雅安金鸡关到西藏拉萨，全长2271公里）和青藏公路（从青海西宁到西藏拉萨，全长2100公里）在 1954 年相继建成通车，另外全长1210公里的新藏公路（从新疆叶城到西藏噶大克）也于 1957 年完成。到 1955 年，全国少数民族地区已修成或正在修建的公路共 22 条，里程总计在 1 万公里以上，国家投资达到21 900多万元。如新疆在 1955 年公路通车里程达8939公里，比 1949 年增长了 18.3%，汽车货运量高达 529 万多吨，比 1950 年增长了 27 倍之多。① 交通运输基础设施的改善加强了西部地区与其他地区的联系和交往，为西部资源的开发奠定了基础。从此，国家开始投入大量人力、设备和技术在西部进行自然资源的开发，以满足经济发展对资源的需求。

与全国以煤炭为主的能源结构不同，西部地区能源种类齐全。西部能源包括煤炭、石油、天然气、地热能、风能、太阳能及水能等，储量均较丰富。我国可开发能源资源的 43.7% 分布在西部地区，其中，西北占 20.0%，西南占 23.7% 。我国油气资源主要集中在八大海陆盆地内，其中石油主要集中在渤海湾、松辽、塔里木、准噶尔等地，西北地区的石油资源储量预计为 350 亿 ~ 400 亿吨，占全国总量的1/3；天然气则主要集中在鄂尔多斯、四川、塔里木、准噶尔、柴达木等盆地，资源量约占 2/3。②

中华人民共和国成立后，我国经济百废待兴，随着国家对中西部地区重工业的建设，西部地区能源矿产资源得到了快速开发。"一五"期间西部地区民用工业的投资项目主要有：煤炭项目的陕西铜川煤矿；石油化工企业的兰州炼油厂、兰州合成橡胶厂、兰州氮肥厂；电力工业的重庆电站、成都热电厂、云南个旧电厂、陕西西安热电厂、户县热电厂、甘肃兰州热电厂、新疆乌鲁木齐热电厂。项目的设置主要集中于军工、煤炭、石油、电力、能源、有色金属、化工和机械制造等行业。这些项目的实施极大地促进了西部地区矿产资源的开发。

---

① 张广明、王少农：《西部大开发——从孔雀东南飞到凤凰还巢》，天津社会科学院出版社 2000 年版，第81 页。

② 王文长：《西部资源开发与可持续发展研究》，中央民族大学出版社 2006 年版，第 72 ~ 78 页。

　　按照第一个五年计划的部署，石油勘探首先在我国西北地区展开。国家先后勘探开发，建成了新疆克拉玛依油田、玉门油矿等基地，实现了中华人民共和国成立后石油勘探开发上的突破。甘肃省是我国最早的能源基地之一，1956年地质部和玉门矿务局联合在我国首次运用了原子能探矿法，先后在玉门一带找到了石油河、白杨河、鸭儿峡等油矿，对玉门油矿进行了大规模的扩建。1957年第一期扩建工程完成后，使其成为一座拥有地质勘探、钻井、炼油、石油机械修配、石油科研和技术培训能力的大型石油联合企业，成为当时我国最大的原油生产基地。[①] 1958年修成了克拉玛依油田到独山子炼油厂的输油管道，使独山子炼油厂得到改建和扩建，成为燃料型的中型炼油厂。[②] 新疆也成为我国最早开采石油的地区之一，为中华人民共和国成立初期的发展做出了很大的贡献。

　　1958年，在青海冷湖5号构造上打出了日产800吨的高产油井，并相继探明了冷湖5号、4号、3号油田；在四川，发现了东起重庆、西至自贡、南达叙水的天然气区；1958年，发现南充等7个油田，结束了西南地区不产石油的历史。[③] 这些油气资源基地的建设有力地支援了中华人民共和国成立初期的经济建设。截至50年代末，全国已初步形成玉门、新疆、青海、四川4个石油天然气基地。1959年，全国原油产量达到373.3万吨，其中西部省区4个基地共产原油276.3万吨，占全国原油总产量的73.9%。四川天然气产量从1957年的6000多万立方米提高到2.5亿立方米，1953～1957年，新增石油开采能力112.3万吨/年，1958～1962年，新增石油开采能力406.1万吨/年。[④]

二、"二五"时期和国民经济调整时期的西部油气资源开发

　　第一个五年计划的胜利完成给了我们很大的鼓舞和干劲，在制定第二个五

① 石生泰主编：《西部开发简史》，甘肃人民出版社2001年版，第134～140页。
② 同上书，第137页。
③ 贾文瑞：《1996—2010年中国油气工业发展战略》，石油工业出版社1999年版，第150～178页。
④ 国家统计局固定资产投资统计司编写：《中国固定资产投资统计年鉴（1950—1995）》，中国统计出版社1997年版，第176、195、214～225页。

年计划时，我们本应秉承"一五"期间的发展思路和战略，继续实施我国的工业化。但在我国"一五"计划成绩面前，党内开始滋长急于求成的情绪，提出了不切实际的"超英赶美"的口号，突出以钢的产量为主要指标，改变了稳定发展的正确方针。受全国这种"急躁冒进"战略思想的影响，西部地区采取的战略更冒进，口号更"左"，盲目地追求高速度和"一大二公"的发展模式，从而导致大炼钢铁，大办人民公社，大搞群众运动，取消计件工资和奖金，影响了经济效益。在这种背景下，各地区开始追求建立自己完整的工业体系，全国的工业基本建设投资失去控制，恶性膨胀。例如，"二五"时期在全国基本建设投资中，内地所占比重进一步上升为53.9%，沿海地区为42.3%，内地工业年均增长速度为5%，比沿海工业年增长速度高1.8个百分点。到1962年，内地工业在全国工业总产量中所占比重进一步上升为37.1%，比1957年又提高了2个百分点。① 事实证明，这样急功近利的战略是错误的，非但没有在国力、经济发展状况、人民生活方面有较大的改善，反而使综合国力减弱，经济效益大幅度下降，人民生活遭遇窘境。

此后我们党对"大跃进"做了反思，1961年2月的中央八届九中全会上，确定了"调整、巩固、充实、提高"的八字方针。在这种战略思想指导下，西部地区也提出了调整经济发展战略措施：巩固、发展农业在国民经济中的基础地位；按照农业、轻工业、重工业的序列展开经济建设规划；适当减少基础建设的建设投入。同时，也对生产关系做了一些调整，如农村牧区取消了大食堂，恢复了自留地，在某些行业恢复了计件工资等。西部经济调整很快取得成效。

由于受"大跃进"思潮的影响，当时中央政府提出，在主要工业品上争取在15年或更短的时间内赶上或超过英美的计划。为提高炼铁、炼钢产量，不仅在原有大中钢铁企业发动群众突击炼铁、炼钢，还动员群众办小型土法的炼铁、炼钢。为了大炼钢铁，就需要专注于能源矿产的发展。1958年9月起，全国有2000万人背着镢头，带上锅灶，在山岭间挖取煤炭，年底，全国小煤

---

① 国家发展计划委员会政策法规司编写：《西部大开发战略研究》，中国物价出版社2002年版，第4页。

窑达 10 万多个。① 1959 年，原煤产量 3.47 亿吨。② 中华人民共和国成立初期，我国煤炭工业约 3/4 集中在华北和东北，西部地区对煤炭的开发很少，对石油和天然气则加大了开采力度。1952 年在我国能源生产结构中，石油、天然气占 1.3%，1960 年达 2.4%。到 1965 年，原油生产实现了完全自给。我国石油加工工业的发展，中华人民共和国成立前主要在玉门、抚顺、大连。20 世纪 50 年代，我国加工的原油很大一部分是来自西北石油基地。③ 克拉玛依、独山子等油田的产品直接运往独山子和乌鲁木齐进行加工。此外，还有陕、甘、青三省的油田，如玉门油田、青海油田、长庆油田、延长油田，他们在 20 世纪 50 年代是全国最重要的产油区。④ 1957 年对玉门油田扩建后，成为集地质勘探、钻井、炼油、石油机械修配、石油科研和技术培训能力的大型石油联合企业，是当时我国最大的原油生产基地。⑤ 而且还向外输出大量技术人员和工人，有力地支援了各地的石油开发和建设。1959 年，玉门石油管理局原油产量达到 140 万吨，占当年中国原油产量的 50.9%，从 20 世纪 60 年代起，玉门油田进入后期开发阶段。⑥ 青海省的柴达木盆地也蕴藏着丰富的油气资源，从 20 世纪 50 年代开始也进行了开发建设。

三、"三线建设"时期的西部油气资源开发

1964 年 8 月 2 日，越战爆发，美国和越南两国的战火烧到了中国的边界，中国军民也受到了战争的影响。这一事件让毛泽东改变了"三五"计划的原有发展战略，毛泽东在中央书记处会议上两次指出，要防备帝国主义国家可能发动的侵略战争。现在的工厂都集中在大城市和沿海地区，这是不利于备战

---

① 柳随年、吴群敢主编：《"大跃进"和调整时期的国民经济 1958—1965》，黑龙江人民出版社，1984 年版，第 31～32 页。

② 同上书，第 64 页。

③ 张塞、黄达强、徐理明等：《中国国情大辞典》，中国国际广播出版社 1991 年版，第 635 页。

④ 同上书，第 638 页。

⑤ 石生泰主编：《西部开发简史》，甘肃人民出版社 2001 年版，第 138 页。

⑥ 黄培武、何晓东等编著：《中国西部开发信息百科（甘肃卷）》，甘肃科学技术出版社 2003 年版，第 293 页。

的，各省都要建立自己的战略后方。因此，会议决定集中力量建设"三线"，在人力、物力、财力上给予保证，争取时间积极建设"三线"战略后方，防备帝国主义国家侵略战争的发生。

"三线建设"成为"三五"计划的中心任务，中共中央出于备战的考虑，对我国的四川、云南、贵州、陕西、甘肃、宁夏、青海、山西、河南、湖北、湖南、广东、广西等13省区的全部或部分地区进行大规模"三线建设"。作为中共中央在20世纪60年代大备战的战略措施之一，"三线建设"工程是中华人民共和国成立以来投资最多、规模最大的一项建设，覆盖范围也很广泛，包括了西部大部分地区。其发展核心是国防工业和同国防有关的基础工业，国家先后拨出大量资金，调配大批技术力量，重点是加强交通、能源、机械工业，目标是把"三线地区"建设成为我国坚固的战略后方基地。"三线建设"的战略决策主要从国防建设和经济建设的需要出发，此时的经济建设虽然有为百姓生活服务的一面，但更主要的还是服务于国防建设，以国防经济建设为中心，重点发展军工、能源等行业。

从这一时期国家财政投资的情况也可以看出国家对"三线地区"的重视。例如，1966~1970年，内地基本建设投资占全国基本建设投资总额的66.8%，其中"三线地区"的省、自治区占52.7%；1971~1975年，内地基本建设投资占全国基本建设投资总额的53.5%，其中"三线地区"的省、自治区占41.1%。再如，国家在此投资近2000亿元，形成固定资产原值近1400亿元，建成全民企业2.9万个，形成了45个以重大产品为主的专业生产科研基地和30个各具特色的新兴工业城市。[①] 当然，这时期的"三线地区"经济上也取得了巨大的成绩。1975年，"三线地区"的省、自治区全民所有制工业固定资产值在全民所有制工业固定资产值的比重，由1965年的32.9%上升到35.3%；工业总产值的比重，由22.3%提高到25%。全国将近1500家大型企业，"三线地区"就占了40%以上。[②]

---

① 国家发展计划委员会政策法规司编写：《西部大开发战略研究》，中国物价出版社2002年版，第5页。

② 同上书，第6页。

"三线地区"的个别省份，经过20世纪60年代以来的工业建设取得了很大的发展，其中尤以四川省最为突出。"三线建设"期间，四川省基本建设投资规模达393亿元，在"三线建设"总投资中占33.5%，在1966～1975年国家基本建设投资总额中占16%，超过1965年全省工业固定资产原值的5.6倍。在这期间，四川省新建、扩建、内迁来的以重工业为主的项目有250多个。1975年，全省固定资产原值已达182.3亿元，超过上海、黑龙江，仅次于辽宁。在四川省工业部门中，各类机床的拥有量为12.4万台，占当时全国机床拥有量的6.5%。其中大型机床和精密机床分别占全国同类机床数的8.6%和9.1%，锻压设备拥有量占全国的5.5%，其中大型锻压设备占6.7%，炼钢能力占全国的7.1%，原煤开采能力占全国的6.8%，发电装机容量占全国的6.4%。① 其他如湖北、河南、陕西等省，经过"三线建设"时期的投入，都建立了相当程度的工业基础。

"三线省区"是我国油气的重要蕴藏地区，具有十分重要的开采和利用禀赋。"三线省区"在发展本区域经济的时候，结合本地方的发展规划，根据中共中央"抓紧'三线建设'、随时准备打仗"的精神和"分散、靠山、隐蔽"的方针，地方政府对于地方油气资源的开发，都紧紧围绕国家"三线建设"的总体目标而进行，均设立了相应的基本建设指挥机构，其任务就是对建设工作实行统一领导和管理。从1965年国家开始对"三线地区"的油气资源的开发，先后进行了四川石油、天然气勘探开发会战，湖北江汉油田会战，陕甘宁地区长庆油田会战，河南油田开发四次大会战。

1965年在四川开始进行"开气找油"会战，在川东、川西发现了10个气田，建成了威远至成都的输气管道。1967年因为"文化大革命"，会战被迫中止，1971年又开始恢复。到1978年，发现了川西北中坝气田和川南、川西南的19个气田，特别是在川东地区发现了石炭系天然气藏。"三五""四五"计划时期，国家在四川油气工程共投资11亿元，开发气田30个、油田2个，天然气产量由1965年的8.9亿立方米增长到1978年的60.8亿立方米。四川天

---

① 杨明洪、王益谦：《西部热土：基于自然、社会、经济及相关问题的深层考察》，四川出版社2001年版，第217页。

然气田的产气区域由川南、川东、川西南发展到西北、泸州、自贡、成都。到 1985 年已发现气田 66 个、含气构造 5 个，建成了川南、川东、川西南和川西北 4 个产气区。年产气能力达到 55 亿立方米，累计生产天然气 841 亿立方米，并铺设输气管道和集输气管线 4500 多公里，形成了东起垫江卧龙河气田，经过重庆、泸州、自贡、成都、德阳、绵阳到江油中坝气田的网线。1969 年国务院批准开展江汉油田会战，到 1972 年结束，期间探明了江汉盆地的地质构造，发现了南阳油田，建设了张港等油田。到 1972 年建成了年加工原油能力为 350 万吨的荆门炼油厂，迁移和建立了一批石油机械厂、仪表厂、石油科研机构。从 1975 年，江汉油田累计生产原油1234万吨，天然气 2.98 亿立方米，加工原油2092万吨，生产原油产品 62 种，加工石油机械产品 500 多种，完成财政上缴总额 16.01 亿元。1970 年 11 月，国务院批准兰州军区组成指挥部，进行长庆油田会战。1971 年 4 月，在陇东马岭地区 11 口井连续获得工业油流，1972 年探明了马岭油田的含油面积和储量，共有 109 口探井出油。到 1979 年，长庆油田基本建成了年产原油 130 万吨的规模。到 1985 年年底，累计投资 40 亿元，共发现和建设马岭、华池、红井子、胜利井、安塞等 19 个油气田。当年，长庆油田的原油年产量达到 145.6 万吨，历年累计生产原油1139万吨。[①]由此可以看出，这个时期西部的油气资源开发成果取得了历史性的突破，油气资源的开采已经初具规模。

"三线建设"中石油化学工业也取得了很大的成就。1964 年，我国从德国、英国等引进先进的技术、设备。20 世纪 70 年代初，建成了中国最重要的石油化学工业基地——兰州化学工业公司。1972 年，我国又从美国、日本、德国、英国等引进了大批化工、化纤、化肥成套设备，预计引进总价值43 亿美元的设备，其中包括 5 套大型石油化纤装置、13 套大型氮肥装置。利用这些设备，又继续投资 200 亿元人民币，扩建了一批石油化工、化纤、化肥大型企业。其中，在"三线地区"的有：四川维尼纶厂、四川化工厂、泸州天然

---

① 陈东林：《三线建设：备战时期的西部开发》，中共中央党校出版社 2003 年版，第 311 ~ 314 页。

气化工厂、赤水天然气化肥厂、云南天然气厂、湖北省化肥厂、洞庭氮肥厂。[①] 由于"文化大革命"的影响，当时在"三线建设"中石油化工建设也出现了原料供应不足、选址不当、交通不便等问题。如湖南长岭炼油厂，片面强调"进洞"，8 次更改厂址，4 次修改设计，造成工期延长 8 年，投资增加2500万元。[②]

通过对"三线地区"重要的石油基地建设情况的汇总，可以看出"三线建设"中我国能源矿产开发利用取得了诸多发展成果。虽然这些石油基地是应备战的需求而进行开发，却是我国对西部油气资源进行的一次重要的大开发，在能源方面给国家经济建设方面提供了物质保障。

第二节　西部大开发期间的油气资源开发

在市场经济推进的过程中，东部地区依靠国家的优惠政策、良好的地理位置以及人才的聚集，迅速地发展起来，拉大了与西部地区的差距，为了缩小地区间差距，加快西部地区的发展，国家开始实施西部大开发战略。这个战略就是通过将西部地区作为我国新的经济增长点，借助于矿产资源的开发以及"西气东输"工程的实施，为区域经济均衡发展、西部地区的经济以及民族团结工作提供真正的发展机遇。然而，西部要发展，既要从西部地区的实际出发，又要从全国经济发展和生产的整体布局出发，更要符合经济全球化的大环境需要。西部要开发，从自然环境的发展而言，恶劣的自然环境需要向良好方向转化。从人文环境而言，需要不断培育和发展市场经济。依托自然环境发展市场，凭借市场发展而不断改良自然环境，在二者的互动发展中，具体而言，就是要把西部地区的优势挖掘出来，在矿产资源不断勘探开发过程中，在"西气东输"的整个大动脉的建设中，实现西部真正的开发。

---

① 陈东林：《三线建设：备战时期的西部开发》，中共中央党校出版社 2003 年版，第 316 页。
② 张万欣：《当代中国的石油化学工业》，中国社会科学出版社 1987 年版，第 18 页。

一、西部大开发战略的提出及其相关政策

1999 年 6 月 9 日江泽民同志在中央扶贫开发工作会议上提出，现在加快中西部地区发展步伐的条件已经具备，时机已经成熟。在继续加快东部沿海地区发展的同时，必须不失时机地加快中西部地区的发展。同月 17 日，江泽民同志在西北五省区国有企业改革和发展座谈会上，第一次明确提出了"西部大开发"的概念，指出"加快开发西部地区，是全国发展的一个大战略、大思路"，并提出了西部大开发总的发展原则是：把加快西部经济社会发展同保持政治和社会稳定、加强民族团结结合起来，把西部发展同实现全国第三步发展战略目标结合起来，在国家财力稳定增长的前提下，通过转移支付，逐步加大对西部的支持力度。在充分调动西部地区自身积极性的基础上，通过政策引导，吸引国内外资金、技术、人才等投入西部开发，有目标、分阶段地推进西部人口、资源、环境与经济社会的协调发展。1999 年 9 月，党的十五届四中全会明确提出了国家要实施西部大开发的战略。同年 9 月 29 日，江泽民同志在中央民族工作会议上又进一步强调："实施西部大开发是我国下个世纪发展的一项重大战略任务。"按照国家计委和国务院西部地区开发领导小组办公室（以下称国务院西部开发办）颁布的《"十五"西部开发总体规划》，实施西部大开发的总体战略目标是：经过几代人的艰苦奋斗，到 21 世纪中叶全国基本实现现代化，从根本上改变西部地区贫穷落后的面貌，显著地缩小地区发展差距，努力建成一个经济繁荣、社会进步、生活安定、民族团结、山川秀美、人民富裕的新西部地区。① 为实现这一宏伟目标，国家制定并实施了一系列的政策措施，如《国务院关于实施西部大开发若干政策措施的通知》（2000 年 10 月 26 日发布）、国务院西部开发办《关于西部大开发若干政策措施的实施意见》（2001 年 8 月 8 日）、《国务院关于进一步做好退耕还林还草试点工作的若干意见》（2000 年 9 月 10 日发布）、《国务院关于进一步完善退耕还林政策措施的若干意见》（2002 年 4 月 11 日发布）、《退耕还林条例》（2002 年 12 月 6

---

① 国务院西部地区开发领导小组办公室：《"十五"西部开发总体规划》，2002 年 7 月 10 日颁布。

日通过、2003 年 1 月 20 日正式实施）等。各有关部门和地方也制定了相应的政策措施。

二、西部大开发战略的实施

西部大开发是一项艰巨而长远的事业，按照国家规划，实施西部大开发的头 5 ~ 10 年，重点是集中力量加快西部水利、交通、通信、能源以及城市基础设施建设，为西部地区发展和扩大对外开放创造有利条件。

总体而言，可以把西部大开发规划分为三个阶段：一是基础奠定阶段（2001 ~ 2010 年）：这个阶段的重点建设是调整产业结构，建设基础设施，保护生态环境，发展科技教育，建立和完善市场体制，培养特色产业增长点，初步改善西部地区的投资环境，初步遏制生态和环境恶化，使经济得到良性循环运行，增长速度达到全国平均增长水平；二是加速发展阶段（2010 ~ 2030 年）：这个阶段在前段基础设施改善、经济结构调整和制度建设成就的基础上，步入西部开发的冲刺阶段，使得经济产业化、市场化、生态化全面升级，巩固提高基础设施建设，继续加大对特色产业的培育，从而实现经济增长的跨越；三是全面推进现代化阶段（2031 ~ 2050 年）：到 2050 年，西部地区和全国一样，全面实现社会主义现代化，人均 GDP 值达到当时中等发达国家的水平，东西部差距已经消除，人民过上富裕、幸福、和谐的生活。因此，这阶段的重点工作是加快边远地区的发展、开发落后农牧区，普遍提高西部人民的生产、生活水平，全面缩小东西部差距。[①]

西部地区蕴含着丰富的矿产资源，并且总体上呈现出"西丰东贫"的格局，这些矿产资源为我国东部地区乃至全国经济发展提供了充实的资源保障，改变了能源消费结构。对西部资源进行大开发，既有国家战略发展上的部署，又有资源需求的考虑。

三、西部大开发时期西部油气资源的勘探开发

西部 12 个省（区、市）国土面积达 685 万平方千米，占全国国土面积的

---

① 陈栋生："西部大开发——回顾与前瞻"，载《云南财经大学学报》2010 年第 1 期。

71.4%。西部地区成矿地质条件优越，目前已发现的 171 种矿产在西部均有发现，在全国发现有探明储量的矿产 138 种，在 45 种主要矿产中，西部地区的天然气、煤、铜、磷、钾盐、锌、铅、镍、稀土等 27 种矿产的探明储量占中国探明储量的 50% 以上，其中天然气储量占中国的 71.2%。[①] 这些品种多、储量大的矿产资源，为西部能源基地的建设奠定了坚实的物质基础，现在已经建成了一批能源化工基地、大型钢铁基地、大型有色金属基地和大型磷化工基地。可以说，这些大型矿产基地的建设在保障我国国民经济与社会发展对矿产资源的需求方面，发挥着重要作用。

西部虽然是我国最早发现油气的地区，但由于地质条件十分复杂，长期以来西部油气的开发利用未能取得大的突破。20 世纪 50 年代末 60 年代初，我国石油工业实施"战略东移"，在松辽盆地、渤海湾盆地相继发现一批大油田，包括大庆、胜利、辽河油田及华北、大港油田等，1978 年全国原油产量突破 1 亿吨，成为世界主要产油国之一，所以国家就把油气资源开发的重点放在了这些地区，经过几十年的开采之后，目前东部大部分主力油田已进入中后期开发阶段，稳产压力越来越大。从 80 年代末开始，国家把目光重新转向西部，明确提出了"稳定东部、发展西部"的战略方针，在稳定东部原油产量的同时，努力加快西部油气勘探开发步伐，取得了一系列重要发现。截至 2000 年底，西部地区累计探明石油地质储量 36.1 亿吨，天然气地质储量 1.74 万亿立方米，分别占全国总探明油气储量的 16.9% 和 77.6%。平均油气资源的探明程度分别为 9.8% 和 5.7%，低于全国平均水平，还有较大发展潜力。[②] 然而，令人欣喜的是，通过依靠先进的科学技术手段，加上多年的油气勘探实践，对西部地区的地质认识不断深化，增强了对西部油气开发利用的信心。近几年不断有新的重要发现，比如塔里木、陕甘宁和准噶尔盆地，先后发现一批储量规模在 1 亿～2 亿吨以上的大型油气田。西部地区，越来越显示出我国油气资源战略接替的特殊重要地位。

[①]　王海飞："我国西部矿产资源开发现状及可持续发展对策"，载《中国矿业》2009 年第 2 期。
[②]　阎三忠："加快西部油气资源开发"，载《开放导报》2001 年第 11 期。

表 1 西部油气资源基础储量（2007）

地区	石油（万吨）	天然气（亿立方米）
全国	283 253.77	32 123.63
西部	81 205.01	26 081.49
内蒙古	5763.38	3266.44
广西	191.73	3.43
重庆	5.63	1206.57
四川	330.52	5915.73
贵州	—	4.54
云南	12.21	2.79
西藏	—	
陕西	19 917.19	7435.39
甘肃	9395.18	106.51
青海	4157.23	1462.08
宁夏	46.06	1.68
新疆	41 385.88	6676.33

资料来源：中国西部国际博览会组委会办公室等单位编写：《中国西部发展报告：2009》，中国统计出版社 2009 年版，第 219 页。

第三节 "西气东输"工程

一、"西气东输"工程的启动

1998 年 8 月 29 日，中国石油天然气集团公司（以下简称中石油）向国家计委上报了《关于开展天然气西气东输建设项目预可行性研究的请示》，并提出：鉴于西气东输建设项目预可行性研究工作是一项涉及面广的系统工程，需要有关地方政府的配合和支持，特别是天然气利用项目，必须与输气工程同步进行前期工作，才能使西气东输工程建立在落实的用气项目上。10 月 3 日，国家计委下发了《关于开展天然气"西气东输"建设项目预可行性研究的批复》，同意中石油开展西气东输工程的预可行性研究工作。

按照国家计委《通知》的要求，承担中国能源工业重要责任的中石油，在前几年论证的基础上，提出了全国天然气管道干线框架以及与之相配套的局部管网方案，其中就包括2005年建成的新疆至上海的东西主干线。中央最高决策层对开发利用好西部天然气资源非常关心与重视，使得"西气东输"的开展更为顺利。很快"西气东输"的构想宣告基本定型，把新疆塔里木的天然气送到经济发达的长江三角洲，改善河南、安徽、江苏、浙江和上海地区的能源结构。

西气东输是我国天然气发展战略的重要工程。管道干线自西向东途经新疆、甘肃、宁夏、陕西、山西、河南、安徽、江苏和上海市等9个省、区、直辖市。干线管道全长约3900千米，支线管道总长近2000千米，向我国东部4省1市供气。巨大的建设规模也令人瞩目，因为它是目前我国距离最长、管径最大、输气量最大、压力最高、施工条件最复杂、投资最高的天然气管道。① 它将新疆塔里木气田的天然气，以干线管道、重要支线和储气库的方式送至上海和长江三角洲等东部地区，形成横贯我国东西的天然气供气系统。

西气东输是国家特大型基础设施建设项目，与西电东送、青藏铁路、南水北调并称为我国21世纪四大工程。实施西气东输是党中央、国务院做出的重大决策，是我国石油工业产业升级的重要标志。西气东输工程把西部地区的资源优势转化为经济优势，是当地新的经济增长点，给当地带来了丰厚的收益。它可以说是我国进入21世纪后启动的最大工程：上游气田勘探开发投资273亿元，管道建设投资435亿元，下游用气项目及城市管网建设投资688亿元，投资规模不亚于三峡工程，对西部大开发带动作用巨大。② 同时，它也给东部地区的人民带去了洁净的能源，有效地保护了当地的生态环境，有利于可持续发展和提高人民生活质量。

---

① 吴宏："西气东输管道工程介绍"，载《天然气工业》2003年第6期。
② 《气贯长虹》编委会编写：《气贯长虹西气东输工程建设纪实》，石油工业出版社2005年版，第188页。

二、"西气东输"工程的实施

（一）一线工程

我国西部地区的塔里木、柴达木、陕甘宁和四川盆地蕴藏着 26 万亿立方米的天然气资源，约占全国陆上天然气资源的 87%。特别是新疆塔里木盆地，天然气资源量有 8 万多亿立方米，占全国天然气资源总量的 22%，具有形成世界级大气区的开发潜力。[①] 塔里木盆地天然气的发现，使我国成为继俄罗斯、卡塔尔、沙特阿拉伯等国之后的天然气大国。2000 年国务院批准启动"西气东输"工程，这是仅次于长江三峡工程的又一重大投资项目，是拉开西部大开发序幕的标志性建设工程。"西气东输"一期工程采取干支结合、配套建设方式进行，工程总投资 468.91 亿元，包括 1 条干线、3 条支干线、5 条支线，干线全长 3835.77 千米，年设计输气能力达 120 亿立方米。2004 年 10 月 1 日全线建成投产，全面进入商业运营。[②]

（二）二线工程

西气东输二线工程，西起新疆霍尔果斯口岸，南至广州，东达上海，境外与横跨三国、同步建设的中亚天然气管道相连。途经新疆、甘肃、宁夏、陕西、河南、湖北、江西、湖南、广东、广西、浙江、上海、江苏、安徽 14 个省、自治区、直辖市，管道主干线和 8 条支干线总长 9102 千米。[③]

西气东输二线工程主供气源为土库曼斯坦、哈萨克斯坦等中亚国家的天然气，国内气源作为备用和补充气源。它将中亚天然气与我国经济最发达的珠三角和长三角地区相连，同时实现塔里木、准噶尔、吐哈和鄂尔多斯盆地天然气资源联网，有利于改善我国能源结构，保障天然气供应，促进节能减排，推动国际能源合作互利共赢，意义重大。

---

① "西气东输概况"，载中央政府网，http://www.gov.cn/ztzl/2006 – 01/02/content_145307.htm，2012 年 11 月 23 日访问。

② "西气东输工程已输气 692 亿方全面进入正常运行"，载中国新华网，http://finance.chinanews.com/ny/news/2010/03 –04/2151693.shtml，2013 年 11 月 23 日访问。

③ 罗洪啸："西二线全线投产'能源新丝路'气贯神州"，载《文汇报》2011 年 6 月 30 日第 8、9 版。

西气东输二线工程于 2008 年全线开工，2010 年建成通气。西气东输二线工程年输气能力 300 亿立方米，截至 2012 年 10 月中旬，累计接输天然气约368 亿立方米。[①]

（三）三线工程

西气东输三线工程于 2012 年 10 月 16 日正式开工。"西气东输"三线的总长度约为7378千米，设计年输气量 300 亿立方米，途经新疆、甘肃、宁夏、陕西、河南、湖北、湖南、江西、福建、广东 10 个省（区）。工程包括 1 条干线、8 条支线，目前正在施工三线工程的最末端福州段，将于 2018 年全线贯通。同时根据市场和资源状况，配套建设了 3 座储气库和 1 座液化天然气应急调峰站。与西气东输二线一样，西气东输三线以进口的天然气为主要气源，分别来自于中亚地区的土库曼斯坦、乌兹别克斯坦、哈萨克斯坦。三线全面建成后，中国进口中亚天然气的比重将大大增加。

从 2004 年中国石油建设第一条西气东输的天然气运输管道起，中国石油在天然气管网上的布局发展迅速。截至目前，西气东输一线已经建成投产，西气东输二线于 2012 年全面投产，再加上正在开工的西气东输三线，中国石油天然气管线将全面覆盖我国 31 个省区市和香港特别行政区。

第四节　西部油气资源开发的积极作用

无可置疑，三次大规模的资源开发彻底改变了西部地区的社会面貌，西部地区逐渐变为全国知名的能源基地、化工基地，在很大程度上改变了西部地区以传统小农经济为主的经济结构，使西部地区在较短的时间里建立起了以能源、原材料、机械、化工为主的工业体系，经济增长迅速。

一、中华人民共和国成立以后至改革开放前

中华人民共和国的成立，揭开了西部资源开发历史的新篇章，广大西部地

---

① "西气东输三线开工，进口天然气占比增加"，载凤凰网，http://finance.ifeng.com/news/macro/20121022/7181296.shtml，2013 年 8 月 20 日访问。

区由于历史和自然地理原因，工业基础普遍落后于东南沿海地区，然而由于地形复杂，战略地位优越，成为国家工业布局和投资建设的理想地域。经过"一五""二五"和"三线"建设以及改革开放前西部资源的大开发，西部地区显然已成为了我国经济建设和投资开发的重点。

（一）奠定了西部地区的工业基础，促进了西部工业发展

在进行西部资源开发的同时，将工业基础薄弱的中西部地区，作为这一时期整个国民经济建设的重点，机械、煤炭、军工、电力等行业得到发展。例如，新疆依靠国家的大力支持，初步改变了新疆近代工业几乎空白的局面。"一五"时期筹建了钢铁企业，修建了发电厂，改建和扩建了炼油厂并且还建成了露天煤矿。其他西部各省区在这一时期也通过国家扶持和西部地区各族人民的努力创业，基本都奠定了本省的工业基础，为西部地区工业的发展准备了雄厚的物质条件。

（二）形成了西部地区独有的工业优势和支柱产业

受国家整体工业布局规划的影响，这一期西部地区在资源开发的过程中，形成了一大批自己的工业支柱产业。新疆作为我国最早开采石油的地区之一，也正因为油田的开发，使得新疆为发展经济制定了"一黑一白"战略，成为我国陆上石油工业的战略持续地区。甘肃、青海分别就开发油气资源也形成了石油化工等支柱产业。

（三）促进了民族地区工业的发展

西部地区通过资源开发，工业得到较大的发展，同时西部地区是我国少数民族聚居最多的地区，从这个意义上来讲，资源开发同时促进了我国民族地区工业的发展。无论从政治层面还是经济发展层面，这都具有重大的现实意义。作为我国少数民族分布最广、民族成分最多的云南省，西部资源开发的过程中，在国家宏观政策的引导下，云南省各级政府将大批建设资金投入到民族自治地区，建成了全国有色金属、能源工业、天然橡胶等生产基地，促进了民族地区工业的发展，增强了民族地区的经济实力，也同时增进了民族地区对我国社会主义发展的认同感。

二、西部大开发时期

自 1999 年实施西部大开发以来，至今已有十几个年头了。这十几年的西部开发历程，取得了令人瞩目的伟大成就。现在，西部地区的经济发展、社会进步、民族团结、边疆稳定，各项事业的发展都取得了可喜的局面。这十几年的西部发展成就主要体现在以下几个方面。

（一）促进了西部经济增长，初步优化了产业结构

西部大开发战略的实施使西部地区的经济发展得到了很大的改善。就其经济发展速度来看，西部地区经济发展速度不仅比以往有很大提高，而且其增速还高于全国的平均水平。2013 年《国务院关于深入实施西部大开发战略情况的报告》显示，西部地区生产总值从 1999 年的 1.58 万亿元提升到 2012 年的 11.39 万亿元，年均增速 12.4%，占全国的比重由 17.9% 提高到 19.8%。地方财政收入从 1029 亿元增加到 1.28 万亿元，年均增长 21.4%，占全国的比重由 18.4% 提高到 20.9%。[①] 其中，从 1999 年至 2008 年，我国民族地区，即 5 个少数民族自治区和云南、贵州、青海 3 个多民族省，人均地区生产总值由 4293 元提高到16 057元。西部民族地区首次实现生产总值年增量突破 1000 亿元用了 45 年，突破 2000 亿元用了 10 年，突破 3000 亿元用了 2 年，突破 4000 亿元只用了 1 年。目前，地方财政一般预算收入达 2684 亿元，是 1999 年的 4.7 倍，年均增长 18.7%。[②] 再者，西部地区的产业结构也发生了很大的变化，三大产业的布局结构得到了优化。到 2011 年第一、二、三次产业增加值分别增长 5.1%、18.3% 和 11.4%，三次产业结构调整为 13∶52∶35。[③] 同时，西部大开发战略的实施，也为西部地区的特色产业提供了良好的发展契机，使得西部地区一大批优势特色产业发展壮大起来，其竞争力不断增强，并且形成了成

---

① "国务院关于深入实施西部大开发战略情况的报告"，载中国人大网，http://www.npc.gov.cn/npc/xinwen/2013-10/22/content_1810645.htm，2013 年 10 月 30 日访问。

② "西部大开发 10 年间民族地区生产总值增长近两倍"，载中国广播网，http://www.cnr.cn/allnews/200911/t20091121_505651561.html，2013 年 8 月 20 日访问。

③ 国家发展改革委：《西部大开发 2011 年进展情况和 2012 年工作安排》（发改西部〔2013〕1542 号）。

渝全国统筹城乡综合配套改革试验区、重庆市全国统筹城乡综合配套改革试验区、广西北部湾经济区、关中—天水经济区4个国家级重点经济区，成为引领和带动西部大开发的战略高地。

（二）巩固提高了西部基础设施水平，改善了人民生产生活条件

实施西部大开发以来，西部地区在基础设施建设方面取得了很多的成果。根据国家发改委公布的数字显示，截至2012年，国家已安排西部开发新开工重点工程187项，投资总规模超过3.68万亿元。① 西气东输、西电东送、水利枢纽、通信网络等一批标志性工程相继建成，交通、水利、能源及通信等基础设施条件得到改善。以交通通信为例，"五纵七横"国道主干线西部路段全线贯通，区域内8条省际干线公路如期建成，公路通车总里程达169万公里，占全国的39.8%；高速公路总里程达2.9万公里，占全国的30.3%；94%的乡镇通沥青（水泥）路。新增铁路营业里程1.27万公里，铁路总营业里程达到3.7万公里，占全国的38.2%。民用航空机场已建成92个。干线光缆总长度超过400万公里，建设国际通信光缆34条。② 随着西部大开发战略的不断推进，国家将会继续加大对西部地区基础设施建设的资金投入与支持力度。

在农村生产、生活条件上取得的成就主要有：通过实施乡村公路"通达工程"与"畅通工程"、广播电视村村通、游牧民定居、抗震安居、易地扶贫搬迁、农村安全饮水、扶持人口较少民族等一系列惠农工程，西部农村基础设施条件得到改善。以农村地区水利建设为例，10年来，西部地区水利基础设施总投入达到1270亿元，占同期中央水利投资的34%，共解决西部农村饮水困难和饮水不安全人口9437万人。③ 再以农村地区交通建设为例，2008年底，西部地区乡镇、建制村公路通达率分别达到98.3%和81.2%，乡镇、建制村公路通畅率分别达到77.5%和35%。④

---

① "2012年西部大开发新开工22项重点工程投资5778亿元"，载中央政府门户网，http：//www.gov.cn/jrzg/2012－12/19/content_2294080.htm，2013年8月20日访问。

② "国务院关于深入实施西部大开发战略情况的报告"，载中国人大网，http：//www.npc.gov.cn/npc/xinwen/2013－10/22/content_1810645.htm，2013年10月30日访问。

③ 赵永平："水利——西部发展的基础保障——访水利部副部长矫勇"，载《人民日报》2009年11月25日第5版。

④ 陆娅楠："大开发让西部交通畅出行便"，载《人民日报》2009年11月30日第5版。

西部大开发不仅促进了经济的发展，而且给西部人民带来了福音。随着西部大开发战略的实施，西部地区各族群众生活水平得到极大提高。2010年，西部地区农村人均纯收入由1999年的1622元增加到4418元，比2000年增长113.3%，年均增长13.2%；城镇居民人均可支配收入从2005年的8783元增加到15 806元，年均增长12.6%。① 西部国家扶贫开发工作重点县农民收入大幅提升。截至2008年，西部农村贫困人口减少2500多万人，232个西部国家扶贫开发工作重点县的农民人均纯收入从2001年的1197.6元增加到2008年的2482.4元，增长107.3%。② 经过十几年的西部开发过程，西部地区人民的精神面貌也焕然一新，这也为西部大开发的继续推进奠定了坚实的物质和精神基础。

（三）促进了西部医疗、教育、社保等社会事业的进步

在西部大开发这个大发展时期，西部地区的医疗、教育、社保等社会事业也迎来了大发展。在医疗建设方面，不断完善西部地区的医疗卫生服务体系，提高医疗卫生水平，不断改善人民群众的身体健康状况，在一些地方疾病的防治上也取得了显著成效。从2001年至2009年间，中央财政对西部地区12个省（区、市）共投入卫生专项经费863.3亿元，占全国的46.7%。③ 新农合制度实现全面覆盖，截至2009年9月，西部地区所有县（市、区）均已建立新型农村合作医疗制度，西部地区实际参加新型农村合作医疗农业人口达2.6亿，参合率达到93%。④ 在教育事业上，为了从根本上改变西部地区薄弱的教育现状，在2004年启动了国家西部地区"两基"攻坚计划，2007年又实行免除全国农村义务教育学杂费的优惠政策。在西部地区的教育事业上，国家先后实施"两免一补""远程教育"、鼓励优秀青年投身西部农村教育事业等优惠政策。到2007年年底，西部地区"两基"人口覆盖率达到98%，比攻坚计划

---

① 国家发改委："西部大开发'十二五'规划"，载《经济日报》2012年2月21日第1版。

② 扶贫办："西部大开发期间我国农村贫困人口大幅度减少"，载http://news.workercn.cn/c/2010/07/07/100707213942318198200.html，2012年11月23日访问。

③ "中央投入不断加大深入推进西部地区卫生事业发展"，载中国网，http://politics.people.com.cn/GB/1026/12397582.html，2013年8月20日访问。

④ 白剑峰："西部医疗卫生水平显著提高"，载《人民日报》2009年11月30日第5版。

实施前的 77% 提高了 21 个百分点；初中毛入学率达到了 90% 以上，青壮年文盲率降到 5% 以下。[①]《中国西部发展报告蓝皮书》显示，2012 年西部地区社会保障体系不断完善，社会保险覆盖面不断扩大，社会保障水平不断提高。截至 2012 年年底，西部地区参加城镇职工养老保险的总人数达 5429.53 万人；医疗保险全面覆盖，西部 12 省区基本医疗保险（包括城镇职工和城镇居民基本医疗保险）参保总人数达 9811.05 万人，平均增长率为 7.8%，多数地区的农村新型合作医疗的覆盖率都达 100%；失业保险全面实施，就业促进逐渐显现，西部地区 2012 年共有 2490.57 万人被失业保险覆盖，比上年相比平均增长 5.2%；工伤保险逐渐完善，劳动保护日益健全。

（四）推动了西部地区的生态环境建设

在西部大开发战略的实施中，国家不仅仅把发展重点放在经济建设上，同时把加强环境保护作为战略进行中的一项重要内容，避免走"先污染，后治理"的老路子。因此，制定了一系列政策措施，保障在发展西部地区经济的过程中对资源环境的合理利用，促进社会经济又好又快地发展。国家从 2000 年以来，先后开展了一系列生态治理规划，在西部地区相继启动了退牧还草、退耕还林、水污染治理、天然林保护、三江源保护等重点生态工程。以青海省"三江源"地区为例，自 2000 年至 2011 年实施"天然林资源保护工程"以来，使 2975 万亩天然林森林资源得到有效管护，工程区森林覆盖率增加了3.68%，提高到 2011 年的 8.6%，"三江源"地区生态环境状况得到明显好转。在西藏自治区，2004 年至 2010 年退牧还草工程总投资达到 19.29 亿元。退牧还草工程的实施，有效遏制了西藏草地退化、沙化趋势，生态效益显著。[②] 由于西部地区大量重点生态工程的相继实施，西部地区的环境综合治理初见成效，取得了明显的生态效益、社会效益和一定的经济效益。到 2009 年底西部地区森林面积11 683 万公顷，覆盖率达 17.14%，而十一五期间又提高

---

① 陈至立："巩固'两基'攻坚成果，开创农村义务教育工作新局面——在国家西部地区'两基'攻坚总结表彰大会上的讲话"，载《人民日报》2007 年 12 月 4 日。

② "山川秀美好风景"，载北方网，http://news.enorth.com.cn/system/2012/07/09/009600847.shtml，2013 年 8 月 20 日访问。

近3个百分点，生态环境质量得到进一步改善。① 总之，近十几年来西部地区的生态环境有了很大改善，荒漠化的治理初见成效，重要流域的水污染情况得到缓解，环境监管力度也得到了很大提高，这些都为实现"将西部地区建成一个山川秀美的新西部"的战略目标奠定了坚实基础。

西部大开发实施十余年来，通过对资源、能源的有效利用和开发所综合体现出的巨大影响，无论是在民生领域的发展还是对于生态环境的改善，无一不展示了西部大开发在战略实施上的正确性和前瞻性。同时，种种现象也向我们证明了这个战略的巨大推动力，比如西部地区政府执政理念的革新，民众观念的转变等。西部地区由此进入了快速发展的黄金时期，这也正体现出了邓小平同志提出的以先富带动后富，最后走向共同富裕的社会主义的本质。

三、新时期的"西气东输"工程

（一）促进了西部地区经济社会的快速发展

"西气东输"工程是国家进行西部油气资源开发的标志性工程之一。该项工程的实施，从多方面促进了西部地区经济社会的全面进步。

首先，促进天然气资源开采地区资金投入，带动其经济增长。通过"西气东输"工程建设，西部地区增加了大量机器、厂房及设备为主的物质资本。这些资本投入，为西部能源开发地区经济发展注入了动力。同时，由于能源产业本身属于资本密集型产业，通过天然气勘探、开采，油气资源深加工行业也投入建设，因此形成了一系列大规模资本密集型产业。例如，2010年、2011年、2012年新疆全社会固定资产投资分别完成3540亿元、4713亿元、6258亿元，均比上年新增投资1000亿元以上。2012年增速达到35.1%，创1994年以来新高。② 油气资源开发行业（油气资源开采业、石油加工及炼焦业）固定资产投资389.8亿元，同比增长率为30.02%，贡献率为41.91%，拉动固定

---

① 顾仲阳："西部森林覆盖率10年提高6.73%"，载《人民日报》2009年11月26日第5版；"'十一五'时期西部地区生产总值年均增长13.6%"，载《中国证券报》2012年2月21日第1版。

② "三年来新疆全社会固定资产投资增长每年都过千亿元"，载中国新闻网，http://www.chinanews.com/gn/2013/05-06/4790278.shtml，2013年8月20日访问。

资产投资率为 6.66%。① 同时当注入的投资资本进入运营阶段之后，生产性资本能够直接产出 GDP，同时能够扩大劳动力需求等效益。可见，"西气东输"工程的大规模项目投资，增加了社会固定资产投资，拉动了西部地区经济的增长。

其次，促进天然气资源开采地区产业结构升级。国民经济发展的诸要素之间是相互影响、相互作用的。在"西气东输"工程投产建设的同时，一批与天然气开采相关的行业和配套行业等也投入生产和建设，如建筑业、机器设备、交通运输和服务业等行业相应得以发展。同时，天然气开发产业作为上游产业，由于产业相互影响，下游产业链也会在此条件下得以发展。因为，经济因素的关联性使得同时发展的上下游产业能够减少交易费用，节约成本，同时为了各自产生最大效益，各行业间会形成协作关系。这样，在"西气东输"工程的建设构成中，西部地区产业趋于多样化，能源上下游产业趋于共同发展。

再次，促进天然气资源开采区经济社会融合。由于历史和地理等多种因素的影响，天然气资源丰富的西部地区，其经济社会长期以来处于较为落后的状态，尽管拥有丰富的资源，但资源优势没有有效转化成经济社会生产力和竞争优势。通过"西气东输"工程的建设，资本投入和相关产业的发展，西部地区的地区封闭状态有所改善。同时，"西气东输"工程投资主体的多元化，促进了跨地区、跨行业集团企业的形成，不但促进了西部地区天然气开发和利用能力，还不断提升了各行业参与市场竞争的能力，提高了天然气资源开采地的市场经济体系建设，加快了天然气资源开采地的融合发展。

（二）改善了中东部地区能源供应环境

随着国家社会经济的发展，对能源的需求不断加大，中东部地区能源供应情况不容乐观。"西气东输"就是保障中东部能源供应的重要工程，通过对西部天然气资源的大规模开发，大量天然气资源源源不断输往中东部，保障了中东部经济发展的能源供应。截至目前，全国引入新疆塔里木气田天然气、山西

---

① 数据来源于新疆维吾尔自治区统计局编写：《新疆统计年鉴（2006）》，中国统计出版社 2006 年版，第 129 页；新疆维吾尔自治区统计局编写：《新疆统计年鉴（2007）》，中国统计出版社 2007 年版，第 129 页。注：油气资源行业固定资产贡献率 = 油气资源行业固定资产投资增量/社会固定资产投资增量；油气资源行业固定资产投资拉动率 = 社会固定资产投资增长率 × 油气行业固定资产投资贡献率。

沁水煤层气、江苏 LNG 天然气和境外中亚天然气四大气源保障全国 14 省市区供气安全。① 其中,"西气东输"一、二线工程干支线实现通天然气的城市达到 270 多个,惠及东、中、西部人口超过 4 亿人。目前,通过"西气东输"工程形成了多气源路径,改变了过去单一供气的方式,满足了长江三角洲地区能源需求,也为中东部能源结构调整和产业结构调整、促进区域经济发展做出了巨大贡献。预计到 21 世纪中期,全国将形成一张覆盖 31 个省份的天然气管道大网,95% 以上的地级市均可用上天然气,② 极大地改善中东部能源紧张的局面,保障中东部地区经济的可持续发展。

(三) 促进了国家能源结构调整

随着经济的快速发展,我国能源总量连续多年位居世界前列。据 BP (British Petroleum) 最新发布的《世界能源统计回顾 2011》数据显示:2010 年,中国第一次能源消费总量超过美国,跃居世界第一。而且,长期以来我国能源消费结构不合理,由图 1 可知,全国能源消费总量的比重中:煤炭占 70% 左右,石油占 20% 左右,天然气仅占 3% ~5%,截至目前,我国一次能源消费结构中,煤炭资源消耗比重仍很高,能源消费结构不合理。

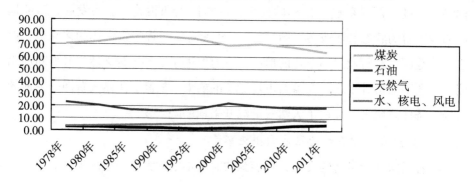

图 1 改革开放以来我国能源消费构成

数据来源:中华人民共和国国家统计局编写:《中国统计年鉴 (2012)》,中国统计出版社 2012 年版,第 273 页。

---

① "西气东输引入四大气源保障全国 14 省区市供气安全",载中国政府门户网,http: // www. gov. cn/jrzg/2012 – 08/01/content_ 2196268. htm,2013 年 8 月 20 日访问。

② "世界最长天然气管道建成投产从中亚到珠三角",载新华网,http: // news. xinhuanet. com/2011 – 06/30/c_ 121606930_ 2. htm,2012 年 11 月 23 日访问。

"西气东输"工程的实施，带动了西部天然气资源的开发和消费。根据国家统计局《国民经济和社会发展统计公报（2012）》数据显示，"十一五"期间，中国天然气消费量一直保持着年均两位数的增长速度，2010年的增长速度为18.2%。"西气东输"工程的建成改善了我国能源结构，使天然气在我国一次能源消费比例中由现在的3.5%提高到5%以上，[①]图1中也显示出我国天然气资源消费量占全国能源消费比重呈上升趋势，而煤炭资源消费量占全国能源消费比重则呈下降趋势。可以说，西部油气资源开发立足于我国能源资源逆向分布的基本国情，以"大能源观"平衡东部的能源需求与西部的能源供应，以"大能源战略"维护国家的能源安全，推动了国家能源结构的调整。

但是，我们也应该看到，各个时期国家对西部地区做出资源开发的战略部署，尤其是在不注重环境资源保护、不顾西部地区的生态环境的承受能力的情形下进行的开发，虽然作为我国油气资源主要战略接替区的西部地区，由于国家的政策导向和产业布局，其油气资源的开发更多地还停留在初级产品的供应上，没有形成上下游一体化的石油化工产业链和产业集群，加之技术、人才、资金和市场等原因，油气资源的开发对地方经济的辐射和带动作用未能充分发挥出来，资源优势不能转化为产业优势和区域优势。

---

① 冉永平："天然气输气管道——西气东输，气贯长虹"，载《人民日报》2012年9月24日第6版。

第二章　油气资源基本制度

油气资源权属制度设计决定了油气资源的所有权、流转方式以及利益分配的结果，资源如何分配是建立在资源权属制度之上的，当利益发生冲突时，权属制度决定了谁的利益能够实现。不同的权利制度安排，存在着不同的利益分配结果。相关利益主体在既有油气资源所有权制度下进行博弈，为自己尽可能多地争取利益。他们不仅争夺资源和有利的谈判地位，还试图通过团体或个人的力量去变革制度，使其更有利于自身利益。所以油气资源所有权制度是研究的起点，它由一系列权利组成，控制着形形色色的利益冲突的方向和数量，其中划分中央与地方政府之间资源产权权利的利益分配关系既是油气资源产权制度改革的重要约束条件，更是研究的基本视角之一。

第一节　油气资源矿权制度

一、油气资源概述

油气资源属于矿产资源。矿产资源是指由地质作用形成的具有利用价值的呈固态、液态、气态的自然资源。矿产资源按用途、物理性质和化学性质，可划分为能源矿产、金属矿产、非金属矿产和水气矿产四大类。中国现已发现171 种矿产资源，查明资源储量的有 158 种，其中石油、天然气、煤、铀、地热等能源矿产 10 种，铁、锰、铜、铝、铅、锌等金属矿产 54 种，石墨、磷、硫、钾盐等非金属矿产 91 种，地下水、矿泉水等水气矿产 3 种。[①]

　　油气资源是矿产资源的重要组成部分，其具有双重价值，即经济价值和环境价值。经济价值是油气资源开发利用过程中所增加的社会经济价值，属于正面价值。油气资源的开发利用在促进区域社会经济发展的同时，对矿区社会经济生态环境也产生一定的负面影响。主要表现为：（1）地（岩）层结构构造破坏；（2）土地和土壤破坏；（3）水污染破坏；（4）废热、废气、废物排放及堆积；（5）植被破坏；（6）建筑物（建构物）破坏；（7）生态系统变化；（8）矿与农矛盾突出等。[②] 这反映了油气资源的开发利用的负面价值即破坏环境价值。从司法实践看来，人们往往在很大程度上是以牺牲油气资源的环境价值为代价来获取（或追求）油气资源的经济价值。所以通过制定所有权制度明确油气资源的所有权主体，可以控制资源的有效利用。

二、油气资源所有权制度

（一）油气资源权属的确定

　　油气资源所有权制度是有关油气资源的产权制度，以确定油气资源的权属问题。《宪法》明确规定矿产资源属于国家所有。该法第 9 条第 1 款规定："矿藏、水流、森林、山岭、草原、荒地、滩涂等自然资源，都属于国家所有，即全民所有；由法律规定属于集体所有的森林和山岭、草原、荒地、滩涂除外。"《中华人民共和国民法通则》也有类似规定。《中华人民共和国物权法》第 46 条规定："矿藏、水流、海域属于国家所有。"《中华人民共和国矿产资源法》第 3 条第 1 款规定："矿产资源属于国家所有，由国务院行使国家对矿产资源的所有权。地表或者地下的矿产资源的国家所有权，不因其所依附的土地的所有权或者使用权的不同而改变。"据此，现有法律规范确认了油气资源的所有权归属于国家。

　　国家所有权作为社会主义条件下的一种所有权形式，是指国家对国有财产

---

　　① 郝举、蔡齐："论我国矿产资源所有权"，载《中国矿业》2006 年第 9 期。

　　② 刘金平、张幼蒂、杨会俊："绿色开采的矿产资源价值"，载《中国矿业大学学报》2004 年第 3 期。

的占有、使用、收益和处分的权利，它是全民所有制在法律上的表现。① 油气资源国家所有权在主体上具有单一性。油气资源只能归属于国家所有，其他任何主体都不享有所有权，包括集体组织。油气资源的这一特点不同于森林、山岭、草原、荒地、滩涂等非专属于国家所有的自然资源，它们在法律有规定的情况下亦可归属集体组织所有。

确立油气资源国家所有权意味着，国家可以独立地按自己的意志，依照法律规定对油气资源占有、依法确定使用的时间期限、地点范围和方式方法。油气资源国家所有权不依附于任何其他权利而独立存在，也不需要第三者的协助取得和实现。从物权理论出发应该如此，不过国家作为一个抽象的主体，不可能事事亲力亲为，所以在矿产资源法中就确定由国务院来行使国家对油气资源的所有权，最终具体的实施部门是原国土资源部。这说明对油气资源我国采取的是一级管理体制，与一般的矿产资源不一样。对一般的矿产资源来说，除了原国土资源部以外，地方各级人民政府的相关部门也享有管理权。而对油气资源来说，原国土资源部成为油气资源国家所有权的行使者，国家和中央政府之间实质上形成了一种代理关系，中央政府成为国家的代理人。不过陕北油田的开发是个例外，20 世纪 70 年代陕西省政府在与国家协商下，国家出于对陕北根据地经济发展的照顾以及战略重点的转移，将延长油田交由陕西省政府进行开发。1994 年原中国石油天然气总公司代表国家与陕西省政府签订了《关于开发陕北石油资源的协议》，进一步明确了陕北油气资源的两级开发体制。以长庆石油勘探局（现改制为中油股份公司长庆油田分公司）和延长油矿管理局（现改制为延长石油集团公司）为合法油气开发生产主体，陕北的油气开发生产体制正式形成。

（二）油气资源国家所有权的实现

1. 通过法律彰显国家所有权的具体实现

一是明确国家所有即全民所有，通过法律做了一个概念和主体的转换；二是通过矿产资源法宣布由国务院具体行使国家所有权，这样看来似乎是将国家所有权一步步明晰，但其实我们发现：国家是一个虚设的所有者；国家所有与

---

① 佟柔：《中国民法》，法律出版社 1994 年版，第 249 页。

政府所有等同起来。宪法对油气资源主体资格的规定，实际上是宣布了油气资源的国家垄断，资源所在地能够得到的利益有限，所以很多人纷纷撰文对国家所有权的合理性以及可行性进行了质疑。有学者就指出国家所有权是一个主权上的概念，提出应用"公法法人所有权"来代替国家所有权理论，即明确规定中央政府、地方政府以及有关公法法人的所有权。[①]

2. 通过经济活动，使国家所有权能够得以实现

油气资源的所有权属于国家（或全体人民），但开发油气资源时，抽象的"国家"不可能身体力行，必须通过建立矿业权制度，即将油气资源的开采权及探矿权通过授予、招标或签订协议等方式交给具体从事勘查开发活动的矿业权人，从而使得依托于油气资源的各种经济活动得以展开。国家通过出让油气资源的开采权及探矿权，就是财产所有权同他物权分离的一种表现。在这个过程中，油气资源国家所有权也从经济上得到了实现。

（三）油气资源所有权权益

1. 油气资源所有者享有所有权权益——矿山地租

矿山地租是油气资源所有者凭借所有权产生的收益。既然国家所有的油气资源实行分级所有制度，那就应当由中央政府和地方政府分别享有所有者权益。国家法定所有权享有的收益是矿山地租。矿山地租的理论依据来源于马克思的地租理论。马克思认为，地租是土地使用者由于使用土地而缴给土地所有者的超过平均利润以上的那部分剩余价值。马克思按照地租产生的原因和条件的不同，将地租分为三类：绝对地租、级差地租和垄断地租。绝对地租是指由于土地所有权的存在，租种任何土地都必须缴纳的地租，其实是农产品价值超过社会生产价格以上的那部分超额利润，即土地所有者凭借土地所有权的垄断所取得的地租。级差地租是等量资本投资于等面积的不同等级的土地上所产生的利润不相同，因而所支付地租也就不同，这样的差别地租就是级差地租。级差地租又可分为因土地肥力和位置不同而产生的级差地租 I 和因投资的生产率不同而产生的级差地租 II。垄断地租指从特别有利的土地生产的商品价格中所获得的超过其价值的超额利润。关于农业所要说的，大体上也适用于采矿业。

---

① 孙宪忠：《论物权法》，法律出版社 2008 年版，第 13 页。

真正的矿山地租的决定方法，和农业地租是完全一样的。所以，马克思的地租理论同样适用于采矿业。既然地租是土地所有者应当享有的权益，将其应用于采矿业，国家作为油气资源的所有权人也就可以享有矿山地租，即矿业权人采掘矿藏向国家租用矿山所支付的地租。矿山地租和农业地租一样也分为这么三种形式：绝对地租、级差地租、垄断地租。绝对地租指不管矿山的好坏，凡是开采矿山都要支付绝对地租。这是油气资源所有权人凭借对油气资源的垄断产生的。级差地租指开采生产条件较好的矿山要支付级差地租。由于各个矿区的蕴藏量、矿藏的深浅、矿石的品位以及距离市场的远近各不相同，开采优等和中等矿山的企业可以经常获得超额利润，这就构成矿山级差地租Ⅰ。这种超额利润应当归油气资源所有者占有。由于追加投资产生不同的生产率，由此产生的超额利润就构成矿山级差地租Ⅱ。这种超额利润属于追加投资的生产资料所有者，这些所有者可能是国家，也可能是企业或个人。与农业用地不同，对矿山追加投资的结果，是加速矿山蕴藏量的掘尽，而对农业用地的追加投资则能不断改良土地。这涉及在开采完油气资源以后如何进行土地复垦的问题。垄断地租指开采某些蕴藏稀有矿产品如贵金属、金刚钻、石油等，要向矿山土地所有者支付垄断地租，因为这些珍贵的矿产品可按垄断价格出售，由此产生的超额利润就转化为矿山垄断地租。这种垄断地租应当归油气资源所有者占有。

2. 油气资源所有者享有所有权权益的内容

（1）权利金。权利金是矿产开采人因开采不可再生的油气资源而向油气资源所有权人所做的支付，这种支付实质上反映了绝对地租。在中世纪的罗马法中就已经出现了权利金一词，指开采油气资源要向所有权人即皇室献金。当时的缴纳方式比较简单，主要按从量法计征。现代市场经济国家所征收的权利金的含义和罗马法时代的权利金制度基本保持一致，国家利用对油气资源的垄断地位，通过建立矿业权制度，把矿业权授予从事勘查开发活动的矿业权人并要求其缴纳权利金。只有这样，依托于油气资源的各种经济活动才可能得以展开，油气资源国家所有才可能转变为现实的社会所有，作为埋在地下未知的、作为抽象概念的、仅具有抽象价值的"油气资源"，才可能转化为具体的、具有使用价值和交换价值的矿产品。① 所以，权利金成为国家油气资源所有者权益经济实现的基本方式，体现的是资源的绝对收益。国家对权利金的征收标准并不是统一的，不同矿种缴纳的权利金不同。各矿种权利金比率的确定，可以由国家的宏观经济决策部门根据不同时期国民经济运行对油气资源的需求状况以及各种类油气资源自身的重要程度和稀缺程度，在综合考虑相关因素的基础之上权衡而定。② 国家可以借助于对权利金比率的调整来调节矿业经济的发展，使其与整个国民经济的运行保持协调。

（2）优质资源出让金。优质资源出让金体现的是油气资源的级差收益，矿业权人以权利金的形式向所有权人支付了绝对地租，但若因开采高质量的矿床而获得超过正常投资的回报，则需要为这种超额利润支付相应的代价。因而其所适用的范围是所有能够产生级差收益的非劣等油气资源。优质资源出让金的征收创造了一个双赢的局面，维护国家作为油气资源所有者权益的同时，也为矿业投资者提供一个公平的竞争环境。优质资源出让金的具体数额的确定有这么两种方式：通过招标、拍卖等竞争性的方式确定或通过矿业行政管理部门与矿业投资者之间的谈判确定。一般来说，对具有一定前景和潜在盈利可能的矿产地，都应尽可能地通过招标、拍卖等竞争性的方式来确定优质资源金，只要矿业权人的资质合格，即可将矿业权授予优质资源出让金出价最高的投资者。此种方式，既可以广泛吸引矿业投资者参与竞争，又可以充分维护国家的油气资源所有者权益。对于那些前景不大明朗、盈利可能性较小且矿业权申请人唯一的矿产地，可以通过矿业行政管理部门与矿业投资者之间的谈判确定具体的优质资源出让金数额。通常情况下，优质资源出让金应一次性付清，但对一些特殊的矿产地也可由矿业权人根据其与矿业行政管理部门达成的协议分期支付。

3. 油气资源所有权权益的安排准则

（1）合理划分中央和地方的收益分配。油气资源供求关系趋紧必然会导

---

① 蒋承菘主编：《油气资源管理导论》，地质出版社 2001 年版，第 104 页。

② 王雪婷、王金洲："油气资源所有者收益分配制度研究"，载《科技创业月刊》2012 年第 9 期。

致中央与地方之间因油气资源开发引发利益分配矛盾，各级政府通常以维护自身利益为出发点要求资源分配方法。中央政府主张应当由其决定矿产开发的收益分配；地方政府则认为采矿活动造成资源所在地生态环境恶化、区域可持续发展受损，这些损失与税费所得不成比例，同时地方政府还要承担矿区开发监管职责，造成权责不一。所以，在油气资源收益分配中必须正确处理中央和地方的关系，形成合理的油气资源收益分配格局。在中央与地方之间确定利益分配格局时可依据以下原则。

第一，功能性原则。即按照收益的功能来划分矿种资产收入的归属，将有利于实现中央政府管理职能的矿种资产收入划归中央；有利于实现地方政府管理职能的矿种资产收入划归地方，这是提高经济效率和行政效率的要求。从经济效率上讲，按照矿种资产收入功能来确定矿种资产收入归属，有利于充分、有效地发挥中央政府和地方政府在资源管理方面的作用，减少矿种资产收入功能与政府职能要求相悖带来的消极影响。从行政效率上讲，按照矿种资产收入功能来划分矿种资产收入归属，有利于减少管理成本，因为由于矿种资产收入所具有的区域范围，收益的集中或分散程度等特殊性，使有些矿种资产收入适宜于中央政府征收管理，有些矿种资产收入却适宜于地方政府征收管理，因而将那些适宜于中央政府管理的矿种资产收入划为中央就会较之将其划为地方有更高的行政效率；反之亦然。

第二，受益性原则。要求根据受益范围来确定矿种收入归属。一般情况下应该将受益于中央政府财政支出的收益归属中央，而将受益于地方政府政支出的收益划归地方，形成责任与受益对等的油气资源收入划分格局。受益性原则是责任与受益对等这一利益分配的经济原则在政府之间分配关系上的体现，它体现了收益与其产生的条件之间的内在联系，既然收益的产生与政府财政投资直接相关，就应该使该级政府在分配中获得一定的利益，这样更能体现经济上的公正原则。

第三，经济分权原则。要求在划分矿种资产收入时尽量以经济因素为依据，淡化乃至消除行政隶属关系对矿种资产收入划分的影响。因为矿种资产收入划分实际上是各级政府之间的利益划分，它直接制约着政府与企业之间的关系。行政分权往往是市场机制不健全的重要标志，它会强化政府与企业之间的行政关系，导致政府对企业的行政干预，影响企业正常的市场行为。经济分权体现的是各级政府及其与企业之间的经济关系，符合市场经济的一般要求，也有利于政企分开和市场体制的有效运作。

（2）保障资源地居民的合法权益及其收益。所谓损益补偿规律是指在一项政策中受到损害的利益，应由其他的政策予以相应的补偿，以保持社会利益关系的平衡。[①] 开采油气资源会占用当地居民的土地使用权，对占用的土地使用权从价值角度来说应当予以补偿。油气资源所在地的居民拥有健康、安全以及舒适地生活的权利，这种权利不能因采矿活动而受到侵害。公民环境权在传统上不属于矿产产权的基本内容，但矿产开发往往会对资源所在地居民的财产和健康等造成重大影响，根据损益补偿规律，对利益受损的群体施以相应的补偿政策，有利于保持经济的协调发展和社会稳定。损益补偿是维护社会利益平衡的有效工具，所以应当要求采矿企业在开发利用油气资源的同时，要采取合理的方式对资源地居民进行补偿，同时保证对环境的保护、治理与恢复。同时，国家作为油气资源所有者也应当在收益充分实现的前提下，把部分收益用于对资源地居民的补偿。

（四）国家在油气资源开发中的其他权利

国家在油气资源开发中具有多重权利，除了享有油气资源的所有权之外，还负责油气资源的行政管理，甚至还有可能是油气开发企业的投资主体，由此衍生出了管理权和投资权。

1. 管理权

油气资源所有者行使所有权权能，拥有油气资源管理权。国家对油气资源履行资产管理和行政管理职能，中央政府即国务院是国家的代表者，对油气资源进行管理。中央政府油气资源管理者行使行政管理职能，需要管理和维护油气资源勘察和开采秩序，需要对油气开发企业进行监督，这有利于油气资源的合理开发和利用，有利于建立稳定的生产经营秩序，保证资源消耗与开发的良性循环，促进经济持续发展的环境机制的建立。由于中央政府提供了服务，按照生产要

---

① 刘斌、王春福：《政策科学研究（第一卷）　政策科学理论》，人民出版社2002年版，第375页。

素分配理论，就有理由从油气产品收入中取得补偿，以维持其不断提供服务的财力、物力等，所以应当向开采单位收取自身作为管理者应当享有的收益。

（1）资源保护费。油气资源在开发的过程中，有可能造成生态破坏和环境污染。资源管理部门为了防止资源和环境破坏，弥补和修复因资源开发而导致资源基础及环境质量降低，保持适当的耗竭速度，必须采取措施保护资源，从而产生资源保护、环境治理等费用。这些费用从理论上讲是油气资源简单再生产所发生的必要费用，应将其列入油气资源价值中予以补偿。但从实际操作来看，它是开采过程中的费用，与开采方式、方法及技术有关，政府不将它列入资源价值而是分期按矿产品收入的一定比例征收，更有利于矿山企业改进管理，从而更能充分体现政府管理权的收益。[①]

（2）资源替代费。油气资源属于不可再生资源，它的总储量是有限的，所以在它被耗竭之前，必须进行新能源、新矿物原料、材料的开发，同时对已知矿物原料也要进行新用途、新性能的开拓。资源替代方面的科研工作由资源管理部门组织领导，由此发生的资源开发替代费用，应在资源开采期间依据资源收入向开采单位收取。

以上两种费用统称为"资源环境补偿费"。它是资源管理者在履行行政管理职能时向开采单位收取的用于补偿专门性管理所产生的费用，是资源管理者享有的管理权收益。"资源环境补偿费"由国家按矿产资源收入的一定比例收取，各级政府有关管理部门实行比例分成。

（3）税收征管权。基于国家权力而产生的国家收益，调节国家与经济活动参与者之间的关系，是国家凭借其政治权力参与资源开发收益的分配。

2. 投资权

国家在油气资源开发中享有投资的权利。在市场经济中，投资者实现经济活动的主要目的是获取经济利润，以实现其利润最大化。国家作为投资者自然也不例外，可以进行商业性地质勘查，但国家出资进行地质勘查主要是指为了满足国家公共服务的需要，由其独资所进行的地质调查。

---

① 朱学义等：《矿产资源权益理论与应用研究》，社会科学文献出版社 2008 年版，第 109 ~ 110 页。

（五）我国矿产资源所有权制度存在的问题

油气资源归国家所有，国家可以根据经济和社会发展的现状及未来的发展方向对油气资源进行综合利用和合理分配，有利于国家对国民经济进行宏观调控，实现可持续发展；有利于进行油气资源战略储备，进一步维护国家的资源安全。这是油气资源国家所有权制度的优势所在，但这种体现计划经济色彩的制度设计模式已经很难满足矿业领域公平竞争、维护国家权益和社会公共利益的要求，在运行中暴露出一些问题。

1. 单一产权引发投资经营权高度集中

单一产权制度导致油气资源的投资经营权都由国家集中控制，目前我国油气资源开采的主体为中央所属大型企业。2003 年，中石油、中石化、中海油三大集团公司的油气生产和油气加工量分别占到全国的 99.77% 和 83.14%，我国的油气资源产业仍属于垄断产业。[①] 投资经营权的高度集中，排除了资源地的投资收益权，使得资源地的矿权收益减少，因此在油气资源开发中，中央与地方之间的利益矛盾将进一步突出。另外，强垄断引发竞争和创新意识的减弱，最终会导致技术的落后和效率的低下。

2. 油气资源所有者权能与政府的行政管理职能相混淆

油气资源的所有权主体是国家，代表国家行使所有权的主体是国务院，具体部门是原国土资源部。这就意味着行政部门扮演双重角色，从私权角度来说其是油气资源的所有者，从公权角度来说其又是油气资源的行政管理者。一方面，作为油气资源所有者权益代表，在对油气资源利用过程中，政府部门必须谋求所有者权益实现最大化。另一方面，政府部门又是社会公共利益的代表，对油气资源开发、管理时又必须着眼于油气资源的合理使用、有效保护以及可持续发展。由此可见，政府部门扮演的两种角色其价值取向完全不同。由同一主体承担两种会发生冲突的职能，导致实践中出现了非常混乱的情况。政府部门行使管理职能时，用行政法律规章取代油气资源产权制度，扭曲油气资源产权制度价值取向的现象时常发生，致使油气资源产权制度成为政府部门或某些

---

① 李寿武："我国油气资源矿权制度中存在的问题及完善对策"，载《技术经济与管理研究》2009 年第 2 期。

利益集团获取利益的法律借口。实质上，油气资源产权制度属于私法领域，而非公法范畴，油气资源产权制度只能按照私法方式、市场经济规律来运行，而不能按行政方式运作。需要强调的是，国家作为油气资源的管理者，可以依据管理权的行使而获得收益。同时它又拥有立法权，可以通过制定相关法律，参与利益分配，这种利益分配制度从一开始就带有浓郁的国家中心主义色彩，倾向于对国家利益的保护。

中央政府与地方政府在自然资源利用上及其收益分配上存在利益冲突，油气资源的所有权属于国家，但实际却在各地方政府的管辖范围内，在它不能因所有权获得收益时，财权与事权的不对称促使地方政府更多的是放弃对资源的管理。油气资源的全民所有带来的另一问题是：现实中全民的每一个主体利益并不一致，每个个体都按自己追求的利益最大化方式行事。这同样给单一产权的实现带来困难。

3. 油气资源国家所有权的实现方式导致寻租现象的产生

油气资源的国家所有有一个具体的实现过程，通过矿业权的交易实现矿产资源的流转，通过税费的收取获得资源收益，通过开采、勘探油气资源而使其具体使用，因此权力被分解为各部门行使。我国《矿产资源法》第 11 条规定："国务院地质矿产主管部门主管全国矿产资源勘查、开采的监督管理工作。国务院有关主管部门协助国务院地质矿产主管部门进行矿产资源勘查、开采的监督管理工作。省、自治区、直辖市人民政府地质矿产主管部门主管本行政区域内矿产资源勘查、开采的监督管理工作。省、自治区、直辖市人民政府有关主管部门协助同级地质矿产主管部门进行矿产资源勘查、开采的监督管理工作。"据此，油气资源管理权分流到各部门和地方政府后，各部门和地方政府也需要通过代理人来对油气资源进行直接管理。这样，油气资源的产权层层委托，出现一级级的赋权体系，从国务院到最终的实际代理人，形成金字塔状分布格局。金字塔的每一层级代理人追求的利益都不同，越是处于金字塔底端的代理人所追求的利益越有可能偏离最初追求的利益，偏向自身的利益。这种复杂的层级委托代理制度导致油气资源管理的行政成本上升，效率低下，同时也直接导致了矿产开发中各种各样寻租现象的产生。例如，各级地方政府和管理部门往往借助于矿产资源使用权的出让需要通过审批的方式，将矿产资源的勘探和开采权以许可证的方式无偿或低价授予企业，这就产生了巨大的寻租空间。目前我国矿山企业出现的很多违法违规生产经营现象以及寻租活动泛滥都是因为委托代理下的政府行政权限过度膨胀、监管力度不够以及授权、交易方式不规范造成的。[①]

三、油气资源探矿权与采矿权

（一）基本概念梳理

油气资源探矿权与采矿权是指对油气资源进行开发利用的一系列权利，是由油气资源所有权派生出来的对油气资源占有、使用、收益、处分的权利，是在油气勘查与开发生产过程中所产生的财产权，是人们在对油气资源勘查开采活动中引起的相互认可的关系。油气资源探矿权与采矿权是财产权，也是他物权。在我国由于油气资源被法律规定为国家所有，不因其所依附的土地所有权或使用权的不同而改变，也不因产权的运动而变更，因而油气资源探矿权与采矿权是他物权。所谓油气资源探矿权是指投资者做出投资承诺并以缴纳有关税、费为代价，向资源所有者（国家）购买在特定区域、一定年限内进行油气资源勘探和优先开发该区域内油气资源的权利，即指在依法取得的勘查许可证规定的范围内，勘查油气资源并优先取得作业区矿产资源采矿权的权利。取得勘查许可证的单位和个人称为油气资源探矿权人。所谓油气资源采矿权是指投资者做出投资和组织油气资源开发活动的承诺并以缴纳有关税、费为代价，向储量拥有者和国家购买的开发油气资源及部分享有油气产品收益的权利，即指在依法取得的采矿许可证规定的范围内，开采油气资源和获得所开采的油气产品的权利。取得油气开采许可证的单位或个人称为采矿权人。油气资源是重要的矿产资源，故油气资源探矿权与采矿权的基本概念与一般性的矿产资源采矿权与探矿权保持了一致。

实践中，油气资源探矿权与采矿权制度体系更多的是由权力机关所颁布的相关法律、制度及规定来描述。就我国而言，完整意义上的油气矿权法律制度体系由 1986 年颁布的《矿产资源法》正式确定。其后于 1987 年，先后颁布了

---

① 曹海霞："我国矿产资源产权的制度变迁与发展"，载《产经评论》2011 年第 3 期。

《矿产资源勘查登记管理暂行办法》《全民所有制矿山企业采矿登记管理办法》《石油及天然气勘查、开采登记管理暂行办法》以及 1994 年起先后施行的《中华人民共和国资源税暂行条例》和《矿产资源补偿费征收管理规定》等法律法规，初步确立了我国油气资源探矿权与采矿权法律制度的基本架构及主要内容。第八届全国人民代表大会常务委员会第二十一次会议通过了《关于修改〈中华人民共和国矿产资源法〉的决定》，对我国矿业权法律制度作出了大量重要的修改和完善。1998 年 2 月 12 日，国务院发布了《矿产资源勘查区块登记管理办法》《矿产资源开采登记管理办法》和《探矿权采矿权转让管理办法》三个配套法规。这些法律法规以及 1994 年 3 月 26 日国务院发布的《矿产资源法实施细则》，对于我国的油气资源探矿权与采矿权法律制度作出了进一步的修改与规范。

（二）油气资源探矿权与采矿权的流转

矿业权的流转是指在矿业权市场中，不同的民事主体之间发生的相互让渡探矿权与采矿权的矿业权交易活动。不同的民事主体即矿业权主体，包括转让方和受让方，它们可以是国家（特殊民事主体）、企业和个人。矿业权流转是他物权的流转，并不改变矿产资源的所有权。矿业权流转作为一种物权交易行为，必须服从国家的法律，必须依法流转。矿业权流转是实现矿产资源国家所有权的重要途径，是建立市场经济下地质勘查工作运行机制的需要。油气资源探矿权与采矿权属于矿业权的范畴，自然也可以依法流转。

矿业权的流转可以划分为初次流转和二次流转。所谓矿业权的初次流转实质上指的就是矿业权的出让，国家作为矿产资源所有者将探矿权和采矿权有偿出让给探矿者和采矿者。所谓矿业权的二次流转实质上指的就是矿业权的转让，已经取得探矿权和采矿权的主体在符合一定条件后，将上述两种权利转让给其他的矿业权人。矿业权的出让是矿业权进入市场的第一步，应该说它具有了商品或资产的属性，为矿业权流转的一级市场。[①] 矿业权的转让为矿业权流转的二级市场，当然也包括矿业权人依法将矿业权作为资产进行出租、抵押等

---

① 孙宏涛、田强：“论矿业权的流转”，载《中国矿业大学学报（社会科学版）》2005 年第 9 期。

经济行为。通过矿业权的一级出让市场和二级转让市场的结合，才真正体现了在市场经济条件下矿业权作为一种资产（或财产）的市场属性。[①]

油气资源探矿权与采矿权一级市场的出让，以往在我国主要采取授予、委托出让方式，而本应由市场决定的招标、拍卖等出让方式却被排除在外。从1998年到2003年颁布的一系列法律法规初步确立了我国以招标、拍卖等为主的市场属性较大的矿业权出让（一级市场）方式。油气资源探矿权与采矿权转让是通过矿业权二级市场实现的，转让双方在法律地位上是完全平等的。我国《矿产资源法》第6条特别规定，"探矿权人在完成规定的最低勘查投入后，经依法批准，可以将探矿权转让他人""已取得采矿权的矿山企业，因企业合并、分立、与他人合资、合作经营，或者因企业资产出售以及有其他变更企业资产产权的情形而需要变更采矿权主体的，经依法批准可以将采矿权转让他人采矿""禁止将探矿权、采矿权倒卖牟利"。这种规定使矿业权流转的方向和使用受到了区域行政和部门行政等多种元素的制约，不能由市场决定出价最高者或经营最好者获得矿业权，影响了油气资源探矿权与采矿权在流转方面的优化配置。

第二节 油气资源矿业用地制度

一、油气资源矿业用地的取得

油气资源埋藏于地下或地表浅层，其存在需要依附于土地，所以油气资源与土地之间的关系非常密切。这一自然事实就决定了有关油气资源的权利与有关土地的权利之间存在着紧密的联系。各国的矿产资源立法都必须解决矿权与土地产权之间的关系，这一关系的解决有利于理顺油气资源开采中涉及的各种利益关系，对构建合理的矿业权市场会产生重大影响。

---

① 伍昌弟、贾志强："关于矿业权流转的必要性、条件、方式及存在问题的探讨"，载《四川地质学报》1998年第1期。

对油气资源进行勘探和开采必然涉及对土地的利用，由此就产生了油气资源矿业用地的问题。我国土地制度经过一系列的变革之后，形成了土地归国家和集体所有的二元土地产权制度。伴随着土地制度的变革，矿业用地使用权的取得方式也发生了重大的变化。

我国矿业用地取得方式经历了无偿划拨到有偿使用的演变过程，由过去的通过划拨方式获得矿业用地使用权演变为以出让等有偿方式获得矿业用地使用权。但由于石油、天然气是国家重点扶持的能源产业，其矿业用地仍以划拨方式取得。根据我国目前所确定的矿业用地有偿使用制度，矿业用地占用国有土地的，则依法以出让或划拨方式取得矿业用地使用权；如果占用集体土地的，则必须经过国家征收这一环节，待改变土地权属性质后再依法以划拨或出让等方式取得矿业用地使用权。也就是说，如果石油企业需要的建设用地属于集体所有，须通过政府把集体土地征为国有土地后，再划拨给石油企业使用。实际操作中，则是由矿业权人与油气资源所在地的村、乡（镇）等集体经济组织协商，并向其缴纳一定的使用费、补偿费后取得对矿地的占有使用权利。

这种油气资源矿业用地的取得方式会引发很多问题。当油气资源矿业用地为集体土地时会涉及农用地转为非农用地和农用地征收环节，此环节涉及农民的切身利益及地方政府的利益，因此油气资源矿业用地征收工作异常复杂。油气资源矿业用地的关键问题是征地补偿标准，根据《中华人民共和国土地管理法》（以下简称《土地管理法》）第 47 条规定，征收耕地的补偿费用包括土地补偿费、安置补助费以及地上附着物和青苗的补偿费。征收耕地的土地补偿费，为该耕地被征收前三年平均年产值的六至十倍。征收耕地的安置补助费，按照需要安置的农业人口数计算。需要安置的农业人口数，按照被征收的耕地数量除以征地前被征收单位平均每人占有耕地的数量计算。我国的征地补偿费仅仅是对失去土地者进行补偿和补助，使土地丧失了市场定价的机会，是一种强制性购买土地所有权的价格，这种价格的形成与土地前三年平均年产值相关，按照《土地管理法》的规定计算后，有些地块补偿价格还算合理，有的地块则偏低，常遭到被征地对象的抵制，甚至要通过制定明暗两种协议才能取得土地。有的地方政府为了吸引企业在当地投资落户，对国家重点扶持的油气资源设施用地，往往背离等额补偿原则，制定较低的补偿标准，甚至压级压价强制推行。随着油气资源矿业用地征地工作的开展，矿区耕地资源锐减，农民人均拥有的耕地面积不断减少，甚至完全失去土地，而征地补偿的费用无法解决农民长期的生产、生活问题，农民的生活得不到保障。因此油气资源开发企业用地和农业用地之间的矛盾加剧，油气资源矿业用地的争议和纠纷也越来越多。

二、我国油气资源矿业用地的审批制度

我国法律对土地实行两级管理的方式，即由国务院和省级人民政府享有土地利用总体规划、征地以及占用农用地的审批权限。按照《土地管理法》第53条规定，取得矿业许可的矿业权人申请取得矿业用地的，应当向有关土地行政主管部门申请相应矿区范围的土地使用权，土地行政主管部门对矿业权人提交的有关用地申请文件进行审查后，应当报同级人民政府批准。矿业开发占用集体土地的，应当同时办理农用地转用审批手续。这也就意味着，即便矿业权人取得了油气资源的探矿权和开采权也不一定必然取得相应油气资源所在矿区的土地使用权。

目前，相当一部分矿业权人对用地审批手续存在错误认识，对于我国油气资源矿权与地权分别由《矿产资源法》和《土地管理法》规定的制度认识模糊，忽视在程序上取得矿业许可和取得矿业用地许可需经过有关行政主管部门的两次审批。多数矿业权人认为取得了油气资源探矿、采矿许可之后，就当然地取得了油气资源矿业用地的土地使用权，不需再单独办理用地手续。

第三节　油气资源矿权与地权的冲突

油气资源是地下矿藏资源，土地是油气矿产资源的载体，对石油天然气资源的勘探开发必须依托于土地进行。从现行法律制度来看，我国实行油气资源矿权和土地产权相分离的原则，油气矿产资源归国家所有，土地产权归国家和集体所有。油气资源矿业权人行使矿业权就会产生能否在国家或集体所有的土地上进行勘探、开采油气资源的问题，这涉及油气资源矿业权人在取得了矿业权之后如何取得矿业用地的问题。同时，油气资源矿业权与土地使用权权利客体呈上下排列结构且权利行使不相容。因此，需要在这两种权利间做出选择。此外，我国尚未有完善的矿业用地立法，而对油气资源矿权则采取了自然资源专门立法，此种立法现状加剧了油气资源矿权和地权的矛盾，引发了很多冲突。

一、油气资源矿权与地权的冲突表现

（一）油气矿权与土地所有权的冲突

两种资源管理制度层面的冲突使得油气资源的矿业权和土地所有权产生冲突。随着市场经济的快速发展，对于油气资源的勘探开发不再仅仅局限于国家主体，油气资源的矿业权主体日益多元化，凡符合资质的主体都可以通过招标买卖竞价、直接向国家申请或者通过市场转让获得矿业权；矿业权人经营的目的也日益多样化、个性化，因此获得矿业用地使用权的形式也日益多样。当矿业权产生于国有土地上时，矿业权主体通过国土资源管理部门的审批划拨土地即可取得矿业用地使用权。当矿业权人依法取得了位于集体土地下的油气资源矿业权时，他所需要的土地还必须先由国家通过征收、征用方式变集体所有为国家所有。现实中的难题在于，虽然"国家为了公共利益的需要，可以依法对土地实行征收或征用，并给予补偿"，但是当国家需要征收该油气资源所在的集体土地时，能借以什么具体的理由呢？矿业权人的经营目的并不一定是为了公共利益。

（二）油气矿权与土地使用权的冲突

1. 权利取得与行使的冲突

油气矿权和矿业用地使用权分别从矿产资源所有权和土地使用权中派生出来，是两个独立的财产权，法律上还没有建立起油气资源开采权与土地使用权相衔接的土地利用制度。油气资源开采和运输，需要占用大面积土地，对周边土地利用进行了限制，因此有可能与土地承包经营权、建设用地使用权和宅基地使用权产生冲突，冲突发生时需要有相应的规则确定究竟是哪一种权利优先行使。

（1）油气资源的勘探开发与土地承包经营权的冲突。如果勘探、开采作业需要占用农户承包的土地，那么只有矿业权人依法取得该幅土地的使用权，即矿区土地使用权，方能从事勘探、开采作业。此时，根据物权成立在先原则，矿业权人不享有终止土地承包经营权，直接获得矿区土地使用权的特权。在这种情况下需要矿业权人与土地承包经营权人洽商，达成终止土地承包经营权的协议，并经发包人同意，由矿业权人向土地承包经营权人支付约定的赔偿金；然后国家将该幅土地征为国有，国有土地管理部门与矿业权人签订土地使用权出让合同，矿业权人交付土地使用权出让金（土地使用费），国有土地管理部门予以登记，发给矿业权人土地使用权证书，矿业权人自此取得矿区土地使用权。[①] 一旦土地承包经营权人不同意终止土地承包经营权，或者发包人不同意解除承包经营合同，矿业权人便不能取得矿区土地使用权。所以，那种绝对的"矿地使用优先权"说，即"矿业生产经营者所必需占用的土地的位置，具有先定性"[②] 的观点，值得商榷。中央国有企业代表"国家利益、公共利益"开采矿产资源，事关国计民生、国家战略利益，勘探、开采矿产资源的作业必须占用农户承包的土地时，应适用"矿地使用优先权"理论，土地承包经营权必须终止，发包人必须同意，再经过征归国有、出让、登记发证等手续，由矿业权人取得矿区土地使用权。[③] 油气资源作为具有国家战略意义的矿产，对国民经济有重大价值，因此对油气资源的勘探开发可以适用矿地使用优先理论。故油气资源作为重要国家扶持能源，已摆脱了物权成立在先的原则。但有一点需要考虑的是：中央企业也是独立的利益主体，它的许多行为是市场主体的行为，并不纯粹是国家行为，适用矿地使用优先权就有假借"公共利益"之名行剥夺"农民利益"之嫌。

当油气资源的勘探开发与土地承包经营权并存同一区位，除了需要考虑两种权利的行使孰先孰后的问题外，还需要考虑权利行使过程中产生的冲突。油气资源的顺利开发有赖于征地工作的顺利进行，征地过程中必然涉及对资源地

① 崔建远、晓坤："矿业权基本问题探讨"，载《法学研究》1998 年第 4 期。
② 江平主编：《中国矿业权法律制度研究》，中国政法大学出版社 1991 年版，第 56 页。
③ 崔建远、晓坤："矿业权基本问题探讨"，载《法学研究》1998 年第 4 期。

农民土地承包经营权的侵害，由此产生对资源地农民的安置问题。目前我国土地征收工作未能对丧失土地的资源地民众做出妥善安排，普遍存在补偿方式单一、补偿标准过低的问题。

地表权与采矿权分别隶属于不同主体，对我国只享有土地承包经营权的农民来说是非常不利的，显然他们与通过拍卖等方式获得采矿权的主体在信息上是不对称的，他们并不知道自己的土地会在未来产生多大的收益，况且这些收益也是与他们无关的，这种安排就把资源所在地的民众置于不利地位。随后他们又被补偿制度进一步推向不利境地：一亩地大概能获得的补偿款是35 000元左右，而通过拍卖等方式一亩地可以卖到100万元左右，如果能从这样的地块中挖掘出石油、天然气，获利就更为可观，如此巨大的反差怎能让农民心甘情愿地接受补偿款？更何况为了支持资源开发，有的地还是以零价格出让的。以新疆为例，从巴州近些年获得的土地出让金收入来看，库尔勒市为塔里木油田机关所在地划出土地9 446 157亩，征地基本是无偿出让给塔里木石油指挥部（以下简称塔指），只有两块地计1168亩收取了土地出让金3000万元，其他8 278 157亩地系无偿划拨。轮台县2003～2006年入驻石油石化企业46家，所占土地面积为1 012 819亩，入驻石油石化企业占用土地支付的土地出让金共计为154 136万元。博湖县自1995年至今石油企业以国有土地征用形式占用土地1870亩，共计缴纳征地费用30 014万元。此外，矿业权人通过政府征收的是集体土地使用权，对农民来说则是一种永久性的剥夺，按照目前的土地管理法，土地补偿费和安置补助费的总和不得超过土地被征收前三年平均年产值的30倍。补偿标准明显偏低，笔者在调研中发现有一类信访案件在资源所在地比较典型，即几年前由于开发石油征收的土地，随着地价的上涨，石油、天然气陆续产出，农民普遍觉得这是"不划算的交易"，所以上访要求再多补点，或者能解决子女的工作问题。

（2）油气资源的开发与建设用地使用权的冲突。油气资源的开发与建设用地使用权的冲突，主要是已经存在的建设用地使用权。《物权法》第136条规定，"建设用地使用权可以在土地的地表、地上或者地下分别设立。新设立的建设用地使用权，不得损害已设立的用益物权"。油气管道建设完成后，长期运营所涉及的地下的土地权利国土部门规定，依照《石油天然气管道保护条例》进行管理，工程竣工后，建设单位享有地下通过权，该权利与原有的地下建设用地使用权间的冲突，可采取由取得管道地下通过权权利人与有关县市人民政府土地行政主管部门签订地下通过权合同的方式约定从而进行协商。① 矿业用地使用权是一种特殊用地，却沿用过去计划经济时期的做法：要么是划拨，要么是出让的方式将土地以比较低廉的价格交给石油开发企业使用，显然不符合市场对土地的需求，造成土地利用的不经济。例如，随着矿业权人采矿活动的终止，矿业用地承载和服务矿业的功能用尽，许多废弃的矿业用地被闲置，得不到充分利用，并且这种废弃闲置的矿业用地伴随矿产资源的不断开发还将继续增加。

（3）油气资源开发中的权利与宅基地使用权的冲突。宅基地使用权是公民基于特定身份获得的，主要用于居住，以地表为客体。油气资源开发中，只要勘探、开采作业不影响宅基地使用权人的正常生活，不损害住宅或不妨碍建造住宅，油气资源开发中的权利与宅基地使用权就可以呈上下排列结构并存。如果行使油气资源开发中的权利非占用宅基地或损害住宅不可的话，须经有关部门批准，方可终止宅基地使用权，由国有土地管理局将土地使用权出让给油气资源开发权利人。在宅基地属集体所有的情况下，终止宅基地使用权后，先将宅基地征为国有，然后将土地使用权出让给油气资源开发权利人。

2. 权利流转冲突

权利流转，是指权利的流动、转让行为。《矿产资源法》第6条第1款规定了两项可以转让的情形："（一）探矿权人有权在划定的勘查作业区内进行规定的勘查作业，有权优先取得勘查作业区内矿产资源的采矿权。探矿权人在完成规定的最低勘查投入后，经依法批准，可以将探矿权转让他人。（二）已取得采矿权的矿山企业，因企业合并、分立，与他人合资、合作经营，或者因企业资产出售以及有其他变更企业资产产权的情形而需要变更采矿权主体的，经依法批准可以将采矿权转让他人采矿。"《土地管理法》第2条第3款规定：

---

① 国土资源部：《关于西气东输管道工程用地有关问题的复函》（国土资函〔2001〕327号）。

"土地使用权可以依法转让。"从法条中我们可以看到油气资源产权和土地产权都是可以转让的，但由于油气资源一元制和土地产权二元制的现行制度，两种权利的转让并不同步，从而产生冲突。按照一般理论，矿业权与土地产权是不可分割的，尤其是通过油气资源的勘探开采权转变为油气资源的所有权，即矿业权的实现。在矿业权转让的同时，应当将该矿业权所依附的土地使用权一并转变。但由于二者属于不同的产权制度，根据我国的管理模式，两个财产权是相互独立的。国土资源部发布的《矿业权出让转让管理暂行规定》第 6 条规定：矿业权人可以出售、作价出资、合作勘查或开采、上市转让矿业权，也可以出租、抵押矿业权。但纵观全规定，没有涉及矿业权在流转时，所依附的土地产权的转让方式。故，矿业权转让后，而土地产权不流转或滞后流转都将造成两权利的冲突，尤其是在集体土地之上的土地产权，冲突更为严重。①

3. 权利期限冲突

权利期限是法律赋予人为实现其利益而限定的一段时间。对于油气资源矿权和土地产权设置了不同的期限，国务院颁发的《矿产资源勘查区块登记管理办法》第 10 条规定："勘查许可证有效期最长为 3 年；但是，石油、天然气勘查许可证有效期最长为 7 年。需要延长勘查工作时间的，探矿权人应当在勘查许可证有效期届满的 30 日前，到登记管理机关办理延续登记手续，每次延续时间不超过 2 年。……石油、天然气滚动勘探开发的采矿许可证有效期最长为 15 年；但是，探明储量的区块，应当申请办理采矿许可证。"《矿产资源开采登记管理办法》第 7 条规定："采矿许可证有效期，按照矿山建设规模确定：大型以上的，采矿许可证有效期最长为 30 年；中型的，采矿许可证有效期最长为 20 年；小型的，采矿许可权有效期最长为 10 年。采矿许可证有效期满，需要继续采矿的，采矿权人应当在采矿许可证有效期届满的 30 日前，到登记管理机关办理延续登记手续。"《土地管理法》第 57 条第 3 款规定："临时使用土地期限一般不超过二年。"《物权法》第 126 条规定："耕地的承包期为三十年。草地的承包期为三十年至五十年。林地的承包

---

① 罗玮琦："矿业权与土地权间的冲突解决方式研究"，西南石油大学 2011 年硕士研究生论文。

期限为三十至七十年；特殊林木的林地承包期，经国务院林业行政主管部门批准可以延长。前款规定的承包期届满，由土地承包经营权人按照国家有关规定继续承包。"《中华人民共和国城镇国有土地使用权出让和转让暂行条例》第12条规定："土地使用权出让最高年限按照下列用途确定：（一）居住用地七十年；（二）工业用地五十年；（三）教育、科技、文化、卫生、体育用地五十年；（四）商业、旅游、娱乐用地四十年；（五）综合或者其他用地五十年。"所规定的油气矿产资源产权和土地产权的期限，是根据其资源性质确定，有其优势所在，但由于在油气矿产资源开发所依附的矿业用地使用权上，两个制度所规定时间的差异，尤其像油气矿产资源的勘探和开采时间，都是根据一些资料估算的年限，一旦估算出现较大的误差，就可能会导致油气资源矿业权和其所依附的土地使用权的权利周期不同步，不利于维护矿业权人和土地产权人的权益。

二、解决油气矿权与土地权冲突的对策

结合我国矿产制度的基本理论研究，笔者认为想要较好地协调油气矿权与土地权冲突，可以先从两种资源管理制度的协调入手，进而修改、完善矿业用地制度及矿权初始分配制度、严格界定"公共利益"、转换油气资源开发模式、土地入股等，解决我国西部油气资源丰富但周边经济发展远远落后于其他资源欠缺地区的"资源诅咒"问题，有效地将资源优势转化为经济优势，带动资源地经济发展，实现社会改善。

（一）完善矿业用地制度

1. 创建矿业用地优先权制度，严格界定"公共利益"

按照现行的油气资源矿权一元制和土地产权二元制，要想合理地调节矿业权和土地使用权的关系，必须确立优先的原则，严格界定"公共利益"，不能一律实行矿业权优于土地使用权，必须严格限定有油气资源开发便以"公共利益"的理由征地的情况。

（1）优先原则的适用。不能简单地认为矿业权优先于土地产权。在矿业权中，探矿权与采矿权和土地产权的优先性必须做慎重考虑，分情况处理。第一，探矿权只是对于地下矿产资源进行勘探，而非开采，成本小，期间短，对

于地貌的破坏小，容易恢复土地原貌。探矿权的目的是以专业技术和能力发现矿产资源，将潜在的矿藏转化为显性的资源，为社会生活中资源的需求提供了来源，使得开采具有可能性。探矿权更多地体现了为社会积累资源的公共利益性。从以上可以认定，探矿权应当优先于土地产权。第二，采矿权与探矿权有较大的差别，不像探矿权那样较易认定是否更有优先。虽然油气资源并不属于稀有矿产资源，但其在社会中的使用价值是不言而喻的，各个地方有其自己的特点，如储存量的大小、社会使用价值的高低、开采所需地质条件的便利与否、环境影响的大小等，均应当考虑在内。一地区若储存量大、社会使用价值较高，且地质条件便于油气资源开采，具备高效开采的地质技术保障体系，在开采运输中废弃物产生的对生态环境的损害具有可恢复性，则油气矿产资源优先于土地产权。其中尤其需要一个合理的评价指标体系，客观、科学地反映出待开采油气矿产资源的综合价值，全面分析后再决定开采权还是土地产权更具有优先性。

（2）公共利益的严格界定。《宪法》第四次修订后，明确规定国家对集体土地和公民私人财产的征收、征用，都必须是为了"公共利益"，这一原则性规定在《民法通则》《行政法》中均未作细化，各国家机关容易将"公共利益"做扩大化解释，特别是在油气资源开发中，一旦发现油气资源，特别是位于集体土地下，就征收集体土地。为了保护集体和私人的财产等各项权利，在油气资源的开发中，急需依法严格界定"公共利益"。

公共利益，应当是在我国范围内涉及的不确定的大多数人的利益。公共利益，必然包括公共性，这一性质要求包含地域上和主体的公共性，不能是某个特定地区或特定主体；一般理论也将非盈利性作为公共利益界定的一个标准，但涉及油气资源的开采，必定与营利牵扯起来，故公共利益还必须包含当地居民当前和今后的长久利益，如安置工作、土地入股等；在征收、征用集体土地、开采油气资源时，不能以剥夺个人权益为前提，必须权衡各方利益。我国现行法律中尚未具体规定何为"公共利益"这一实体事项，因此在具体认定时更应结合前述观点，尽可能地接近于实现公共利益。在征地过程中，必须确保个人利益，真正实现主体间的平等，建立一个能够真实表达当地居民心声的议事协调机制，共同商讨相关事宜。

2. 创新矿业用地获得方式

目前我国矿业用地的取得方式较为单一，不符合矿业对土地的需求。例如，我国采矿用地的初始取得基本上是从土地一级市场以出让或划拨的方式获得（且以出让为主），年限最长为 50 年。但矿业用地因矿种和开采方式的不同而有不同的使用期限，一个油田可开采 50 年甚至更长时间，而一般的露天煤矿或砂石黏土的采矿用地周期只有几年。简单规定单一的使用期限，会给开采结束后土地的管理与经营带来问题，所以急需创新矿业用地的取得方式。对于国有土地，不再限定矿业用地必须办理土地出让手续，可以采取出让、租赁、作价入股等多种方式取得土地使用权；对于集体土地，应当建立集体建设用地流转制度，不再限定必须由国家征收或征用，矿业权人也可以以出让、租赁、作价入股等多种方式使用集体土地。涉及农业用地的，须办理农用地转用手续，并严格执行土地的复垦和占补平衡工作。矿业用地获得方式的多元化可以缓解油气资源矿权与地权的冲突。

3. 油气资源矿权与对应的土地使用权同时处置

为了有效地解决权利流转过程中油气资源矿权与地权的冲突，可以采取矿权与对应的土地使用权同时处置的方法。探矿活动是一种有益于国家，并受国家鼓励的活动。因此，可以赋予探矿权以优先权，即一旦取得了探矿权，经批准并按规定标准交纳了土地补偿费，探矿权就可以对抗原土地使用权。一方面，从国土资源管理部门的角度来说，在出让矿业权之前，应将所需的土地使用权通过预先征收、征用或征购，连同矿业权一同处置。这样既能优化矿业用地取得程序，规范矿业用地管理，又能明晰矿业用地权利，减少矿业用地争议，避免矿业权人与集体经济组织或者农户的矛盾。例如，对于经营性用地，法律规定必须采取招标、拍卖或者挂牌的方式出让。矿业用地出让基本采用招标拍卖的方式进行，为了避免在此过程中矿权与土地使用权取得的不一致，政府应当将矿产资源勘探、开采所需土地的使用权预先征收，另一方面，在矿业权二级市场，土地使用权也应同矿业权一同进行转让。① 这样可能会增加政府管理的难度，不过自 1998 年成立原国土资源部开始，原国土资源管理部门

① 钟京涛："我国矿业用地使用权的设置与改革"，载《国土资源》2003 年第 1 期。

统一管理矿产资源和土地资源事宜，这为矿权与对应的土地使用权同时处置提供了有利的条件。

（二）提高补偿标准，实施多样化的补偿方式

对油资源地农民补偿标准过低已是不争的事实，提高补偿标准势在必行。2012年11月28日讨论通过《中华人民共和国土地管理法修正案（草案）》，对农民集体所有土地征收补偿制度做了修改。具体的修改内容尚未可知，不过我们期待征地补偿标准的提高，对农民合法权益做出妥善的安排。

仅靠提高标准并不能从根本上保障资源地农民长期生存的问题，补偿费用耗尽他们很快就会陷入失地又失业的困境，因此可以实施多样化的补偿模式，建立长期受益的补偿机制。在油气资源产权既定的条件下，油气矿产资源开发的模式，成为影响资源配置、保障当地居民权益的重要因素，对于扩大资源开发地经济起到关键作用。对于油气资源的开发，保证资源地居民的长远利益最好的方式是土地入股，同时延长油气资源开发产业链，大力发展下游产业，为被征地农民创造就业安置机会。

1. 土地入股

土地使用权入股，是指油气资源所在地农民或集体以其土地使用权作价，获得矿业权的股份，从而在油气开发收益中获得分红，使原土地使用权人获得市场性质的长期补偿。其中涉及农用土地使用方式转变的问题，由农业用地转化为建设用地，必须经过批准，有批准权的政府要给予相应的特殊权限。同时也要对如使用年限等权限给予严格规定，防止农业农地大批的转为建设用地。

2. 延长产业链，大力发展下游产业

除了土地入股之外，我们还可以对资源地农民进行货币补偿和就业补偿相结合的方式，充分利用石油产业能够提供的就业岗位，对失地农民进行就业安置。现代石油工业要求技术含量较高的物资设备和高素质的技术人才，失地农民难以进入油气资源产业就业，这就要依靠石油产业对资源地其他产业经济的拉动，来提供给失地农民更多的就业机会。

目前资源地的石油产业以油气开采为主，开采出的石油运往外地加工。以新疆为例，截至2000年，油气开采用地占用地总量的84.1%，油气加工和化

工用地共 56.37 平方千米，占油气用地总量的 5.5%。这种资源地开采，运往外地加工的油气资源开发利用模式，一方面，会使资源地失去大量的资源加工增值收益；另一方面，资源地农民失去了很多就业机会。[①]

所以，改变当前油气资源开发利用模式，加大资源的就地加工比例，拉长资源地的油气资源产业链，给资源地提供更多的就业机会。用征地补偿款中的一部分对失地农民进行文化和技能培训，使他们能够进入非农行业就业，增强资源地自我约束、自我积累、自我发展的能力，这是当前能使我国油气资源地摆脱"资源诅咒"效应的最有效、最可行的对策。

（三）建立油气资源的矿业权市场

在资源地首先建立统一的由中央政府和资源省政府油气矿权负责机构共同组成的油气资源矿权管理委员会，负责组织资源省内油气资源勘探权的竞拍体制，允许具有合法资质的油气勘探、生产企业通过竞争获得该区域的油气勘探权和优先开发权，而竞拍的所得作为油气资源初始矿权所有人的收入归相应的（中央和省）政府所有。当上述油气资源勘探、开发企业通过勘探或委托勘探而获取了可采油气资源并决定投入开发时，可通过上述油气资源矿权管理委员会获取合法的独家开发权并获取征地权，但在征地时可考虑给予相应地权所有人一定的高于一般地价的合理补偿。当上述油气资源勘探、开发企业通过勘探或委托勘探而获取了可采油气资源并决定转让其油气资源优先开发权时，可通过上述油气资源矿权管理委员会进行资源价值评估并组织该区块开发权的竞拍，所获收益按一定比例在勘探权企业和初始矿权所有者之间分配。通过这种方式，使矿权收益的内容和各类矿权人的所得明晰化，同时也规范了政府和企业的关系和行为，使油气资源的开发真正纳入市场经济的轨道。[②]

（四）合理划分潜在的油气资源开发权利

根据目前地方发展的需要，针对潜在的油气资源分解开发权利，也就是要重新分配在以后勘探出来的油气资源。位于国家土地产权下的油气资源归国

---

① 吴文洁、李美玉："我国现行矿业用地制度中存在的问题及对策——基于油气资源地经济发展视角的分析"，载《特区经济》2007 年第 10 期。

② 李寿武："我国油气资源矿权制度中存在的问题及完善对策"，载《技术经济与管理研究》2009 年第 2 期。

家；位于集体土地下的油气资源归集体。国家和地方均有勘探开发权，并且在法律规定的范围内可以进行转让。实行国家和地方二级开发、二级管理制度，两级政府均享有占有、使用、收益的权利，有效地将两级财政投入到资源开发中来，有利于协调中央和地方的经济利益冲突，保证地方经济的增长，从而改善"资源诅咒"的现象，加快地区自我发展能力。

第三章　西部油气资源的开发与管理

西部地区是我国资源最为富饶的地区，资源种类之多，蕴藏量之大，分布之广，是国内其他地区所不能比拟的。水能、煤炭、石油、天然气、太阳能、风能、地热、核燃料等，几乎我国所有可利用的资源种类，在西部地区都已被发现，并有不同程度的利用，而且发展潜力很大。油气资源既是西部地区的优势资源，同时也是问题资源，它的开发、管理与其他矿产资源相比存在一定差异，把它单独列出则能表明它在西部资源开发中以及矿产资源中具有的特殊地位。油气资源的开发管理水平是与西部地区的发展紧密联系在一起的，将西部地区建成一个独立存在而又能支援全国的油气资源基地和接替区，推进西部地区经济的发展，促进社会经济文化的发展繁荣，提高西部人民的生活水平，是国家今后一个重点工作。但是，目前油气资源的开发利用未能使资源优势转化为经济优势。因此，本章选择油气这一矛盾突出的资源，旨在通过对其开发、利用和管理现状的分析，寻找在开发管理过程中影响资源合理分配的环节。

第一节　西部油气资源开发利用的现状

我国西部地区油气资源丰富。2011 年，西部省区石油基础储量为117 565.25万吨（除贵州和西藏），占全国石油基础储量（323 967.94万吨）的 36.29%，西部省区天然气基础储量为33 796.29亿立方米（除西藏），占全国天然气基础储量（40 206.41亿立方米）的84.06%。①

西部地区的油气资源主要分布在塔里木、准噶尔、柴达木、吐哈、四川和鄂尔多斯六大盆地，西部各省份中以新疆、青海、陕西、四川、内蒙古五省区油气资源的蕴藏量较为丰富。据统计，这五省区的石油储量占全国总储量的31.18%，天然气总储量占全国总储量的78.67%。② 而且，随着勘探和开发力度的加大，除了克拉玛依、长庆、延长、玉门等油田外，在准噶尔、塔里木、吐哈、柴达木盆地均发现了新的油气田，储存量相当大。

一、青海省油气资源开发利用现状

青海省油气资源的主要产区集中在面积约12万平方千米的柴达木盆地。主要拥有西部茫崖主要含油区、北部冷湖含油区、南部"三湖"主要含气区、东部德令哈含油气远景区4个含油气区；花土沟、七个泉、尕斯库勒湖、油泉子、油沙山、南翼山、冷湖7个油田，石油保有资源储量为2.89亿吨；拥有涩北一号、涩北二号、台南3个气田，天然气保有资源储量为2 374.03亿立方米，仅次于四川、长庆和塔里木盆地的气田。③

1995年，青海组建石油勘探局，开始开钻第一口深探井——油泉子构造泉，并建设油泉子炼油厂。1959年，青海石油勘探局更名为青海石油管理局，青海省石油资源进入到勘探与开发并举阶段。总体而言，青海省的油气资源极具开发潜力。1999年8月，青海省油田重组为青海油田分公司和青海石油管理局。

近年来，青海省为进一步加快油气资源的开发与利用，实施"油气并举，以油养气，气为重点"战略。在油气资源利用方面，青海省一方面积极发展石油化工产业，建设大型的炼油厂，如建立格尔木百万吨级炼油厂，提高油气资源的初级加工能力。另一方面，将石化产业与盐化产业相结合，发展化肥、

---

① 中华人民共和国国家统计局编写：《中国统计年鉴（2012）》，中国统计出版社2012年版，第410页。

② 同上书，第410页。

③ 数据来源于王建军、曲波等：《资源型企业与区域经济可持续发展研究：以青海省为例》，民族出版社2009年版，第108页。

高分子等工业，加强油气资源的深加工的能力。但总体而言，青海省的石油化工企业仍然较少，其生产的原油，除一部分在格尔木炼油厂冶炼外，其余部分则运往中国石油兰州石化公司炼油厂进行加工。

2013 年青海省加大了油气资源勘探力度，与中国地质调查局油气资源调查中心签署合作协议，共同推进油气资源调查工作，已探明的油气资源主要集中于柴达木盆地。同时积极增加油气资源外输的能力，建设了花土沟至格尔木输油管道和涩北—西宁—兰州、涩北—格尔木、涩北—敦煌、涩北—花土沟四条输气管道，使青海省的油气资源通过输气管道直接运往西北地区的大中型城市，保证了银川、西宁、兰州等地的能源供应。

二、新疆油气资源开发利用现状

新疆地质构造特殊，拥有各类沉积盆地 49 个，总面积约 95 万平方千米，占全国陆上沉积盆地总面积的 21%。[①] 得天独厚的地质构造有利于油气资源的形成，造就了新疆油气资源丰富、储量大的特点。2011 年，新疆石油和天然气资源储量分别为56 299.1万吨、8 809.93亿立方米，分别占全国陆上石油资源基础储量和全国陆上天然气资源基础储量的 20.18% 和 23.6%。[②] 其中，塔里木、准噶尔、吐哈三大盆地的石油和天然气资源已占到全国油气资源量的 20.9% 和 19.7%；柴窝堡、伊宁、三塘湖、焉耆、库木车里 5 个沉积盆地的油气也极有远景。[③]

以 1955 年克拉玛依第一口油井的试油为标志，国家开始对新疆油气资源进行正式开发。1978 年，原国家地矿部成立西北石油地质局，集中力量在塔里木盆地和吐哈盆地进行石油勘探。1989 年和 1991 年，中国石油天然气总公司分别成立塔里木石油勘探开发指挥部、吐鲁番—哈密石油勘探开发指挥部。2003 年，中国石油化工集团（以下简称中石化）在新疆成立中石化西北分公司。至此，新疆的油气资源开发主体格局基本确定。2004 年，作为西部大开发战略

① 王海："21 世纪前期新疆油气资源开发战略探讨"，载《矿业研究与开发》2004 年第 3 期。
② 中华人民共和国国家统计局编写：《中国统计年鉴（2012）》，中国统计出版社 2012 年版，第 410 页。
③ 王海："21 世纪前期新疆油气资源开发战略探讨"，载《矿业研究与开发》2004 年第 3 期。

的重要内容，"西气东输"工程建成投产，"西气东输"管道沿途经11个省区，全长4000千米，西起新疆的轮南油田，东至上海白鹤镇，并延伸至杭州，年输气能力已达170亿立方米。"西气东输"工程连接了天然气的生产基地与消费市场，刺激了新疆油气资源的勘探和开发，吸纳了大量资金，增加了就业岗位，调整了东部地区的工业结构和能源结构，解决了8500万户的生活燃料。随着开发主体对油气资源开发的投资力度不断加大，油气资源的产出也不断增长。截至2011年，新疆石油和天然气开采行业共拥有24家企业单位，固定资产投资达到4 313 859万元，原油开采量达到26 156 316吨，天然气开采量达到2 353 798万立方米，实现工业总产值15 412 392万元。[①] 新疆油气化工产业经过多年发展，已初步建设成为国内重要的特色石化产业基地。主要有独山子千万吨炼油、百万吨乙烯工程和西气东输二线西段工程以及独山子、克拉玛依、乌鲁木齐、塔里木和塔河五大炼油化工基地，初步形成了石油石化产品与下游相关产业一体化格局。据统计，2010年新疆加工原油2190×10⁴吨，生产乙烯119×10⁴吨，分别占全国的5.5%和8.4%。[②] 此外，阿克苏大化肥等重点项目也正在建设中。

为了更好地利用新疆丰富的油气资源，政府出台了一系列的规范性文件，以加快石油化工产业的发展。2004年新疆维吾尔自治区政府制定《2004～2010年新疆石油化学工业发展规划》，确立了发展下游、介入中游、支持上游和依托现有条件的原则，明确了大乙烯及其下游产品的路线、大芳烃及其下游产品路线、以大甲醛、大化肥为主体的天然气化工产品路线、精细化工系列产品的产业链延伸路线四条主线，形成四大基地的石油化工发展思路。[③] 2012年，国家发改委出台《关于支持新疆产业健康发展的若干意见》，该意见指出，"十二五"期间，我国石油化工产业布局调整向国内外两种资源、两种市场，强化资源配置，依托克拉玛依、独山子、乌什化等基地，建设石化产业园，支持新疆本地生产的原油就地加工，并积极发展石油化工的下游产业，尽可能实现石

---

① 新疆维吾尔自治区统计局编写：《新疆统计年鉴（2012）》，中国统计出版社2012年版，第150、428、504页。

② 郭彬程："新疆油气产业发展现状与未来趋势探讨"，载《中外能源》2012年第7期。

③ 胡健：《油气资源开发与西部区域经济协调发展战略研究》，科学出版社2007年版，第252页。

油化工产品精深加工。

三、陕西省油气资源开发利用现状

陕西省是我国最早开发油气资源的地区，1905年中国大陆第一口油井就在延安市延长县诞生。陕西省油气资源十分丰富，石油资源主要分布在延安和榆林地区，安塞油田和靖边油田是陕西省储量最大、含油面积最大的油田；天然气资源主要分布在陕甘宁盆地内，面积约5万平方千米，气源中心主储区位于榆林市的靖边县和横山县，是我国目前发现的最大的整装气田。截至2011年，全省共探明石油基础储量29 844.34万吨，天然气基础储量5 478亿立方米。[①]

陕西省油气资源开发主体具有特殊性，出现了除中石化、中石油等国家直属的油气开发企业外，归属于陕西省的油气资源开发主体——延长石油集团公司，并且陕西省各市县还通过挂靠延长石油集团公司的方式成立了钻采公司。延长石油集团公司下辖延长石油炼化公司、延长石油榆林能化公司、陕西兴化集团等子公司，生产经营单位30多个，涉及油气勘探、油田、炼化、油品管输、销售等领域，其所获得的利润通过税收等方式上缴省政府，各市县成立钻采公司所得利润通过税收等方式上缴相应市县级政府。目前，在陕北进行石油勘探和开采的企业，主要是中国石油的长庆油田、中国石化的中原及华北等分公司以及陕西延长石油集团。其中，中国石化只是在延安市甘泉县和安塞县北部等地有少量的石油生产，在陕北其他地区尚处于勘探阶段。延长石油基本形成了一套适合特低渗透油气田勘探开发的技术体系，推进了油田开发方式的转变，保持了千万吨级油田的稳产增产，有效保障了国家能源供应。

依托集中丰富的油气资源，陕西省一方面积极促进油气产业发展，建成长庆石化、兴平化肥等炼油、化工厂；另一方面通过修建输送管道的方式，拓展油气消费市场，陕西天然气消费中心处于西安、咸阳两地，随着西安至商洛、

---

① 中华人民共和国国家统计局编写：《中国统计年鉴（2012）》，中国统计出版社2012年版，第410页。

汉中至安康天然气管道建成，2011年陕西省天然气管道覆盖全省所有市区，初步形成"东西南北中"的气源供给格局，建成覆盖全省的天然气输气管网。

四、四川省油气资源开发利用现状

四川省油气资源主要以天然气为主，主要集中分布在四川盆地，分为川中、川西北、川西南、川南和川东五个油气资源产区。由于地质特征复杂，所以天然气资源的开发难度和环境保护压力较大。2011年，四川省石油基础储量仅为818.74万吨，产量为16.20万吨。而天然气基础储量达到7 973.07亿立方米，产量达到265.53亿立方米，仅次于新疆、内蒙古，排全国第三位。[①]

四川省目前主要有成都经济区、川南沿江化工产业带、川东北地区等油气化工工业区，2006年四川开始投资建设80万吨乙烯项目。2007年国家开始建设"川气东送"工程，于2010年完工并投入运营，该工程西起四川达州普光气田，经四川、重庆、湖北、江西、安徽、江苏、浙江、上海8省市，管道干线长1635千米，设计年输气量为120亿立方米。[②]"川气东送"工程的建成极大地增强了四川天然气外输能力，刺激了四川天然气产业的发展。目前四川石油和化学工业形成了以石化、化肥、天然气开采和基础化学原料为主的产业结构。

"十二五"期间，四川油气化工产业将建成10个聚集带、集群和基地，依托现有产业基础和技术优势，加快天然气化工、盐化工、硫磷化工等传统化工产业的结构调整和产品升级，并大力推进石油化工、化工新材料等新兴产业的发展。

五、内蒙古油气资源开发利用现状

内蒙古境内富含丰富的石油、天然气资源。该区位于我国"西气东输"大通道（新疆至上海）的中部通道上，内蒙古现已成为国家"西气东输"工程的重要气源地之一。截至2010年年底，内蒙古石油累计探明地质储量5.57

---

① 中华人民共和国国家统计局编写：《中国统计年鉴（2012）》，中国统计出版社2012年版，第410、553页。

② "川气东送工程投入商业运行"，载中国网 http://www.china.com.cn/economic/txt/2010-09/01/content_ 20839605.htm，2012年11月23日访问。

亿吨、累计探明技术可采储量 1.04 亿吨，当年产量 145.59 万吨。石油资源主
要分布在鄂尔多斯、二连、海拉尔、开鲁盆地，其地质资源量分别占全区的
23%、18%、14%、7%，可采资源量分别占全区的 19%、16%、16% 和 6%。
天然气累计探明地质储量14 746.63亿立方米、累计探明技术可采储量7 531.22
亿立方米，居全国第 3 位，当年产量 123 亿立方米。天然气资源主要分布在鄂
尔多斯盆地（内蒙古境内）和海拉尔盆地，其地质资源量分别占全区的 88%
和 9%，可采资源量分别占全区的 90% 和 8%。[①]

　　相对西部其他省区而言，内蒙古油气资源规模性开发起步较晚。"十五"期
间，内蒙古天然气利用处在开始转入大规模开发的起步阶段。长庆气田至呼和浩
特天然气输气管道于 2002 年开工建设，2003 年建成运营；呼和浩特、包头、东
胜等沿线城市利用天然气的前期工作同步进行，实现了部分城市生活用气；鄂尔
多斯市伊化集团甲醇厂项目进行设备安装，于 2003 年投产。同时，凭借西气东
输工程的展开，沿线管道铺设进展顺利，以鄂尔多斯地区为代表的西气东输通道
的沿线地区，天然气通过陕京一线、二线、三线输往北京、天津、石家庄等华
北的数十个大中城市，三条管道年输气能力分别为 33 亿立方米、170 亿立方
米、150 亿立方米，另一条通向包头市、呼和浩特市的输气管线也于 2003 年
投入运营。[②]

　　"十一五"以后，内蒙古油气资源开发驶入快车道。内蒙古石油产量增长
迅速，"十五"期间的 2002 年，内蒙古石油最低产量为 89.30 万吨。到了
"十一五"期间，内蒙古石油产量增长迅速，2009 年石油产量最高，为151.01
万吨，年均增长 11%。近十年来，内蒙古天然气产量总体上呈上升趋势，从
1998 年的 0.10 亿立方米上升到 2010 年的 123 亿立方米，占全国 11%，年均
增长 90%。[③] 天然气建设形成了鄂尔多斯苏里格、乌审、大牛地三大 10 亿立
方米以上气田为主体的天然气开发基地，极大地增强了内蒙古天然气的开发力

---

① "加速油气资源勘查开发，提升内蒙古油气资源战略地位"，载 http：//www.docin.com/p-469729121.html，2012 年 12 月 4 日访问。
② 数据来源于"加速油气资源勘查开发，提升内蒙古油气资源战略地位"，载 http：//wenku.baidu.com/view/8c5c6f513c1ec5da50e27058.html，2012 年 12 月 4 日访问。
③ 同上。

度。目前，正在加快天然气管道建设，重点建成了乌海、临河、集宁工程，逐渐提高了天然气在能源消费中的比重。2011年工业产品产量中，原油产量202.97万吨，同比增长11.0%。① 目前，内蒙古形成了以鄂尔多斯盆地内的苏里格、乌审旗、大牛地等5个大气田，二连盆地中的15个油田，海拉尔盆地的贝尔和乌尔逊2大油田等油气田为主体的油气资源勘探开发工程。

而内蒙古石油化工也迅速发展起来，成为带动当地经济的支柱产业。2011年，内蒙古石油和化工行业实现工业总产值1828.32亿元，而2005年总产值仅为193.82亿元；2011年，内蒙古石化工业总产值占全区国民生产总值的12.8%，而2005年内蒙古石化工业总产值仅占全区国民生产总值的4.98%。② 按照国家产业政策，内蒙古不断调整产业结构，延伸产业链条，以基地化、规模化、集约化、集群化、循环化发展模式，推进石油化工产业的发展。2009年，在呼和浩特—包头—鄂尔多斯"金三角"与周边地区，及呼伦贝尔、通辽和锡林郭勒盟煤炭资源富集区，初步建成了五个大型化工循环经济产业基地。一大批国内最大的以煤、天然气为原料，产品涉及煤制油、甲醇、二甲醚、醋酸、聚乙烯、聚丙烯、合成氨等化工项目相继开工或建成投产。在未来20年内，内蒙古丰富的石油天然气资源将得到进一步开发利用，石油、天然气产业在全国的份额将得到进一步提高。

第二节 西部油气资源管理

对油气资源的管理，主要包括油气资源开发管理和油气产业管理两个方面。油气资源开发管理主要指规划、管理、保护和合理开发利用油气资源，对油气资源勘探、开发和生产等活动进行综合的管理和监督，并开展公益性资源调查、评价与研究工作；而油气产业管理则是主要以开采出地面的石

---

① 内蒙古自治区统计局："内蒙古自治区2011年国民经济和社会发展统计公报"，载《内蒙古日报》2012年3月2日第3版。
② 呼跃军、赵文龙："内蒙古：草原石化披锦绣"，载《中国石油和化工》2012年第12期。

油、天然气、煤层气和页岩油、油砂油为对象，对其运输、存储、炼制、加工、石油化工和销售等活动进行管理和监督，并对重大油气勘探开发项目进行审批。①

一、油气资源开发管理

（一）油气资源法律体系

经过多年的努力，我国已经形成了以《矿产资源法》为核心的油气资源法律体系，主要包括：（1）《宪法》。《宪法》第9条规定：矿藏、水流、森林、山岭、草原、荒地、滩涂等自然资源，都属于国家所有。这是《宪法》基于国家安全和经济发展考虑，对我国矿产资源所有权的基本规定。（2）《矿产资源法》。为了把宪法的原则性规定转换为具有可操作性的法律规范，将《宪法》中的原则性规定进一步细化，全国人大常委会制定了作为矿产资源单行法的《矿产资源法》。《矿产资源法》主要对矿产资源勘查和开采等做了规制。（3）行政法规、地方性法规。国务院及地方各级人大为了贯彻实施《矿产资源法》，根据自己的立法权限和当地的实际情况，制定了大量的行政法规、地方性法规。主要是对陆上和海洋油气资源对外合作、油气矿权出让权、油气管道保护、勘查区块和开采登记、探矿权和采矿权转让等方面做了规制。主要包括《中华人民共和国对外合作开采陆上石油资源条例》《中华人民共和国对外合作开采海洋石油资源条例》《矿业权出让转让管理暂行规定》《矿产资源开采登记管理办法》《探矿权采矿权转让管理办法》《石油、天然气管道保护条例》《国家发展计划委员会原油、成品油价格改革方案》等。（4）部门规章、地方性规章。主要包括：《城市燃气安全管理规定》《矿产资源储量评审认定办法》《矿产资源勘查开采登记代理机构管理暂行办法》《新疆维吾尔自治区矿产资源补偿费征收管理办法》等。

（二）油气资源开发管理的内容

1. 油气资源勘探开采一级管理制度

我国的矿产资源属于国家所有，由国务院代理行使所有权，石油、天然气

---

① 潘继平："油气管理要分清'楚河汉界'"，载《中国石油石化》2008年第10期。

资源的勘探开采主体资格的审批，勘探开采许可证的发放，对外合作区块及合同的审批、发展规划及相关法规政策的制定等，由中央政府统一负责。国家通过立法确立了矿产资源勘查的统一区块登记管理制度和国家一级审批登记制度。《矿产资源法》第12条规定："……矿产资源勘查登记工作，由国务院地质矿产主管部门负责；特定矿种的矿产资源勘查登记工作，可以由国务院授权有关主管部门负责。矿产资源勘查区块登记管理办法由国务院制定。"《矿产资源法》第16条规定："开采下列矿产资源的，由国务院地质矿产主管部门审批，并颁发采矿许可证：……开采石油、天然气、放射性矿产等特定矿种的，可以由国务院授权的有关主管部门审批，并颁发采矿许可证。"目前，我国石油、天然气资源的勘探权和开采权审批登记机关是原国土资源部，其他任何单位均不得受理勘探开采油气资源的申请，不得审批登记。

2. 油气资源矿业权管理制度

（1）矿业权申请人资质管理。油气矿业权申请人资质管理分为探矿权人资格管理和采矿权人资格管理，即探矿权主体和采矿权主体需要符合一定的准入条件。我国探矿权人、采矿权人准入条件主要包括以下方面：首先，探矿权人、采矿权人必须具备法人资格；其次，勘查、开采单位需具备一定的资质条件；最后，探矿权人、采矿权人需拥有国务院批准设立石油公司或同意进行石油、天然气勘查的批准文件。（2）矿业权的审批与授予管理。依据2003年颁布的《探矿权采矿权招标拍卖挂牌管理办法（试行）》和2006年颁布的《关于进一步规范矿业权出让管理的通知》，我国油气资源矿业权的出让方式有申请在先、协议、招标拍卖三种方式，这三种方式最终都需要国土资源部进行审批和登记。原国土资源部根据申请勘探开采的主体的资质条件、申请矿区的范围、矿山设计或者开采方案、生产技术条件、安全措施和环境保护措施等进行审查；审查合格的，给予批准，颁发勘探采矿许可证，并确定许可证的权限、出让年限等信息。（3）矿业权市场管理。油气资源矿业权市场包括一级出让市场和二级转让市场两部分，一级出让市场是由国家垄断，原国土资源部通过法定程序向矿业权申请人出让油气资源矿业权，具体的管理措施已在上文叙述；二级转让市场指的是，油气资源由于油气资源合并、分立，整体出售资产或变更企业资产产权、出售、合作、合资、作价出资等原因，油气资源矿业权在不同经济体之间流转而形成的市场。国家对二级转让进行了严格规定，二级转让行为必须符合《矿产资源法》《探矿权采矿权转让管理办法》《矿业权出让转让管理暂行规定》的规定，并且必须符合矿业权属无争议、在许可证年限内、完成最低勘探投入、依法缴纳税费等条件。目前陆上油气资源的开采均由中石油、中石化两家公司进行，矿业权的二级市场几乎不存在。

3. 油气资源勘探开发管理

（1）基础性、公益性的地质调查。基础性、公益性的油气资源地质调查由国家出资开展，国家通过地质调查编制油气资源总体开发规划和矿业权设置方案，有计划地按市场需要投放油气资源矿业权。（2）油气资源勘探与开发。目前，只有中石油、中石化、中国海洋石油总公司以及陕西省延长石油（集团）有限公司获准在中国境内从事油气资源的勘探开发。

4. 油气资源储量管理

我国的油气资源储量制度主要由油气资源勘查开采登记管理制度、矿产资源储量评审监督管理制度、油气资源储量登记制度、地质资料汇交管理制度共同构建而成。按照《矿产资源法》《矿产资源储量评审认定办法》《关于进一步加强矿产资源储量评审认定制度的通知》《矿产储量登记统计管理暂行办法》《地质资源管理条例实施办法》等法律、法规、部门规章，我国油气资源矿业权的审批和管理登记、油气资源储量的评审结果备案、矿产资源储量登记，全国地质资料的汇交、保管和利用的管理都由国土资源部负责。

5. 油气资源税费管理

依据《矿产资源勘查区块登记管理办法》《矿产资源开采登记管理办法》《探矿权采矿权转让管理办法》等行政法规，我国对油气资源矿业权实行有偿取得制度，以体现国家所有，并建立油气资源开发的激励机制。国家出让油气资源矿业权，获得矿业权的主体需要向国家缴纳矿业权价款和使用费。在开发过程中，采矿权人还需向税务机关缴纳资源税、资源补偿费、增值税、企业所得税等税费。此外，国家还规定对在少数民族地区、西部地区、政府确定的边远贫困地区和海域从事符合条件的矿产资源勘查开采活动，可以免缴或减缴探矿权采矿权使用费与价款。

6. 安全生产与环境保护

我国政府高度重视油气资源开发过程中的安全生产问题和环境保护问题。在安全生产方面，国家颁布了《安全生产许可证条例》，油气资源勘探和开发企业必须达到规定的安全生产标准，才能被授予安全生产许可证并进行生产。在环境保护方面，油气资源开发实行资源开发与环境保护治理同步发展，油气资源勘探和开发报批材料中应当包括土地复垦实施方案、水土保护方案、地质环境影响评估报告和矿山地质灾害防治方案，对环境有严重破坏又没有相应保护和恢复机制的油气资源勘探开发项目不予批准。此外，政府颁布的法律、法规等一系列的规范性文件对油气资源矿区的环境保护、土地复垦、污染防治作出了明确规定。

7. 油气资源开发秩序管理

良好的秩序是油气资源合理、有效开发的前提，为维护油气资源开发的秩序，《矿产资源法》公布实施后，国家多次组织执法检查，油气资源开发秩序趋于好转。2005 年，国务院印发《国务院关于全面整顿和规范矿产资源开发秩序的通知》（国发〔2005〕28 号），国务院要求各有关部门和地方各级政府严厉打击各辖区内无证勘查和开采、越界开采、非法转让探矿权和采矿权，以及违法违规审批、滥用职权、失职、渎职行为，国家工作人员参与办矿、徇私舞弊等违法现象。2007～2010 年连续 3 年在全国范围内开展了整顿矿产资源开发秩序的工作，全国共查处无证勘查开采138 224起，超层越界开采11 015起，非法转让矿业权 2753 起，关闭非法开采和破坏环境、污染严重、不具备安全生产条件的矿山48 377处，整顿关闭不具备安全生产条件的小煤矿11 155处，各类矿产资源违规违法行为年均发案率逐年下降，矿产资源违规违法行为反弹的势头得到有效遏制，矿产资源开发秩序趋于稳定。[①]

二、油气产业管理

（一）油气产业的政策法规

目前，涉及油气产业方面的法规主要有《中华人民共和国节约能源法》

---

① 李丹："国土资源部：全国矿产资源开发秩序整顿效果显著"，载 http：//test. jndc. mlr. gov. cn/xwdt/jrxw/201009/t20100919_ 769314. htm，2013 年 8 月 20 日访问。

（以下简称《节约能源法》）、《2004 年成品油国营贸易进口自动许可程序》等。1997 年颁布的《节约能源法》中指出，其所称能源包括原油、成品油、液化石油气等资源。该法规定了各级政府部门对能源节约利用的监督管理职责及相关的法律责任等。

为促进油气产业的发展，国家出台了大量的政策，包括一系列方案、措施、策略、计划等。例如，为扩大天然气利用规模，促进天然气产业有序、健康发展，国家制定的《天然气发展"十二五"规划》；"九五"期间国家制定加快海洋经济发展产业政策，出台《关于加速海洋产业发展的决定》把建设海上中国作为了基本国策；广东政府为鼓励和引导民间资本进入公共资源开发利用、基础产业和基础设施领域，出台了《鼓励和引导民间投资健康发展实施细则》，明确民营资本可以进入石油天然气等传统垄断行业等政策；为加快中国页岩气的发展，国家能源局正在会同有关部门研究制定《页岩气产业政策》。

（二）油气产业管理的内容

1. 油气产业发展战略

现阶段，我国制定的油气产业发展战略主要包括以下几方面的内容：首先，积极推动石化产业的科技进步与技术创新。通过创新提高我国石化产业中石油、天然气的利用率、深加工率以及产品的质量，增强我国石化企业的核心竞争力。其次，强调节能与环境保护，走可持续发展的道路。在石化产品生产、销售、消费的各个环节，建立资源循环利用系统，做到石化产业结构节能、技术节能、管理节能。加强环境保护，在生产过程中实现事后治理向事前保护转变。再次，坚持"引进来"和"走出去"的战略。积极拓展我国油气资源进口的渠道，引进外资和国外先进的技术，支持中外合资、中外合作石化企业的发展。同时，鼓励国内油气开发企业投资国外石化产业，建立国际化的油气开发集团。最后，建立国家石油战略储备体系，维护国家能源安全。在全国范围内，寻找适宜的地区，建立石油战略储备基地，加强我国能源风险的应对能力。

2. 油气产业政策

为优化油气产业的发展，2009 年国务院发布了《石化产业调整和振兴规划细则》。该细则确立了 2009～2011 年我国油气产业发展的方向，推出了以下促进油气产业发展的政策：（1）信贷支持。加大对基本面较好、有竞争力、信用记录较好、守法经营、有市场但暂时出现经营或财务困难的石油和化工企业的信贷支持。（2）加大技术改造投入。制定《石化产业技术进步与技术改造项目及产品目录》，设立石化产业振兴和技术改造专项，重点支持油品质量升级、化肥农药结构调整、高端石化产品发展。（3）推进企业兼并重组。采取融资信贷、资本金注入等方式支持中央企业实施兼并重组，通过兼并、重组实现企业资源的优化配置。（4）完善化肥储备机制。研究建立国家化肥储备，加强化肥调运，建立并健全科学合理的淡储旺供的调控体系，保障供给，稳定化肥的市场价格。（5）建立油品储备体系。建设储备设施，增加成品油国家储备。（6）完善成品油价格形成机制。完善成品油价格政策，结合消费税制度改革，积极创造条件，加快建立有利于石化产业发展的成品油消费税征收体制。（7）支持境外资源开发。加强引导，简化审批手续，完善信贷、外汇、税收等措施，支持符合条件的企业开展境外资源勘探和开发。（8）实施公平税负政策。统筹兼顾石化产业与下游加工贸易发展，科学制定石化产品进出口税收政策和加工贸易政策，实行国产与加工贸易进口石化产品公平税负。（9）完善产业发展政策。制订或修订相关产业政策、燃油质量标准、行业污染物排放标准、能源使用和污染排放管理办法、产业准入目录、鼓励发展和研发高端石化产品和技术目录。综合运用提高准入门槛，加快淘汰落后产能。建立产业退出机制，加快重点项目的环境评价、用地审核及项目核准工作。（10）依法做好反倾销和反走私等工作。完善石化产业损害预警机制，加强对三大合成材料和高端石化产品进出口异常情况及其对我国国内产业影响的监测。依法采取反倾销等贸易救济措施，维护公平贸易秩序。加强成品油进出口监管，严厉打击成品油走私活动，防止扰乱国内市场。

3. 油气产业布局

油气产业布局反映了国家一段时间内对油气资源开发的政策性导向，根据"十二五"规划对于优化我国制造业发展所做的布局，今后一段时间，油气产业布局应该根据区域主体功能定位，综合考虑能源资源、环境容量、市场空间等因素。主要依托国内油气资源的重大项目，优先在中西部资源地布局；主要利用进口油气资源的重大项目，优先在沿海沿边地区布局。有序推进石油和化工企业环保搬迁。优化原油加工能力布局，促进上下游一体化发展。引导生产要素集聚，依托国家重点工程，打造一批具有国际竞争能力的先进制造业基地。以产业链条为纽带，以产业园区为载体，发展一批专业特色鲜明、品牌形象突出、服务平台完备的现代油气产业集群。统筹规划全国能源开发布局和建设重点，建设山西、鄂尔多斯盆地、内蒙古东部地区、西南地区和新疆五大国家综合能源基地。提高油气资源就地加工转化水平，减少一次能源大规模长距离输送压力。合理规划建设能源储备设施，完善石油储备体系，加强石油和天然气储备与调峰应急能力建设。

4. 油气产业投资政策

在油气产业投资主体方面，我国实行许可准入制度，对油气产业投资主体限制比较严格。目前，国内获准从事油气化工产业投资的主体主要有中石化、中石油、中国海洋石油总公司、延长石油（集团）有限公司以及上述四家公司投资成立的子公司。近年来，为积极推动油气产业的发展，政府开始允许和鼓励民间资本进入非常规油气资源的开发、油气资源的管道建设以及油气资源存储与转运服务。在油气产业投资的导向方面，国家通过税费调控手段，对油气工业企业投资决策施加影响，使油气工业企业的投资符合国家油气产业布局。例如，对高投资、高风险、回报周期长、利润率低的油气资源开发利用领域进行税费优惠，以鼓励油气产业投资主体进行投资开发。

5. 石化企业的管理

（1）石化销售企业的安全管理制度。石化销售企业的安全管理制度可以说是石化销售企业安全管理的根本依据，把安全管理工作纳入安全制度中，能够有效地保证石化销售企业的安全。安全管理包括安全生产责任制、生产岗位责任制和操作规程制度三项最主要的管理制度。（2）油气的储运管理。常用的输油管道有钢管、铸铁管、混凝土管及耐油胶管等，各个管道都有自身的特点和适用对象。我们不但要选择合适的输油管道，而且还要对其进行定期的检查。对于油品的储存一般采用密封方式，目前常用的密封性储油容器是，包括外和内浮顶罐。进行密封存储，既可以保障油品的清洁，又保证安全，降低火灾的发生率。（3）油品的质量管理。石油产品经过生产、加工、运输、存储、销售等一系列过程到达消费者手中，期间油品的质量会发生变化，这些变化可能致使油品的质量下降。因此，有必要对油品质量进行管理，尽量减少和延缓油品质量变化。提高油品质量的根本措施在于改进加工工艺，提高产品质量。但油品一旦生产出来，其质量变化就与储存、使用的设备、环境等直接相关。储油设备的温度、油罐的清洁度、加油站的油品质量都与油品的质量相关。（4）石化企业的经营管理。石油化工可以说是一门新兴工业，是国家资金积累的重要来源之一，它的发展直接关系到国民经济各部门的发展。因此，在激烈的市场竞争中制定企业的经营管理战略是非常重要的。

6. 石化产业的可持续发展

随着国民经济的快速发展，我国的石油消费量迅速增长，以石油为基础的一大批石化企业在我国也成长了起来。发展"高效、节约、绿色、清洁"和"循环经济型"的新型石化产业，才能实现国内石化企业的可持续发展，重点做好以下几个方面的工作：（1）保障油气资源的供应。加强国内油气资源的勘探开发，利用科学技术提高资源的采收率。在国外原油进口市场方面，建立可靠的进口原油保障体系，建立多元化、全球化的原油供应体系。（2）发展循环经济。以科学发展观为指导，以低消耗、高效率为目标。积极推进企业清洁生产的资源循环系统，实现石化产业的可持续发展。（3）加强环保治理力度，实现石化企业与环境的和谐发展。在资源与环境二者关系上，在资源开发过程中要避免走"先污染、后治理"的发展路子。对于被污染的生态环境要贯彻、落实好治理工作。

第三节　西部油气资源开发对当地的影响

油气资源是一种重要的生产要素，也是人类发展所依赖的重要物质资源。长期以来，油气资源的开发利用对我国西部地区经济社会发展起到了重要的推动作用。通过油气资源开发，带动大规模固定资产投资，拉动西部地区经济快速增长。带动了相关产业的发展，加快了西部地区工业化的步伐。总之，无论是大规模基础设施建设带来的城镇化发展，还是巨额固定资产投资形成的西部地区经济增长，从各个方面产生了积极效果，极大地提高了西部地区人民生活水平。此外，随着一系列油气资源开发利用工程的推进，尤其是作为节能环保的天然气资源的大规模开发利用，产生了较好的环境效益，这也为西部人民营造了美好的生活环境。

一、油气资源开发促进西部地区经济的发展

（一）拉动固定资产投资，促进经济增长

石油、天然气产业作为"高技术、高投入、高产出"的三高产业，对油气资源的开发需要进行大规模的行业投资，因此给当地带来了大量的固定资产投资。2011年，全国城镇能源工业（石油及天然气开采业）投资3022亿元，投向西部地区共计915.3亿元（除四川和西藏），占全国该项投资总额的30.29%，西部油气资源投资占固定资产投资比重较高。[①]尤其是随着西部大开发的推进，油气资源开发对固定资源投资的贡献率迅速增加，也为我国西部地区的经济发展和工业化进程做出了重大贡献。例如，作为西部大开发标志性工程的"西气东输"工程，极大地促进了西部地区固定资产的投资，该工程的一线和二线工程管道工程投资460亿元，有67%的管道投资都集中在西部地区，增加了西部地区固定资产投资。[②]

（二）带动相关产业发展，加快西部地区工业化步伐

油气资源作为我国国民经济的基础资源，对其开发利用不仅提高了油气资源的开发利用程度，更促进了与其相关的工业行业发展，加快了西部地区工业化发展步伐。西部地区油气资源的开采，还带动了交通运输业、化工业、电力工业、建筑业以及多种服务业的发展。以新疆为例，2009年石油和天然气开采业、石油加工及冶炼业、化学原料和化学制品业和橡胶制品业新增企业264家，工业总产值1960.93亿元，工业增加值989.89亿元，还为187 509人提供

---

① 中华人民共和国国家统计局编写：《中国统计年鉴（2012）》，中国统计出版社2012年版，第188页。

② 陈飞、丁英宏："西气东输工程对中西部地区经济与社会协调发展效益考查"，载《中国石油大学学报》2006年第2期。

了工作岗位。① 西部地区抓住了西部油气资源大开发的历史性机遇，加快本地第二产业建设的步伐，短期内形成了具有地方特色的工业布局。在新疆阿克苏大力发展石化产业的同时，依托油田建设发电厂，充足的电力较大地支持了阿克苏石化产业用电。同时，也改善了电网结构，与新疆其他电网连接，实现了新疆电网的连通；此外，还对天然气开发回收的烃类凝析油等化工原料加以利用；巴音格勒蒙古自治州油气开发公司建设库车宏桥石蜡厂等。② 随着西部油气资源的开发利用，天然气资源除应用于供暖燃气之外，还带动了油气采集、油气资源深加工行业、特殊产品制造和特殊加工工艺，如陶瓷、地砖等，形成了完整的油气上下游产业，加速了西部地区工业化进程。

（三）促进了西部地区产业结构的调整

我国西部地区过去主要以农牧业为主，而且其相对欠发达的工业也以污染重、高能耗的工业行业为主。西部油气资源的开发，尤其是"西气东输"工程的建设，形成了第一产业、第二产业和第三产业比较完善的产业结构。在此选取了西部五个省区为例，以1999年和2011年两年的数据作为对比，展现了该五个省区三种产业结构的变化情况（见表2）。

表2　五省区三个产业1999年、2011年所占比例　　　　单位:%

地　区	1999 年			2011 年		
	第一产业	第二产业	第三产业	第一产业	第二产业	第三产业
新　疆	23.0	39.4	37.6	17.2	48.8	34.0
陕　西	18.0	43.1	38.9	9.8	55.4	34.8
青　海	17.0	41.1	41.9	9.3	58.4	32.3
四　川	25.4	41.9	32.7	14.2	52.5	33.4
内蒙古	27.0	40.6	32.3	9.1	56.0	34.9

资料来源：（1）1999年数据：中华人民共和国国家统计局：《中国统计年鉴(2000)》，中国统计出版社2000年版，第62～63页；（2）2011年数据：中华人民共和国国家统计局：《中国统计年鉴(2012)》，中国统计出版社2012年版，第59页。

---

① 新疆维吾尔自治区人民政府、地方志编纂委员会：《新疆年鉴(2010)》，新疆人民出版社2010年版，第166页。
② 陈飞、丁英宏："西气东输工程对中西部地区经济与社会协调发展效益考查"，载《中国石油大学学报》2006年第2期。

首先，油气资源开发促进了工业产业综合发展。如前文所述，西部油气资源的开发，带动了与油气资源相关的其他工业行业的发展，这不但丰富了西部工业行业的种类，而且调整了第二产业本身的工业结构，多样化的工业行业产生使油气资源开发利用形成完整的开发利用产业链条，这在提高资源利用率的同时完善了工业行业结构调整。仅以"西气东输"西二线工程为例，工程投资和管道建设共计约使用钢材207万吨，消耗焊条5100吨，挖填土石方量超过3000万立方米，这促进了西部地区的建筑、钢铁、建材、安装等相关产业链的发展，通过对油气资源产品的转化和利用，带动炼油、化工、销售以及其他与油气生产和消费相关联的产业的发展，从而在区域内形成产业发展集群，促进区域内合理产业结构的建立。其次，油气资源开发工程还推动了交通运输、商业服务、餐饮业、邮电通信等第三产业的发展。随着油气资源的开发工程建设，西部地区迎来了发展的历史契机，一系列工程的建设和投产，为餐饮、宾馆住宿、服务等行业的发展带来商机，例如，当工程开工建设大军进入甘肃古浪县后，古浪县迎来了良好的发展机遇，使当地餐饮、宾馆住宿、服务等第三产业增长了十几个百分点。[①] 同时，这些工程的建设和投产也为西部地区特色农产品销售和加工创造了绝佳的发展机遇。于是，在油气资源开发过程中形成了工业、农业、第三产业齐头并进、共同发展的良好格局，实现了西部地区产业结构调整。

二、油气资源开发促进西部社会的发展

（一）改善了西部地区的基础设施

伴随着我国油气资源的开发，西部地区基础设施明显得到改善。第一，油气资源开发促进了交通基础设施的建设。为了满足管道施工建设的需要，油气开发沿线各地许多地段投入资金修筑新的公路，并对原有的路段进行维修。我国西部地区相对闭塞，基础设施网络并不完善，这些道路交通建设，为西部地区交通运输环境的改善和商品经济的快速流通提供了重要的基础条件，加快了

---

① 陈飞、丁英宏："西气东输工程对中西部地区经济与社会协调发展效益考查"，载《中国石油大学学报》2006年第2期。

西部物流发展，形成了便利的物流网络。第二，油气资源的开发也离不开配套基础设施的建设。西部油气资源的开发促使了其他相关基础设施的建造，进而推动西部地区经济的发展。如新疆轮台，油气资源的开发迅速扩充了财政资金，加大了地方固定资产投资力度，基础设施建设迅速发展，短期内建成了农业、水利、能源、电力、交通、通信、教育、文化、卫生、城市供水、排水、供热、供气、绿化、市政于一体的一大批基础设施项目。①

（二）加快了西部地区城镇化步伐

随着基础设施条件的改善，形成了一批以油气资源开发而兴起的新城，加快了西部地区城镇化步伐。西部油气资源开发过程中逐渐形成了以"西气东输"管道为主干的一条经济带，围绕着这条经济带，形成了一座座大中小相间的"克拉玛依"式的城市经济圈，促进了油气资源开发沿线农村和小城镇的快速发展，产生了一批像克拉玛依一样的石油新城。随着油气开发工程的启动，各项基础设施建设的逐步完善，公路、铁路、开发性移民和中小城镇建设不断增多，外来资金也源源不断地流入西部省份。尤其是在油气富集区域，借助油气产业把一些县整改为市，还在新建交通沿线和靠近大城市的油气区域内发展起油气产业为主导的新城等。同时，随着这些新城的发展，也加快了城镇体系格局的演进。大小城市交错布局，增强了城市网状化发展能力。例如，在新疆，因油气资源开发、加工而建立的一批油气资源型城市，如克拉玛依、独山子、轮台等城镇的出现，有效地促进了不同类型城市间的融合，打破了原来以水源为主的绿洲城镇布局。

（三）提高了西部人民生活水平和质量

西部油气资源的开发从多方面促进了西部地区人民生活水平。首先，西部油气资源的集中开发，配套油气资源税费制度的建设和完善，直接增加了西部省区的资源税费收入，为改善人民生活提供了经济来源。2011年，全国资源税总额595.87亿元，西部资源税达到268.52亿元，占全国的45.06%。② 早

---

① 石油与环境网络："新疆油气开发与环境项目终期报告"，载 http://wenku.baidu.com/view/44b644c66137ee06eff918bc.html，2012年10月30日访问。

② 中华人民共和国国家统计局：《中国统计年鉴（2012）》，中国统计出版社2012年版，第295页。

在 2000 年，"西气东输"工程每年上缴给新疆的增值税就达到 4.3 亿元，而资源税、矿产资源补偿费、城建费和教育附加费及管道运输营运税几项合计达 6.2 亿元；[①] 再如，2005 年，陕西省原油产量为 1778 万吨，天然气产量 80.59 亿立方米，油气资源企业资源税共计 1.72 亿元，资源补偿费 6.2 亿元。油气集中的延安和榆林从国家级贫困县发展到 2006 年 GDP、财政收入增速位列陕西省前两名，人均可支配收入增长率超 25%。[②] 其次，经济的快速发展，直接提高了西部地区人民生活水平。二、三产业的快速发展，增加了诸多就业岗位，城镇化的发展为人民生活提供优质的生活环境。总之，快速增长的固定资产投资为地方经济腾飞奠定坚实基础，渐趋合理的产业结构为西部地区经济综合发展提供充足动力，完善的基础设施为发展城镇化铺平道路，西部地区人民生活改善迎来了前所未有的绝佳机遇。

（四）一定程度上减轻了环境污染

西部地区生态环境较为脆弱，能源消费结构过去以煤炭为主，"高能耗、高污染"的经济发展模式成为地方经济社会持续健康发展的阻碍；生产生活消耗的燃煤产生大量的污染，严重影响了生活环境。随着西部天然气的大规模开发，天然气作为一种优质、清洁、高效能源逐渐替代了传统能源。由于天然气的高热值（天然气发电其热效益比煤电高 22% ~ 25%）、低污染、易运输等诸多优点，西部地区提高了天然气资源的利用规模，且开发了天然气发电等热能工业，为冬季采暖提供了高效能源，有效缓解能源紧缺的同时减轻了环保压力。

随着西部油气资源的开发，尤其是"西气东输"工程的建设，沿线城市燃料结构得以改善。随着清洁燃料的使用，电厂、化工企业和居民生活需要的煤气和煤炭使用量逐渐减少。西部城镇实施了"以气发电""以气代油"和城市"气化"等工程，很大程度上方便了老百姓的生活，还提高了西部地区的环境质量。目前，我国 600 多个城市中已有 200 多个城市建成天然气管网，预

---

① "西气东输一样工程，多样效应"，载《西安晚报》2000 年 5 月 15 日第 2 版。
② 陈金国："黄土高原的希望与呼唤——陕西油气资源开发利用与区域经济发展的宏观分析"，载《中国石油报》2008 年 7 月 18 日第 4 版。

计到 21 世纪中叶，全国将有 65% 的城市有可能利用天然气。[①] 截至 2012 年 8 月 17 日，"西气东输"两条线路已经向我国东部地区和沿海城市输送天然气约 1751 亿立方米（西一线 1420 亿立方米，西二线 330.8 亿立方米），相当于减少煤炭运输 22429 万吨，减少二氧化碳排放 7.32 亿吨[②]，这一工程对环境保护做出了积极贡献。在新疆，天然气的使用量 1990 年为 137.53 万立方米，1995 年为 314.52 万立方米，2000 年为 642.19 万立方米，2005 年为 1546.85 万立方米，到 2008 年已达 1913.42 万立方米。[③] 可见，在新疆天然气这一清洁能源的使用量增速较快，在不断优化能源结构的同时带来了客观的环境效益。

总之，西部油气资源开发，为西部地区资源优势转化为经济优势增添了强大动力。西部经济社会欣欣向荣的发展态势也展示了西部油气资源开发的巨大成就，但西部油气资源开发、油气资源利用与油气资源管理中仍存在诸多不足。

第四节　西部油气资源开发中的问题

西部地区油气资源的开发对于西部地区，乃至全国经济的促进都是显而易见的。但快速繁荣的经济背后，还存在一些诸如开发、利用和管理等方面的问题，这一系列的问题导致西部地区油气资源开发没有完全与经济发展紧密关联在一起，对当地经济的带动作用并没有人们所期望的那样明显。

一、开发中存在的问题

（一）油气资源开发模式单一

目前，我国采取的是单向式资源开发模式，即资源开发是直接从资源到产

---

① 冉永平："天然气输送管道——西气东输，气贯长虹"，载《人民日报》2012 年 9 月 24 日第 6 版。

② 同上。

③ 新疆维吾尔自治区统计局：《新疆统计年鉴（2010）》，中国统计出版社 2010 年版，第 521 页。

品，是单一的、单向线型的方式；处理生产与环境问题的具体做法是"先污染、后治理"。这种资源开发模式引发了很多问题：一是过于重视政府在资源配置中的作用，轻视市场机制在资源配置中的作用。我国目前除允许陕西省政府参与油气资源的开发外，基本上都是由依附于中央政府的中央企业进行油气资源的开发。油气资源的配置方式基本是由政府主导，通过审批方式确定哪些企业能够进入油气资源开发领域，而未采取招标方式确定开发主体，市场竞争机制未能充分发挥作用。二是油气资源开发以粗放型增长为主，资源的粗放式生产可能忽略油气资源开发中技术含量的提高，在实践中致使钻井过程中占地范围较广，开采区多而乱，单井产能偏低，影响了油气资源开发的可持续发展。三是只重视从资源开发中获利，轻视资源开发的规划设计。对于油气资源的开发缺乏统筹规划，目前基本是按照矿权申请人的申请来审批矿权，根本不加区分资源勘查情况以及先后时间顺序，这种做法如果是在基础勘查缺乏的情况下进行，对于资源是致命性的、不可挽回的破坏性开发。

（二）油气资源开发主体具有局限性

我国油气资源所有权集中于中央政府，故油气资源的勘探开发主体形成了以中央政府为主导的单一开发模式，即必须是国务院批准的油气公司或得到国务院批准同意。这样就从立法角度确立了三大石油公司彼此间有限竞争的垄断市场结构，无法形成油气资源的规模开发态势。地方政府对油气资源所在的土地拥有处分权和收益权，却对其地下的油气资源没有任何支配权利，由此造成了矿权与地权分离，使地方政府对于资源的矿业权以及收益权的行使受到限制，不能通过合法途径分得相应利益，却还要额外承担外部不经济造成的损失。油气资源地民众在油气资源的开发中几乎没有参与开发的权利或表达自己对开发的意见，却要承载资源开发带来的环境破坏及征地损失。中央政府却通过国家石油公司对油气资源勘探开发权的行使和投资获取巨大经济利益，此种反差会进一步加剧中央和地方政府之间的利益冲突。限定油气资源的开发主体，忽略地方政府及资源地民众开发油气资源的权利，影响了油气产业和区域经济的发展。

（三）油气资源开发缺乏统筹规划

《矿产资源法》对资源的开发确立了"统一规划、合理布局、综合利用"

的原则性规定，但缺乏具体的统筹规划。在油气资源勘探开发中，由于开发方案不合理、钻井液污染、注水水质不合格、作业措施不规范、生产管理不严密等原因对石油资源造成破坏和浪费的现象相当严重。同时，油气资源勘探开发生产过程中，既有含油污水、含油固体废弃物、落地原油以及天然气的跑、喷、漏、泄对环境的污染，又有钻井、管线铺设、道路修建及油田地面工程建设对生态的破坏，这些都会对资源所在地的大气、水体、土壤、生物造成一定影响。① 油气资源开发带来巨大收益，但也引发了不少环境问题，对资源地居民的财产和健康造成重大影响，因而各国普遍要求采矿企业在开发利用油气资源的同时，要进行环境的保护、治理与恢复。因此，应当不断优化油气资源勘查开发布局，全面整顿和规范矿产资源开发秩序，建立矿山环境保护与治理的责任机制，加强矿山地质环境保护工作。

（四）油气资源地经济发展过分依赖油气资源

西部油气资源丰富地区凭借对油气资源的开发获得了巨大的经济效益，但从产业经济的角度来看，过分强调和依赖油气产业在资源地经济发展中的主导作用易造成地区经济结构潜在的脆弱性。通过对油气资源的勘探开发，资源地经济确实呈现出繁荣发展的趋势，但这种繁荣寄生于油气资源，油气资源一旦枯竭，与之相关的产业也会走向衰退，进而影响资源地经济的发展。例如我国第一座石油基地的诞生地甘肃玉门，经过50多年的开采，资源耗尽，当地经济也随之陷入无法发展的窘境。目前我国西部一些依托油气资源优势实现经济快速增长的地区都存在着过度依赖资源、产业结构单一的潜在危机，如新疆的克拉玛依市、鄯善县等。这些地区如果不及时进行产业结构的多元化调整，在油气资源走向枯竭之前未找到新的经济增长点，将来势必会遗留很多社会经济问题。因此，要避免发生"矿竭城废"的情况，就需要在勘查开发油气资源的同时，利用资源产业积累下来的资金、技术、人才等，发展接续产业或者逐步减少对资源的依赖性，把主导产业转移到非资源产业上，只有这样才能实现资源地经济的可持续发展。

---

① 綦群高、杨俊孝、臧俊梅："新疆油气资源开发生态环境问题研究"，载《新疆社科论坛》2003年第1期。

二、油气资源的开发利用与当地经济的关联度较弱

（一）国家能源战略导向促使大量西部油气资源外调

随着国家能源战略的调整，西部大开发战略的推进，大量西部油气资源源源不断输往中东部。这虽然对国家能源结构调整的整体布局发挥着重要作用，但不争的事实是西部地区的资源大量外调。根据 2008 年《中国能源统计报告》，西部天然气输出省区天然气净输出量：新疆输出 139.77 亿立方米（当年生产量：210.20 亿立方米），陕西输出 69.84 亿立方米（当年生产量 110.10 亿立方米），四川输出 59.56 亿立方米（当年生产量 187.46 亿立方米）。[①] 截至 2012 年 8 月 17 日，两条"西气东输"线路已经累计向我国东部地区输送天然气约 1751 亿立方米。[②] 虽然西部地区油气资源的开发，从整体上加快了西部地区经济社会的进步，但不容忽视的是大量不可再生的油气资源持续不断输出，在快速消耗资源的同时未能就地对此油气资源进行深加工，使本地难以获得高附加值的油气产品，未能发挥资源优势转化的作用。

（二）上下游产业比例失调

从前面各省、自治区油气资源开发利用的现状可以得知：油气资源开采业在各地发展初显上升的发展势头，开采业对经济快速发展起到了显著的拉动作用。然而，目前西部地区形成了"上游大，下游小"的畸形石油石化产业模式，严重影响了石油化工企业在油气资源开发中的收益。我们知道，石油天然气产业的上游主要是油气资源的勘探、开采和运输行业；而石油天然气产业的下游主要是指油气资源炼化、加工、化工和油气产品储运行业等。与全国平均水平相比，西部地区油气资源产品存在的突出问题是：产品以初加工产品为主、产业链不完整、科技含量和附加值低、油气资源开发上下游产业比例失衡。

西部地区油气资源产业的这一短板致使西部地区的资源利用只处在初加工阶段，无法充分发挥油气产品深加工对西部区域经济的带动作用。所以，在西

---

① 国家统计局能源统：《中国能源统计年鉴（2008）》，中国统计出版社 2008 年版，第 41、213、225、241 页。

② 冉永平："天然气输送管道——西气东输，气贯长虹"，载《人民日报》2012 年 9 月 24 日第 6 版。

部资源开采导向型经济发展模式无法充分发挥出资源的比较优势，容易出现油气资源开发与资源地经济发展脱节现象，也导致了各个省区不同程度地出现了"资源诅咒"的现象。这是因为，从油气资源的开发利用方式上看，一般情况下，地方经济的下游产业从油气资源开发中获益是最多的，然而由于西部地区下游产业发展不足，缺少从油气资源开发中扩大获益的产业链。例如新疆，由于受全国油气工业布局和地理条件等综合因素的影响，新疆处于资源分工的上游地区，油气资源开发也主要以油气开采和原油的粗加工为主。在新疆的油气行业中，油气资源的上游产业已基本形成规模经济，而下游化工业规模小、效益差。下游产品不但深加工力度不够、成本高、利税少，而且设备利用率和负荷率低。西部地区粗放型的油气资源利用模式限制了其从油气资源开发中收益的规模，使得更多油气资源开发收益外流。

（三）石油天然气开采业对当地的税收贡献有限

资源的产权制度和利益分配机制限制了石油天然气开采业对当地的税收贡献。因为，我国的油气资源为国家所有，油气资源是国家资源而非地方资源，西部地区没有油气所有权和开发经营权，不能获得全部油气资源收益。所以，油气资源的租金收益和开发利用收益主要归中央。在这种制度下，资源的收益分配机制影响了西部地方政府依靠油气资源的财政收入。尤其是油气企业改制后，企业法人主体转变为中国石油的地区公司，获得的利润全部上缴中央，使得西部地区在油气资源开发中所获收益减少。例如，新疆油气企业经过1998年和2000年两次重组改制后，转变为中国石油的地区公司。有些学者认为，目前油气资源开发总利益的分配情况很不合理，如新疆油气资源开发中，国家收益约占40.7%、地方收益约占10.5%、企业收益约占48.8%。[①] 再如，新疆最大的管道运输工程当属"西气东输"工程，新疆只能在当地收取每年近1000万元的营业税税收收入，而西气东输管道运输业务收入的营业税则由分公司向上海地方税务局申报纳税，这样一来按照年输气量100亿立方米，每立方米燃气1.27元来计算，上海的销售利润最低额为100亿元，企业所得税按

---

① 杨俊孝、朱亚夫：《新时期新疆石油资源开发用地研究》，新疆人民出版社2003年版，第111页。

照 33% 计征，则企业所得税收入至少 33 亿元，营业税按照 3% 计征，则营业税税收收入为 3.8 亿元，因此，每年上海仅从所得税和营业税上就可增加 36.8 亿元。[①] 所以，在石油石化行业税收政策中，不甚合理的企业所得税、增值税以及资源税制度的利益分配，致使在油气资源开发中，石油天然气开采业的对西部地区的税收贡献有限。

三、油气资源管理存在缺陷

（一）油气资源方面的法律不完善

现行油气资源法律体系对规范我国油气业发挥了积极的作用，但是在许多方面仍然不够完善，主要有以下几点。

1. 法律体系不完整

我国调整油气法律关系的规范主要是条例规章，没有独立的石油法典。有关石油法的基本原则、制度等，分散规定在《宪法》《矿产资源法》及其他条例规章或政策性文件中，没有形成独立、系统和完整的法律体系，现行的法律法规调整的范围有一定局限性。

2. 立法进程慢

我国经济体制改革进程较快，石油行业本身及外部环境都发生了巨大的变化：政企已经分开，市场主体逐步形成，石油公司的产权制度发生了重大变化。而我国现行有关石油的立法大部分是 20 世纪 80 年代中后期或 90 年代初期制定的，已经很难跟上目前石油工业的改革，甚至成为其阻碍。

3. 法律级别低

在法律层级上缺乏专门的石油法和天然气法，很多问题只是依靠一些政策性文件来弥补，得不到切实有效的解决。比如有关油气储运、销售、加工炼制、油田保护等方面，主要是大量的政策性文件，由于这些政策性文件在法律位阶中层次较低，执行力度不够，不仅导致了管理的混乱，也妨碍了立法本意的贯彻和落实。

---

① 石油石化行业税收问题研究课题组，王富强、刘尚希、张学诞、邢丽："我国石油石化行业税收问题研究——以新疆为案例的分析"，载《经济研究参考》2007 年第 69 期。

4. 法律法规相互之间有抵触

由于部门规章是由各相关部委根据自身管理的要求加以制定，并未考虑相互之间的联系，甚至对同一个问题出现重复、矛盾的规定。例如，《开采海洋石油资源缴纳矿区使用费的规定》和《中外合作开采陆上石油资源缴纳矿区使用费暂行规定》中都有规定：开采海洋石油的中外企业和中外合作开采陆上油气企业，按照每个油、气田历年原油或天然气总产量和规定的费率缴纳矿区使用费。《中华人民共和国资源税暂行条例》和《矿产资源补偿费征收管理规定》却规定，内陆上油气企业开采油气资源缴纳资源税和矿产资源补偿费。但其实矿区使用费实质上等同于矿产资源补偿费，所以它的存在使整个油气田企业的税费依据不统一，造成税费体系过于混乱，也说明现行法律规定之间存在抵触。

（二）管理体制

1. 管理模式与市场经济模式相冲突

现行的油气管理体制是国家在对油气资源享有所有权的基础上，一律由原国土资源部统一进行管理，通过自上而下的集权管控方式将全国的油气资源切割分配给包括实际享有经济特权的国有企业在内的各类经济主体，通过行政性收费及其他方式干预其开发活动。仅在 2011 年开展了油气资源探矿权竞争性出让试点，选择南黄海两个常规油气区块，通过议标方式对比企业提交的勘查实施方案，择优确定受让人。[1] 这种行政色彩浓重的管理模式显然是与市场经济条件下各类经济主体平等竞争、资源合理配置的要求相冲突的。

2. 未形成统一的管理

我国石油天然气产业的政策制定和监管职权分散在多个部门上游主要由原国土资源部负责管理，中下游活动由多个部门负责，多个部门独立制定政策管理天然气产业，互相之间缺乏协调。过去油气资源与其他能源的开发管理分属于不同部门，自2010年成立能源局后，似乎形成了统一的管理，但其勘探开发仍分属于原国土资源部、能源局等不同部门。另外，能源局是副部级单位，其发展问题不免会涉及与其他部委的支持和配合，在资源发展战略、产业政策

---

[1] 国土资源部编：《中国矿产资源报告（2012 年）》，地质出版社 2012 年版，第 56 页。

等方面还需要得到发改委的审核。同时，能源局对石油产业的某些行政管理职能往往被分割开，甚至落到了各行业性总公司身上，难以形成有效的统一性权威。

3. 各部门职能不协调

国家油气资源的管理职权分属于各部委和几大国有公司，从中央到地方，管理中的不同职能划归不同的部门。例如国家发改委负责制订油气产业计划，制定政策，同时也负责审批投资项目，决定价格以及进行产业监督。上游矿产资源勘探和开发仍归原国土资源部管理，成品油市场准入审批权依然在商务部，而大型能源企业领导人的任命权则在中组部。在这种体制下，多个职能履行中容易产生利益冲突，不利于职能的执行；监管机构不独立也难以保证所有产业参与者之间的公平竞争，造成监管效率的低下。

（三）监管不到位

1. 现行税费征管不到位

国家对矿产资源的开发管理手段主要是征收税费：税务部门征收的资源税和资源产业管理部门的收费。有的收费相互之间重复，甚至缺乏法律依据，这就削弱了国家作为资源所有者，代表实现其价值的权威性；如原国土资源部门征收的矿产资源费、环境保护主管部门征收的排污费，"政出多门"，造成混乱，同时不利于产业的发展。

2. 监管力度不够

资源开发利用中管理措施不当，管理力度不够，造成资源利用上的巨大浪费。由于管理机构林立，职能交叉多，分工不够明确，资源的权属之争愈演愈烈，尤其是一旦涉及利益问题时，对本部门本地区有利的极力争取，不利的就想方设法推托，导致资源管理的"真空"。例如矿业秩序在某些地区较为混乱，除造成资源的巨大浪费外，还产生了极坏的社会影响和对生态环境的极大破坏。

（四）地方政府在资源开发管理中的财权和事权不匹配

油气资源生产都是在各级地方政府的管辖区域内，都要接受地方政府的质检、税收、工商等职能部门的管理。地方承担对油气资源监督管理的职责，增加了地方政府事务。例如，油气开发企业存在很大的安全隐患，地方安全生产部门事实上承担了大量的安全生产管理责任。我国的现状就是地方政府承担了大量的管理工作，却没有通过法律获得相应的财权或者只得到了比较少的管理费用，影响了地方政府的积极性。

（五）行业垄断干扰了国家监管

行业性总公司形成了部门利益，取代了企业的市场主体地位，不利于发挥市场调节的活力。行业性总公司凭借自己的特权，将行业内应由企业做的重要决策权集于自身，出现了垄断性的部门利益，以部门行为取代企业行为。它们在努力维持已获得的垄断地位的同时，集中部门的力量向另一部门渗透，此时的渗透以各部门的增量扩张方式表现出来，存量重组受到部门垄断的封锁。又由于渗透扩张时的体制束缚，重复性、非规模经济的项目必然大量出现，部门垄断石油产业某一环节的格局并没有根本改变。在发展过程中，部门以行政、甚至政府行为主导着发展方向，单一企业要依附于所属行业性公司，并参与寻租来获取利益，缺乏竞争活力；几大行业性总公司各占一个垄断环节，进而削弱整个石油产业全局的活力。

第四章　西部油气资源的利益格局

第一节　西部油气资源利益格局的形成

一、我国现行法律中有关资源开发的规定

（一）《宪法》中有关资源开发的规定

宪法是一个国家的根本法，它规定一个国家最基本的政治制度和公民的最基本权利与义务，同时也对关系国计民生的各种社会关系作出基本的原则性规定。宪法是制定其他法律的依据，在各个国家的法律体系中都具有最高的法律效力，其他任何基本法、单行法、规范性法律文件的规定都不得与宪法的原则性规定相冲突，任何与宪法规定的原则相冲突的法律或法律规定均属无效。这是宪法的性质和作用决定的。

我国现行《宪法》自 1982 年 12 月 4 日第五届全国人民代表大会第五次会议通过至今，分别于 1988 年、1993 年、1999 年和 2004 年通过了四次《中华人民共和国宪法修正案》。虽然经过几次修改，但并未对矿产资源的所有权和合理开发利用、中央与民族自治地方利益分配的有关规定进行原则性修改。

《宪法》第 9 条规定：矿藏、水流、森林、山岭、草原、荒地、滩涂等自然资源，都属于国家所有，即全民所有；由法律规定属于集体所有的森林和山岭、草原、荒地、滩涂除外。国家保障自然资源的合理利用，保护珍贵的动物和植物。禁止任何组织或者个人用任何手段侵占或者破坏自然资源。这是

《宪法》关于自然资源所有权和合理利用自然资源的原则性规定。"这些重要的自然资源是国民经济命脉的生产资料，是保证国民经济持续、稳定、协调发展的物质基础，是国计民生的基本保障。"① 尤其是矿产资源中的石油、天然气这样具有战略意义的资源，对一个国家的国家安全、经济发展、社会稳定具有重要作用。我国人民民主专政的社会主义国家性质更决定了我国基于国家安全考虑的矿产资源战略目标，《宪法》规定了油气资源的国家所有权，即国家对油气资源享有占有、使用、收益、处分的权利，不允许任何组织和个人对这一所有权进行侵犯。此外，由于油气资源需要很长时间才能生成，在时间和条件都不具备的情况下，通过寻找新的替代资源来满足当今社会对油气资源的需要，存在一定难度。因此，随着社会经济的发展，矿产资源的稀缺性与需求满足之间的矛盾将会越来越凸显。如何缓解二者之间的紧张状态？油气资源的合理利用是各个国家普遍采用和切实可行的方法。作为社会主义国家的中国，油气资源是国家专有的自然资源，是全民的宝贵财富，保护好油气资源就是在保护人民的根本利益和长远利益。在油气资源的开发、利用过程中，通过国家政权的力量保护油气资源的有效利用，避免油气资源的浪费，更是促进社会进步发展、国家安全的重中之重。

《宪法》第 4 条规定：国家保障各少数民族的合法权利和利益，国家根据各少数民族的特点和需要，帮助各少数民族地区加速经济和文化的发展。社会主义民族关系的重要特点之一就是民族平等、民族互助。少数民族地区是中华人民共和国不可分割的一部分，受历史因素、地理位置和自然条件等因素的影响，经济仍旧落后于东部发达地区。要消除这种历史上遗留下来的地区间事实上的不平等现象，并消除由于发展差距越拉越大造成的民族之间的矛盾和冲突，实现全中国的共同富裕，从而维护平等、团结、互助的新型民族关系，除了少数民族地区自己的艰苦奋斗之外，作为人民整体利益代表者的国家有义务帮助少数民族地区加快经济、文化及其社会的发展。作为国家的根本法律，我国《宪法》不但规定了"国家保障少数民族的合法的权利和利益"，还明确了要"帮助少数民族地区加速经济、文化和社会的发展"等目标。

---

① 蔡定剑：《宪法精解》，法律出版社 2006 年版，第 193 页。

（二）《民族区域自治法》中资源开发的规定

我国现行《民族区域自治法》于 1984 年 5 月 31 日第六届全国人民代表大会第二次会议通过，2001 年 2 月 28 日第九届全国人民代表大会常务委员会第二十次会议通过了《关于修改〈中华人民共和国民族区域自治法〉的决定》。

《民族区域自治法》是我国的基本法，其法律效力仅次于《宪法》，是实施宪法原则性规定必不可少的法律。其第 28 条规定：民族自治地方的自治机关依照法律规定，管理和保护本地方的自然资源。民族自治地方的自治机关根据法律规定和国家的统一规划，对可以由本地方开发的自然资源，优先合理开发利用。这就赋予了民族自治机关对本地方矿产资源的管理和保护权，同时这也是自治机关的一项法律责任。这样更有利于提高自然资源的利用效率，充分利用有限的自然资源创造最大的社会价值。我国通过《民族区域自治法》来保障当地居民的生存权、发展权，既体现了我国对人权原则的重视，也彰显了我国 2004 年《宪法》修改中规定的"国家尊重和保障人权"的原则。

（三）《矿产资源法》中资源开发的规定

我国现行的《矿产资源法》是 1986 年 3 月 19 日第六届全国人民代表大会常务委员会第十五次会议通过的，1996 年 8 月 29 日第八届全国人民代表大会常务委员会第二十一次会议通过了《关于修改〈中华人民共和国矿产资源法〉的决定》，对《矿产资源法》进行了第一次修正。后又根据 2009 年 8 月 27 日第十一届全国人民代表大会常务委员会第十次会议《全国人民代表大会常务委员会关于修改部分法律的决定》进行了第二次修正。

现行《矿产资源法》第 3 条规定：矿产资源属于国家所有，由国务院行使国家对矿产资源的所有权。地表或者地下的矿产资源的国家所有权，不因其所依附的土地的所有权或者使用权的不同而改变。国家保障矿产资源的合理开发利用。禁止任何组织或者个人用任何手段侵占或者破坏矿产资源。各级人民政府必须加强矿产资源的保护工作。根据我国的国家性质、《宪法》的基本原则，《矿产资源法》细化了国务院代表国家行使矿产资源的国家所有权。《矿产资源法》明确了矿产资源国家所有权的代表者——国务院，可以避免"矿产资源在哪里发现就归哪个地方所有、谁抢占就归谁所有的错误认识和不良后果，有利于强化国家对矿产资源宏观调控和统一管理的能力"，也有利于打破矿产资源"部门所有、地方所有的藩篱"。①

具体到民族自治地方矿产资源的开发，《矿产资源法》第 10 条规定：国家在民族自治地方开采矿产资源，应当照顾民族自治地方的利益，作出有利于民族自治地方经济建设的安排，照顾当地少数民族群众的生产和生活，民族自治地方的自治机关根据法律规定和国家的统一规划，对可以由本地方开发的矿产资源，优先合理开发利用。法律规定中的"应当"是义务性条款，国家开采位于民族自治地方的矿产资源，必须要照顾民族自治地方的利益。最合理也是最有效的照顾形式就是将矿产资源开发中的部分利益分配给民族自治地方政府，作为地方政府的财政收入，并由民族自治政府将这部分财政收入用于改善当地少数民族群众的生产和生活，改善由于矿产资源的开发而给民族自治地方所带来的环境破坏、生态破坏等一系列负面影响。

二、我国现行法律中关于利益分配的规定

国家的资源权益是通过对矿产资源勘探开发实行的税费制度来体现的。目前我国对矿产资源勘查开发收取的税费有：资源税、矿产资源补偿费、探矿权使用费、采矿权使用费、探矿权价款、采矿权价款、矿区使用费（油气）、矿山环境治理保证金等。

（一）资源税

1984 年 10 月，国务院发布《中华人民共和国资源税条例（草案）》，中国开始第一次征收资源税。资源税是以各种自然资源为课税对象的一种税种，统一向应税产品的开采或者生产所在地主管税务机关缴纳。资源税体现了资源的有偿使用，利于促进国有资源的合理开采、节约使用和有效配置，调节资源因自然条件形成的资源级差收入。

---

① 付鸣珂："新矿产资源法修改的要义和内涵"，载《中国矿业》1997 年第 1 期。

1994 年，国家颁布了《中华人民共和国资源税暂行条例》，对资源税制度作了较大修改，改革的重点一是改变了资源税征收方式，不再按超额利润征税，而是以销售量或自产自用量征税；二是"统一税收，简化税制""普遍征收，级差调节"。税目税率如表 3 所示：

表 3　税目税率表

税目	税率
①原油	8 ~ 30 元/吨
②天然气	2 ~ 15 元/千立方米
③煤炭	每吨 0.3 ~ 5 元
④其他非金属矿原矿	0.5 ~ 20 元/吨或者每立方米
⑤黑色金属矿原矿	2 ~ 30 元/吨
⑥有色金属矿原矿	0.4 ~ 30 元/吨
⑦盐　固体盐	每吨 10 ~ 60 元
液体盐	每吨 2 ~ 10 元

1994 年我国实行分税制改革后，税种划分为中央税种、地方税种和中央与地方共享税种。

资源税被明确规定属于中央与地方共享税种。按照 1993 年 12 月国务院发布的《关于实行分税制财政管理体制的决定》等相关法规的规定，中央税种和共享税种由中央税务机构负责征收，共享税按比例分给地方。

分税制还对中央与地方事权和支出的划分作出了明确规定。资源开发中的地质勘探费等是由中央财政支出，地方财政支出主要包括：地方统筹的基本建设投资，地方国有企业的技术改造和新产品试制经费，支农支出，城市维护和建设经费，地方文化、教育、卫生等各项事业费和行政管理费，价格补贴支出以及其他支出。

经过多年运行，由于缴纳的税费标准低，资源税并没有达到预期征收目的。2005 年，国家财政部和税务总局联合发文上调油田企业原油和天然气的资源税税额标准（见表 4）。

表 4　原油和天然气的资源税税额标准

税目		税额	课税单位
原油	中国石油天然气股份有限公司新疆油田分公司、中国石油天然气股份有限公司吐哈油田分公司、中国石油天然气股份有限公司塔里木油田分公司、塔里木河南勘探公司、中国石油化工股份有限公司西北分公司、中国石油天然气股份有限公司青海油田分公司、大庆油田有限责任公司	30 元	吨
	中国石油天然气股份有限公司华北油田分公司、中国石油天然气股份有限公司长庆油田分公司、延长油矿管理局	28 元	吨
	中国石油天然气股份有限公司冀东油田分公司、中国石油天然气股份有限公司大港油田分公司、中国石油化工股份有限公司江汉油田分公司、中国石油化工股份有限公司中原油田分公司、中国石化中原油气高新股份有限公司	24 元	吨
	中国石化胜利油田有限公司、中国石油天然气股份有限公司辽河油田分公司、中国石油天然气股份有限公司吉林油田分公司、中国石油化工股份有限公司华东分公司、中国石油化工股份有限公司江苏油田分公司、中国石油化工股份有限公司河南油田分公司	22 元	吨
	中国石油天然气股份有限公司西南油气田分公司、中国石油天然气股份有限公司玉门油田分公司	18 元	吨
	其他石油开采企业	16 元	吨
	各企业的稠油、高凝油	14 元	吨
天然气	中国石油天然气股份有限公司西南油气田分公司	15 元	千立方米
	大庆油田有限责任公司	14 元	千立方米
	中国石化胜利油田有限公司、中国石油天然气股份有限公司辽河油田分公司	13 元	千立方米
	中国石油天然气股份有限公司长庆油田分公司	12 元	千立方米
	中国石油天然气股份有限公司华北油田分公司、中国石油天然气股份有限公司大港油田分公司、中国石油化工股份有限公司中原油田分公司、中国石化中原油气高新股份有限公司、中国石油化工股份有限公司河南油田分公司、中国石油天然气股份有限公司新疆油田分公司、中国石油天然气	9 元	千立方米

税目		税额	课税单位
天然气	股份有限公司冀东油田分公司、中国石油天然气股份有限公司吐哈油田分公司、中国石油天然气股份有限公司塔里木油田分公司、中国石油天然气股份有限公司吉林油田分公司	9元	千立方米
	其他天然气开采企业	7元	千立方米

2010年6月，中央开始在新疆进行资源税改革试点，将原油、天然气的资源税计征方式由"从量计征"改为"从价计征"。2011年11月，财政部和国家税务局联合颁布修订后的《中华人民共和国资源税暂行条例》，油气资源税改革开始在全国范围内实行（见表5）。

表5 资源税税目税率表

税目		税率
①原油		销售额的5%～10%
②天然气		销售额的5%～10%
③煤炭	焦煤	每吨8～20元
	其他煤炭	每吨0.3～5元
④其他非金属矿原矿	普通非金属矿原矿	每吨或者每立方米0.5～20元
	贵重非金属矿原矿	每千克或者每克拉0.5～20元
⑤黑色金属矿原矿		每吨2～30元
⑥有色金属矿原矿	稀土矿	每吨0.4～60元
	其他有色金属矿原矿	每吨0.4～30元
⑦盐	固体盐	每吨10～60元
	液体盐	每吨2～10元

2014年10月，财政部、国家税务总局下发了《关于调整原油天然气资源税有关政策的通知》（财税〔2014〕73号），规定自2014年12月1日起，原油、天然气矿产资源补偿费费率降为零，相应将资源税适用税率由5%提高至6%。规定了更多原油、天然气资源税的优惠政策。

2014年10月，财政部、国家税务总局下发了《关于实施煤炭资源税改革的通知》（财税〔2014〕72号），规定自2014年12月1日起，在全国范围内实施煤炭资源税从价计征改革，应税煤炭包括原煤和以未税原煤加工的洗选煤，同时清理相关收费基金。煤炭资源税税率幅度为2%～10%，具体适用税率由省级财税部门在上述幅度内，根据本地区清理收费基金、企业承受能力、煤炭资源条件等因素提出建议，报省级人民政府拟定。省级人民政府需将拟定的适用税率在公布前报财政部、国家税务总局审批。跨省煤田的适用税率由财政部、国家税务总局确定。同时规定了相关税收优惠政策。2016年5月在煤炭、原油、天然气等已实施从价计征改革的基础上，对其他矿产资源也开始实施从价计征改革，将计税依据细化为原矿和精矿等，同时在不影响全国统一市场秩序前提下，赋予地方适当的税政管理权。随后财政部、国家税务总局确定核准了各省（区、市）资源税相关品目实际适用税率，其中包括陕西省、贵州省等。在2018年为了规范资源税的征收管理，国家税务总局制定了《资源税征收管理规程》，拟从2018年7月1日开始施行。

（二）资源补偿费

1993年国务院发布了《矿产资源补偿费征收管理规定》，自1994年4月1日起施行，1997年7月3日修改。该法规明确规定了矿产资源补偿费的征收目的是：为了保障和促进矿产资源的勘查、保护与合理开发，维护国家对矿产资源的财产权益。征收主体为采矿权人，主要针对经过开采或者采选后的不同种类矿产资源（原煤、原矿或精矿）的矿产品进行征收。计征基础则是按照矿产品销售收入的一定比例计征。征收矿产资源补偿费的费率按矿种分别规定，费率为0.5%～4%。目前，矿产资源补偿费的平均费率为1.18%。石油、天然气、煤炭的补偿费率为1%，中外合作开采的石油不征收矿产资源补偿费。矿产资源补偿费一般按月或季缴纳，由地质矿产主管部门会同财政部门征收。矿区在县级行政区域内的，矿产资源补偿费由矿区所在地的县级人民政府负责地质矿产管理工作的部门负责征收。此外，矿产资源补偿费的分配原则实行：中央与省、直辖市矿产资源补偿费的分成比例为5∶5；中央与自治区矿产资源补偿费的分成比例为4∶6。该规定还明确了矿产资源补偿费的主要用途：主要用于矿产资源勘查，纳入国家预算，实行专项管理。

为了细化其管理规定并利于操作，1996年，由财政部、原地质矿产部和国家计委联合下发了《矿产资源补偿费使用管理暂行办法》，该办法规定：中央分成所得的矿产资源补偿费纳入国家预算，实行专项管理，矿产资源补偿费主要用于矿产资源勘查支出（不低于年度矿产资源补偿费支出预算的70%），并适当用于矿产资源保护支出和矿产资源补偿费征收部门经费补助。

2001年，为了加强和规范矿产资源补偿费使用的管理，确保合理有效使用矿产资源补偿费，财政部和国土资源部对《矿产资源补偿费使用管理暂行办法》进行了修订，并发布了《矿产资源补偿费使用管理办法》。修改后的管理办法进一步明确：矿产资源补偿费的使用对象为具有地质勘查或同类资质的企事业单位、独立矿山企业和矿产资源补偿费征收部门。矿产资源勘查支出不得用于基本建设、一般商业性矿产资源勘查项目以及其他非地质项目支出。

全国各省、自治区也相继对本地区内矿产资源补偿费征收和使用管理作出了规定。

新疆维吾尔自治区1994年4月发布实施的《矿产资源补偿费征收使用管理办法》，确定自治区人民政府地质矿产主管部门和财政主管部门是矿产资源补偿费征收、使用的主管部门，"自治区征收的矿产资源补偿费40%上缴中央。年终返还自治区的部分，在次年第一季度由自治区财政主管部门拨付自治区地质矿产主管部门。自治区地质矿产主管部门按地质勘查专项费占40%，矿产资源保护专项费占20%，矿产资源管理费占40%安排使用。专款专用，不得挪作他用"。

陕西省1994年12月27日发布实施的《矿产资源补偿费征收管理实施办法》规定：矿产资源补偿费全额上缴国库后，中央返还本省的50%，按以下比例分配：矿产资源管理经费50%；地、县矿产资源保护开发专项经费20%；省财政30%。中央返还给本省超过50%的部分，主要用于建立省地质矿产勘查基金及与开采矿产资源相关的环境保护和环境污染治理费用。

西藏自治区2000年7月修改后的《西藏自治区实施〈矿产资源补偿费征收管理规定〉办法》规定：按国家任务征收的矿产资源补偿费，按自治区财政10%、地（市）级财政10%、县级财政30%、矿产资源勘查资金40%、矿产资源管理补充经费自治区矿管3%、地（市）级矿管7%的比例，由自治区财政部门分配。超国家任务征收的矿产资源补偿费，按自治区财政 10% 、地（市）财政 20% 、县级财政 20% 、矿产资源勘查资金 25% 、矿产资源管理补充经费 25% 比例分配，并按照以上三项规定进行管理使用。

四川省 1994 年 10 月颁布实施的《矿产资源补偿费征收管理办法》规定：中央与省矿产资源补偿费的分成比例为 5:5；省所得部分与市、地的分成比例为 2:8；省与民族自治州及黔江地区的分成比例为 1.5:8.5。市、地、州所得部分与县（市、区）的分成比例，由市州人民政府、地区行政公署决定，但市、地、州所得部分不得超过 30% 。矿产资源补偿费纳入财政预算，实行专项管理，主要用于矿产资源勘查、保护和管理。

青海省 1994 年 10 月颁布实施的《矿产资源补偿费征收管理实施办法》规定：矿产资源补偿费全额上缴国库后，中央返还本省 50% ，经中央分成本省所得的矿产资源补偿费，按省财政 10% 、省地质勘查专项费 40% 、征收部门补充经费 50% 的比例，由省财政部门实施分流。省地质勘查专项费由各州（地、市）、县级人民政府地质矿产主管部门提出地质勘查项目，经省地质矿产部门和财政部门审查后联合下达项目和经费计划。征收部门经费按省 10% 、州（地、市）20% 、县级 70% 的比例，由财政部门实施分流。矿产资源补偿费纳入财政预算，实行专项管理，任何单位和个人不得挪用。2012 年 10 月，青海省人民政府对上述办法做了修改，规定：中央返回省的补偿费为 50% ，属本省支配的矿产资源补偿费纳入省级财政预算，实行专项管理，任何单位和个人不得挪用。矿产资源补偿费用于地质勘查、矿产资源节约利用及保护和征收部门补充经费。

贵州省 1994 年 12 月颁布的《矿产资源补偿费征收管理实施办法》（2008 年修订）规定：补偿费由省、地、县三级地质矿产主管部门按属地原则分别征收。中央返回给省的补偿费为 50% ，主要用于矿产资源的勘查、保护和管理。

云南省 1994 年 12 月颁布的《云南省矿产资源补偿费征收管理实施办法》规定：矿产资源补偿费由中央按 50% 返还给省，由省财政部门按地方财政 20% 、地质勘查基金 30% 、矿产资源保护及管理专项费 50% 的比例分配。地方财政 20% 部分，全额拨付矿山所在地的县级财政部门。地质勘查基金 30%

部分，用于本省矿产资源勘查工作。矿产资源保护及管理专项费50%部分，由省矿产资源行政主管部门设专户单独进行核算管理，按省10%、地（州、市）10%、县（市、区）30%的比例分配，年终由省矿产资源行政主管部门向省财政部门报送决算。

依照以上法律法规的规定，我们可以看出中央对省、自治区的矿产资源补偿费返还的比例是不同的，对各省是按5∶5进行分配，对自治区则是按照4∶6进行分配。各省、市、自治区又根据各自的情况分别规定了返还比例，还对矿产资源补偿费的用途做了要求。2016年清费立税，财政部和国家税务总局进行了资源税改革，将矿产资源补偿费并入了资源税中。

（三）探矿权、采矿权使用费和价款

1998年2月国务院同时发布了《矿产资源勘查区块登记管理办法》《矿产资源开采登记管理办法》和《探矿权开采权转让管理办法》，这几个法规的出台，使我国矿产资源有偿使用制度进一步具体化。

1. 探矿权、采矿权使用费和价款缴纳标准

《矿产资源勘查区块登记管理办法》第12、13条规定：国家实行探矿权有偿取得的制度。探矿权使用费以勘查年度计算，逐年缴纳。探矿权使用费标准：第一个勘查年度至第三个勘查年度，每平方公里每年缴纳100元；从第四个勘查年度起，每平方公里每年增加100元，但是最高不得超过每平方公里每年500元。申请国家出资勘查并已经探明矿产地的区块的探矿权的，探矿权申请人除依照本办法第12条的规定缴纳探矿权使用费外，还应当缴纳经评估确认的国家出资勘查形成的探矿权价款。国家出资勘查形成的探矿权价款，由国务院地质矿产主管部门会同国务院国有资产管理部门认定的评估机构进行评估，评估结果由国务院地质矿产主管部门确认。探矿权使用费和国家出资勘查形成的探矿权价款，由登记管理机关收取，全部纳入国家预算管理。

《矿产资源开采登记管理办法》第9、10条规定：国家实行采矿权有偿取得的制度。采矿权使用费，按照矿区范围的面积逐年缴纳，标准为每平方公里每年1000元。申请国家出资勘查并已经探明矿产地的采矿权的，采矿权申请人除依照该办法第9条的规定缴纳采矿权使用费外，还应当缴纳经评估确认的国家出资勘查形成的采矿权价款；采矿权价款按照国家有关规定，可以一次缴

纳，也可以分期缴纳。国家出资勘查形成的采矿权价款，由国务院地质矿产主管部门会同国务院国有资产管理部门认定的评估机构进行评估；评估结果由国务院地质矿产主管部门确认。采矿权使用费和国家出资勘查形成的采矿权价款由登记管理机关收取，全部纳入国家预算管理。具体管理、使用办法，由国务院地质矿产主管部门会同国务院财政部门、计划主管部门制定。

2. 探矿权、采矿权使用费和价款的管理分配

1999 年 6 月，财政部和原国土资源部联合发布《探矿权采矿权使用费和价款管理办法》，明确规定：探矿权使用费是指国家将矿产资源探矿权出让给探矿权人，按规定向探矿权人收取的使用费。采矿权使用费是指国家将矿产资源采矿权出让给采矿权人，按规定向采矿权人收取的使用费。探矿权价款是指国家将其出资勘查形成的探矿权出让给探矿权人，按规定向探矿权人收取的价款。采矿权价款是指国家将其出资勘查形成的采矿权出让给采矿权人，按规定向采矿权人收取的价款。探矿权采矿权使用费和价款由探矿权采矿权登记管理机关负责收取。探矿权采矿权使用费和价款由探矿权采矿权人在办理勘查、采矿登记或年检时缴纳。同时，该办法对使用费和价款的用途也做了较明确的规定：探矿权采矿权使用费和价款收入应专项用于矿产资源勘查、保护和管理支出，由国务院地质矿产主管部门和省级地质矿产主管部门提出使用计划，报同级财政部门审批后，拨付使用。探矿权、采矿权使用费中可以开支对探矿权、采矿权使用进行审批、登记的管理和业务费用。探矿权、采矿权价款中可以开支以下成本费用：出让探矿权、采矿权的评估、确认费用，公告费、咨询费、中介机构佣金、场地租金以及其他必需的成本、费用等。国有企业实际占有的由国家出资勘查形成的探矿权、采矿权在转让时，其探矿权、采矿权价款经国务院地质矿产主管部门会同财政部批准，可全部或部分转增企业的国家资本金。

2006 年 8 月，财政部、原国土资源部、中国人民银行联合发布《关于探矿权采矿权价款收入管理有关事项的通知》，首次明确划分国家出资形成的探矿权、采矿权价款收入中央与地方的分成比例。该通知指出：自 2006 年 9 月 1 日起，探矿权采矿权价款收入按固定比例进行分成，其中 20% 归中央所有，80% 归地方所有。省、市、县分成比例由省级人民政府根据实际情况自行确定。国家另有规定的，从其规定。

各省制定的分配制度不同使省、市、县分成比例也不同。例如青海省2004 年 1 月 1 日开始实施的《探矿权采矿权使用费和价款管理暂行规定》规定，探矿权采矿权省级登记管理的，其使用费和价款收入，按 6∶2∶2 的比例用于矿产资源勘察、保护和管理支出；属于州、地（市）、县登记管理的，其使用费和价款收入用于矿产资源勘察、保护和管理支出的比例由同级财政部门与国土资源主管部门确定。2005 年 6 月，云南省财政厅发布第 6 号公告《云南省探矿权采矿权使用费和价款收缴使用管理暂行办法》，其中规定：纳入省级财政预算管理的探矿权采矿权使用费和价款，原则上由省按省级 50%、州（市）级 10%、县（区、市）级 40% 的比例分配使用。年度结束后，由省财政厅核实省级探矿权采矿权使用费和价款收入后，按比例分配下达各级财政，专款专用，不得用于平衡预算。探矿权采矿权使用费和价款支出列入省级财政支出预算，专项用于矿产资源勘查、地质灾害防治、矿产资源保护项目和管理性支出。矿产资源勘查项目支出主要用于支持我省经济发展急需的重要矿产资源勘查项目。地质灾害防治项目支出主要用于矿山地质灾害防治和矿山地质环境恢复治理项目。矿产资源保护项目支出主要用于促进矿山合理开发利用和保护矿产资源项目。管理性支出主要用于出让探矿权和采矿权项目的前期勘查；探矿权采矿权审批、登记业务；探矿权采矿权纠纷调处，维护正常矿业秩序；矿产资源开发利用方案的编制、评审审查；矿产资源规划，矿产资源管理信息建设与监督管理工作；法律法规宣传；业务培训；探矿权采矿权招标拍卖挂牌过程中的场租、佣金、公告、评估、资料等费用。

对在西部地区、少数民族地区、政府确定的边远贫困地区和海域从事符合条件的矿产资源勘查开采活动，可以免缴或减缴探矿权采矿权使用费与价款。

根据以上规定可以看出，探矿、采矿使用费和价款的费用收取额度非常低，支出项目也有严格的规定。

（四）矿区使用费

矿区使用费是一种特殊性收费，目前我国只对开采海洋石油的中外企业和中外合作开采陆上石油的企业，按每个油气田年度油气总产量计征。设有起征点，超过部分实行超额累进费率，费率为 1%～12.5%。油气田开采的原油、天然气以实物缴纳。海洋石油的矿区使用费属中央收入，陆上石油的矿区使用费属地方收入。对于已缴纳矿区使用费的企业，不再缴纳矿产资源补偿费，并暂不征收资源税。矿区使用费分别由国家税务局或地方税务局负责征收。

（五）石油特别收益金

石油特别收益金又称"暴利税"，是专门针对石油行业取得的不合理的过高利润征收的一种款项。在 2006 年 3 月之前，我国对一般油气开发企业只征收资源税和矿产资源补偿费。2006 年 3 月 15 日，国务院下发了《国务院关于开征石油特别收益金的决定》及《石油特别收益金征收管理办法》，决定从 2006 年 3 月 26 日起，对石油开采企业销售国产原油因油价上涨超过一定水平所获得的超额收入征收石油特别收益金，主要目的是为了调控垄断行业的高利润。石油特别收益金属于中央财政非税收入，纳入中央财政预算管理。2012 年之前，石油特别收益金按月计算，按季缴纳，2012 年开始，则调整为按月计算、按季申报，按月缴纳。石油特别收益金实行五级超额累进从价定率计征，征收比率因石油开发企业销售原油的月加权平均价格不同而不同，原油价格按美元/桶计算。2011 年 11 月之前起征点为 40 美元/桶，2011 年 11 月 1 日起，起征点提高至 55 美元/桶，2015 年 1 月 1 日起，起征点提高至 65 美元/桶。目前，石油特别收益金征收仍实行五级超额累进从价定率计征。具体征收比率及速算扣除数见表 6、表 7。

表6 石油特别收益金征收比率及速算扣除数表

原油价格（美元/桶）	征收比率（%）	速算扣除数（美元/桶）
40～45	20	0
45～50	25	0.25
50～55	30	0.75
55～60	35	1.5
60 以上	40	2.5

资料来源：《石油特别收益金征收管理办法》（财企〔2006〕72 号）。

表7　石油特别收益金征收比率及速算扣除数表

原油价格（美元/桶）	征收比率（％）	速算扣除数（美元/桶）
65～70（含）	20	0
70～75（含）	25	0.25
75～80（含）	30	0.75
80～85（含）	35	1.5
85以上	40	2.5

资料来源：《关于提高石油特别收益金起征点的通知》（财企〔2014〕115号）。

（六）矿山环境治理保证金

为了加强矿山环境治理和生态恢复，促使矿山企业合理承担资源开发造成的环境破坏治理成本，2006年，财政部、原国土资源部、原环保总局联合下发《关于逐步建立矿山地质环境治理和生态恢复责任机制的指导意见》（财建〔2006〕215号），开始在全国推进矿山环境治理保证金制度。该保证金是矿山开采企业缴纳的环境保护治理担保金，遵循"企业所有，政府监督、专款专用"原则，主要用于矿山地质环境保护与恢复治理。采矿权人分阶段或者一次性履行矿山地质环境治理恢复义务后，可以向相关主管部门申请验收，验收合格的，其保证金按照法定程序返还。目前，多数省、自治区已经制定了矿上环境保证金制度的具体规定（见表8）。

表8　有关矿山环境治理保证金管理具体条款

省份	规定名称	实施日期	相关内容
云南省	云南省矿山地质环境恢复治理保证金管理暂行办法	2006年7月2日	第2条　本办法所称矿山地质环境恢复治理保证金（以下简称保证金），是指为了保证采矿权人在采矿过程中以及矿山停办、关闭或闭坑时，切实履行矿山地质环境保护与恢复治理义务而由采矿权人向国土资源行政主管部门交存的保证金
青海省	青海省矿山环境治理恢复保证金管理办法	2007年6月18日	第4条　开采矿产资源，涉及土地复垦、污染防治、水土保持、占用或征用林地、草地的，依照有关法律、法规的规定办理。 第5条　保证金本金及孳生利息属采矿权人所有。采矿权人履行矿山环境恢复治理义务，经验收合格的，保证金及利息返还采矿权人

续表

省份	规定名称	实施日期	相关内容
贵州省	贵州省矿山环境治理恢复保证金管理暂行办法	2007年5月21日	第4条 矿山环境治理恢复原则：谁开发，谁保护；谁破坏，谁恢复；谁诱发，谁治理
新疆维吾尔自治区	新疆维吾尔自治区矿山地质环境治理恢复保证金管理办法	2008年10月1日	第3条 保证金的缴存、使用和管理，按照采矿权审批权限，由县级以上国土资源行政主管部门分级负责；国务院国土资源行政主管部门颁发采矿许可证的，由自治区国土资源行政主管部门负责。 第4条 缴存保证金的代理银行，由本办法第3条规定的国土资源行政主管部门的同级财政部门确定。保证金实行专户储存、专账核算，任何单位和个人不得侵占和挪用。 第6条 保证金可以一次性缴存或者分期缴存。采矿许可证有效期3年（含3年）以内的，采矿权人应当一次性全额缴存。采矿许可证有效期3年以上的，可以分期缴存。其中10年（含10年）以下的，首次缴存金额不少于保证金总额的40%；10年以上的，首次缴存金额不少于保证金总额的30%；余额部分逐年平均缴存，并在采矿许可证届满前1年全部缴足
陕西省	陕西省煤炭石油天然气开发环境保护条例	2007年9月27日	第38条 煤炭、石油、天然气的开发单位应当提取环境治理保证金，用于本单位生态环境治理方案的实施。企业提取的环境治理保证金按企业所有、专款专用、专户储存、政府监管的原则管理。具体办法由省人民政府制定
	陕西省矿山地质环境治理恢复保证金管理办法	2013年6月1日起施行	第6条 保证金存储数额依据核定的矿山设计开采矿种、开采规模、年限和矿山开采对地质环境影响等因素确定…… 第15条 未履行治理恢复义务或者治理恢复工程验收不合格的，由验收机关签发限期治理恢复矿山地质环境的整改通知书，责令限期治理恢复。 　　采矿权人逾期不治理或者限期治理后仍达不到要求的，其所存储的保证金及利息不予提取，由国土资源行政主管部门依法委托他人治理，治理费用从保证金及利息中列支，不足部分由采矿权人承担

省份	规定名称	实施日期	相关内容
四川省	四川省矿山地质环境恢复治理保证金管理暂行办法	2008 年 5 月 1 日	第 14 条　保证金的收缴实行"票款分离"，统一纳入同级财政专户，按代管资金管理。 　对按规定予以返还的保证金，由国土资源行政主管部门向同级财政行政主管部门提出申请，财政行政主管部门审核同意后，将应返还的保证金及利息返还给采矿权人，财政专户在做会计处理时冲销保证金收入。 　对按规定不予返还的保证金本金及利息收入，作为同级财政的非税收入，定期清算后缴入同级财政国库，实行"收支两条线"管理，专项用于该矿山地质环境的恢复治理工作。 第 15 条　开采矿产资源给他人造成损失的，由采矿权人按照有关法律、法规的规定承担赔偿责任，赔偿费用不得从保证金中支付。 　采矿权人因违法受到行政处罚或者因其他原因终止采矿的，不免除矿山地质环境恢复治理义务

2017 年 11 月开始取消了矿山环境治理保证金，建立矿山环境治理恢复基金。这对于矿产资源开发来说是一个比较利好的消息。企业按照满足矿山地质环境保护与土地复垦方案资金需求的原则，将矿山地质环境恢复治理费用按会计准则在预计开采年限内按照产量比例等方法摊销入生产成本，在所得税前列支。这个基金由企业自主使用，专项用于因矿产资源勘查开采活动造成的损毁预防和修复治理等方面。

（七）其他税收

1. 增值税

增值税是对商品生产流通过程中实现的增值额征收的一种流转税。增值税分为生产型增值税、消费型增值税和收入型增值税三种类型。目前我国实行的是生产型增值税，采用 17% 的基本税率和 13% 的低税率，在矿产资源开发领域，对销售煤气、石油液化气、天然气等，按照低税率计征增值税，税率为 13%，石油适用普通增值税税率，税率为 17%，并实行抵扣制。增值税的计税依据是应税销售额。增值税为中央和地方共享税，75% 上缴中央，25% 留在地方，其中 25% 中的 10% 、10% 和 5% 分别留给省（自治区）、地（市）、县（区）。

2009 年 1 月 19 日，财政部、国家税务总局颁布了《油气田企业增值税管理办法》适用范围为在中华人民共和国境内从事原油、天然气生产的企业，包括中石油和中石化重组改制后设立的油气田分（子）公司、存续公司和其他石油天然气生产企业，不包括经国务院批准适用 5% 征收率缴纳增值税的油气田企业。油气田企业持续重组改制继续提供生产性劳务的企业，以及 2009 年 1 月 1 日以后新成立的油气田企业参股、控股的企业，按照办法缴纳增值税。油气田企业为生产原油、天然气提供的生产性劳务应缴纳增值税，油气田企业与非油气田企业之间相互提供的生产性劳务不缴纳增值税。油气田企业与其所属非独立核算单位之间以及其所属非独立核算单位之间移送货物或者提供应税劳务，不缴纳增值税。劳务范围包括：地质勘探、钻井（含侧钻）、测井、录井、试井、固井、试油（气）、井下作业、油（气）集输、采油采气、海上油田建设、供排水、供电、供热、通信、油田基本建设、环境保护、为维持油气田的正常生产而互相提供的其他劳务计十五大项，要求与生产经营有关。明确石油的增值税税率为 17% ，石油液化气、天然气的增值税税率为 13% ，对油气田企业提供的生产性劳务，增值税税率规定为 17% 。油气田企业跨省、自治区、直辖市提供生产性劳务，应当在劳务发生地按 3% 预征率计算缴纳增值税。在劳务发生地预缴的税款可从其应纳增值税中抵减。

2. 企业所得税

企业所得税是对企业的生产经营所得和其他所得征收的一种税。企业所得税原来实行 33% 的比例税率。2008 年 1 月起，企业所得税实行 25% 的比率税率。计税依据为根据税法规定而计算出的企业利润。

企业所得税为中央和地方共享税，中央和地方按照 6:4 分成。国务院曾做决定：从 2002 年 1 月 1 日起执行，暂将中国石油天然气股份有限公司、中国石油化工股份有限公司缴纳的企业所得税继续作为中央收入。国家税务总局下发的《关于中国石油天然气股份有限公司、中国石油化工股份有限公司企业所得税征管问题的通知》（国税函〔2010〕623 号），就中石油、中石化有关企业所得税征管问题作出了明确规定：中石油、中石化下属具有独立法人资格的子公司应按企业所得税法有关规定，向所在地主管税务机关申报并计算缴纳企业所得税；上述子公司下设的不具有法人资格的分支机构，由该子公司汇总申报并计算缴纳企业所得税，不就地预缴。三级以下分支机构不就地申报、预缴企业所得税。从2011年1月1日起，中石油、中石化下属不具有法人资格的二级分支机构，按照年度应纳所得税额50%的比例，就地预缴企业所得税。

3. 营业税

营业税是对劳务、转让无形资产或者销售不动产的单位和个人征收的一种税。这个税种主要与石油天然气管理运输业务有关。

根据财政部和国家税务总局2013年5月24日颁布的《关于在全国开展交通运输业和部分现代服务业营业税改征增值税试点税收政策的通知》（财税〔2013〕37号）规定，自2013年8月1日起，在全国范围内开展交通运输业和部分现代服务业营业税改征增值税试点工作，即意味着以前涉及油气运输领域应征收的营业税自2013年8月1日起改征为增值税。应税交通运输服务包括陆路运输服务、水路运输服务、航空运输服务、管道运输服务等，提供交通运输业服务的，计征增值税税率为11%，增值税征收率为3%。固定业户应当向其机构所在地或者居住地主管税务机关申报纳税。总机构和分支机构不在同一县（市）的，应当分别向各自所在地的主管税务机关申报纳税；经财政部和国家税务总局或者其授权的财政和税务机关批准，可以由总机构合并向总机构所在地的主管税务机关申报纳税。2016年5月1日起全面实施"营改增"，这次改革对石油企业的影响主要集中在对油气管道运输、石油产品销售、石油加工等领域。

第二节　西部油气资源开发中的利益构成

现代市场经济中所有权和使用权的分离成为普遍现象。油气资源使用者通过开发、使用国家的油气资源获得的收益要通过返还、税收、利益补偿等方式在各利益主体间进行分配。资源开发涉及复杂的经济关系，形成了多方利益主体，包括中央政府、地方政府、开发企业和资源所在地民众，这些主体共同分享资源收益。

根据各主体的权益不同，可以将油气资源收益分为矿权收益、投资收益、税和费四个组成部分。矿权收益表现为：许多国家对国有资源实行权利金（或称为矿区使用费）制度，但权利金不纳入本国税收体系，也有一些国家直接将矿权收益划入与矿产资源有关的税收体系中。例如，我国油气资的矿权收益包括资源税、矿产资源补偿费（矿区使用费）、矿业权（探矿权、采矿权）使用费及矿业权价款。投资收益是指投资于油气开发企业所获得的投资红利。税是政府凭借行政管理权力获取的收益，其受益主体包括中央政府和地方政府。费包括利益补偿费和生态补偿费，主要是资源开发中获利者向受损害者进行的补偿。

一、油气资源开发中的利益主体

各种利益主体介入与参与资源开发的过程中，由于各主体参与的程度和方式不同，获取的利益也是不同的。每个国家都有自身的经济利益，国家经济利益包括了整个国家范围内经济上的好处，这种经济好处可以由任何一个利益集团实现，只要它与国家保持利益共有度，即在使用经营国家所有权的资源时就能够实现国家利益以及自身的合法利益。所以当央企以国家名义开采石油，它代表的就是国家利益。国家经济利益有多种分解形式，其中之一就是中央经济利益与地方经济利益。中央政府的经济利益绝大部分属于全社会共有，即使为保障其正常运转而必需的费用，目的也是为实现中央政府的职能，基本上为全国所共享。因而，中央政府是一个特殊的经济利益集团，其经济利益基本上直接表现为国家经济利益。如同地方政府是该地方经济利益代表的道理一样，中央政府是国家经济利益的代表。

根据前文对矿产资源的所有权制度、利益分配制度的研究以及对国家利益的分析，可以得知参与资源开发并得到利益分配的主体主要如下。

（一）中央政府

首先，从权利划分上看，国家权益可以划分为所有者权益、管理者权益、投资者权益，由中央政府和地方政府分配享有。

其次，从收益分配看，国家所有权主体不是明确的个体，不像私人财产权主体那样简单地享有占有、使用、处分和收益权能，而是由其内部建立的一套国有产权代表机构予以实现各项权能，在我国主要是中央政府和其授权的地方政府，其利益主要有资源税、矿产资源补偿费（矿区使用费）、矿业权（探矿权、采矿权）使用费及矿业权价款。利益分配上则表现为资源收益通过补偿费等矿产资源收益初次分配之后所形成的中央和地方之间的内部分配，如补偿费的各级分配问题，可以看出，国家这个所有权主体内部存在着一层复杂的经济关系，即国有产权收益代表者和参与者之间的经济关系，它是矿产资源所有者主体内部的收益分配关系，即中央与地方的经济关系。

再次，作为投资者，国家出资建立油气企业，通过资本化来实现矿产资源所有权的收益。这种方法就是用已探明的矿产资源量作为出资方式，将所有者权益一次折价入股，以股东的身份与矿业出资者按出资比例分享收益，分担风险。

最后，国家作为管理者，一方面通过制定法律法规，对资源开发、利用的经济活动进行直接干预，为市场主体参与开发提供良好的投资环境和竞争秩序。例如对探矿权、采矿权人资质的审查、对开采过程中的环境监管以及开采后的土地复垦等问题的管理。另一方面运用信贷、税收等经济杠杆对油气资源经济运行进行调控。作为管理者，为所有经济参与者提供服务，它可以获得部分资源收益以及进行管理支出的必要费用，以维持其不断提供服务的财力、物力等。

（二）地方政府

地方政府依据法律和中央政府的授权或委托对本辖区的矿产资源进行管理，因此地方政府可以得到作为管理者的管理支出费用。油气资源实行一级管理，直接由国务院和相关部门进行管理，地方政府只需处理开发企业在当地发生的一些事务，例如矿产资源补偿费的收取、社会性服务的提供等。

在中央政府与地方政府因油气资源开发而进行的利益分配中，可以看出政府所起的作用：中央政府担负着利益分配的责任，同时由于代表国家的利益而在这种分配过程中成为了重要的利益主体，并有了自身利益。地方政府在行政管理过程中担负着中央和地方双重利益代表人的角色，而具体的资源管理相关事务则由资源所在地政府承担，因此地方政府与中央政府利益的关系是一种负相关关系，这种利益追求上的对立，需要构建一种合理的政府利益结构。

（三）油气开发企业

整个分配过程都是围绕着企业开发油气资源获得的利润进行的，油气资源开发者主要包括探矿权人和采矿权人，探矿权人、采矿权人通过直接行使权利或转让权利而获得利益。矿业企业通过矿业权的有偿取得不仅获得了油气资源的使用权，而且在政府的监督下还享有对矿产资源的处置权以及收益权。探矿权和采矿权因其性质和行使方式的差异，利益取得的方式也不尽相同。采矿权人可以从采得的矿产品中获得回报收益，而探矿权人在探矿勘查过程中只有投入，其利益只能依法转让或在未来行使采矿权过程中获得，目前我国油气资源多限于由中央政府投入进行勘探。

资源使用者通过矿产资源的使用权的行使创造出更多价值，获取更高收益。中央企业是中央利益的代表者，企业通过投资回报的形式向中央财政上缴利润或按股权取得股权收益，同时通过经营活动获得企业的生存与发展。地方企业是地方政府利益的代表者，企业通过投资回报的形式向地方财政上缴利润或按股权取得股权收益，为地方政府的利益服务，为其谋取财政和经济收入。地方政府没有油气资源的开发权或审批权，因此它只能收取行政性事务的管理费，比如环境保护费等。

（四）资源所在地民众

资源国家所有并不意味着仅仅是中央所有，资源所在地和资源所在地的民众作为国家的一部分，也应当成为资源的所有权主体，分享资源开发的收益。资源所在地民众生活在油气资源所在地区，与油气资源有着天然的联系，开采油气资源必然会在一定程度上改变其生活状态，影响其生产生活方式，例如，当地民众可直接向开采公司提供劳务获得报酬，向企业驻地提供自己生产加工的生活用品，销售驻地需要的各种物资等；因当地的农村集体土地被征用而成为土地征用补偿的对象；因当地生态环境的破坏而成为受补偿的对象。

二、各主体的利益构成

（一）中央政府的利益构成

1. 一般利益

依据我国现有政体，中央政府（国务院）受全国人民代表大会的委托统一管理国家的日常事务，负有管理、组织和调节全国经济活动的责任和义务。因此在一定程度上中央政府利益就代表着国家利益，表现为：一是全国人民以国家名义共同占有物质资料，包括各种生产资料、消费资料和自然资源等；二是全国人民的共同利益即为国民经济的总产出和总收入。中央政府在经济活动中有着自己明确的经济利益目标，它的目标就是使国家财力增长。具体表现为中央政府对宏观经济进行管理和调控，中央政府为经济和社会发展提供必需的公共产品和服务，以及直接进行投资等。

中央政府的经济利益绝大部分属于全社会共有，即使为保障其正常运转而必需的费用，目的也是为实现中央政府的职能，基本上为全国所共享。因而，中央政府在这个意义上就成了一个特殊的经济利益集团，其经济利益基本上直接表现为国家经济利益，而地方政府就是该地方经济利益代表。相对于中央经济利益，地方经济利益是全国经济利益的另一部分，可以将其视作是整体与局部的关系。与中央经济利益相比，地方经济利益同国家经济利益共有度较低，从而直接代表为国家经济利益的可能性就较小。

财政收入和财政支出是各级政府向社会提供公共物品的物质基础。税收是中央政府财政收入的主要来源，许多国家采用分税制和转移支付的手段，来形成地方政府的财政收入。中央政府对地方政府的转移支付，实际上就是中央对地方进行有效控制和管理的手段，既可以直接或间接地影响地方政府的经济行为，引导地方经济符合中央政府制定的经济发展战略目标，同时又可以调节地区之间、地方政府之间的经济利益关系，消除地方间由于经济发展水平不同而造成的差异，促进地区间的平衡发展。但是中央政府与地方政府之间进行税收分割或中央政府向地方政府转移支付时，必须把握分寸，否则就会适得其反。

中央政府与地方政府在履行为社会提供公共物品、环境保护和社会保障等职能方面具有共同的利益追求，但二者也存在利益矛盾的一面。在对待国家整体利益和地区局部利益关系的问题上，按照我国经济制度和政治体制的特点来看，应该是以国家整体利益为重，地方利益服从整体利益，但在实践中较易出现地方政府对局部利益倾注更大的热情，甚至为了获得局部利益而不惜牺牲全局利益的情况。这并不是说中央政府利益与地方利益就不存在一致性，主要原因在于分税制使地方政府拥有了较大的经济权力和行政权力，但地方政府的行为没有得到很好的规范和约束。地方政府的问题在于追求地方利益的最大化，这就与其他地区、中央政府的经济利益目标之间存在着一定的矛盾。中央为了保持政令畅通，必须采取一些措施保证其利益目标在一定程度、范围上的一致性，因此在地方政府成为相对独立的经济主体后，中央一方面用政绩来考核地方官员（产值、速度等），从而迫使地方政府不断追求本地区利益的最大化；另一方面，中央政府基于宏观大局制定的宏观经济政策不可能与所有地方局部利益完全吻合。"上有政策，下有对策"就深刻地反映了地方政府与中央政府之间尚未理顺的利益博弈关系。

2. 中央政府在油气资源开发中的利益

根据对中央政府的一般利益分析可知，在资源开发中，中央政府代表国家行使所有者的权利，当然应该获得所有者利益、投资者利益，获得国家财产的保值增值，以增加财政收入，保障全国人民利益实现。此外，它还有部门利益、政府官员政绩的考虑，并担负保证资源有序、可持续开发，保护环境，实现社会公正的责任。因此中央政府不仅要考虑国家经济的增长、人民群众福利水平的提高，还要考虑中央政权的稳定，国家税收的增加。

国家通过制定法律对利益进行了界分：（1）借助于中央政府的力量，运用政治权力制定法律，明确资源的所有权；（2）通过制定油气资源产业政策和市场准入条件获得垄断利益；（3）通过对油气资源所有权的控制来保证国家的资源安全并实现资源的合理配置；（4）通过一定的税收政策来影响资源的开采模式和资源在不同主体间的分配；（5）通过某种形式的国家许可证对资源开发进行限制；（6）通过国家对油气资源勘探开发权的行使和投资获取经济利益，包括资源税、矿产资源补偿费、矿业权使用价款等。

这样国家及国家的代表机构——中央政府就成为资源开发中的主导力量。

中华人民共和国成立 60 多年来，资源开发的利益分配发生了很大的变化。中央政府凭借行政力量，对西部地区开发资源进行了战备安排和布局，西部地区的廉价原料给东部加工，而东部地区从加工廉价原料中所得的利润也并非完全落入自家口袋，而是通过上缴成为中央财政收入，由中央政府调配使用。政企分开、分税制改革之后，这种情况有所改变，主要是依靠税收来调整东西部的资源利益差别。

（二）地方政府的利益构成

1. 一般利益

它指的是从地方经济发展中获取的各项直接经济利益，如人均 GDP、人均收入、财政收支等的不断增长，也包括从地方经济发展中获得的各项间接利益，如地方经济可持续发展的能力等。

地方政府利益的特点：第一，作为国家行政序列中的一个环节，地方政府是中央政府政令的执行机关，必须服从国家宪法、法律和法规，需要贯彻中央和上级关于经济社会发展的宏观政策。第二，地方政府的行为具有相对独立性，在代替中央和上级政府进行直接管理的同时，地方政府被赋予了一定的自主权和相对独立性，地方政府因此具有自己独立的利益。第三，地方政府也是代表本地区资源要素的所有者，拥有干预地方经济活动的权利，体现和代表地方利益。第四，为地方经济发展与社会发展提供基础设施和公共服务，并且在推动本地区经济增长方面负有行政责任。

地方政府的利益主要包括三方面内容：一是地区经济发展的利益，主要包括工业总产值、工业增加值、居民收入水平、就业率和环境指标等；二是地方政府机构利益，主要包括财政、税收收入、中央政府的财政补贴等；三是政府官员自身利益，主要包括工资收入、奖金福利、政治晋升和社会声誉等。[①] 下面分别阐述。

第一，地区经济发展的利益。作为地方经济活动的调控者和监管者，地方政府的使命是谋求本地经济的快速发展、地区资源的最优配置及本地利益最大

[①]　涂晓芳：《政府利益论》，北京大学出版社、北京航空航天大学出版社 2008 年版，第 112～118 页。

化，为此，地方政府必须履行经济管理职能，维护地方市场竞争秩序，适当对资源配置进行调控，以提高本地的经济发展水平和当地人们的生活水平。地方政府在地区利益的驱动下，对本地经济活动进行宏观调控和管理引导，使本地资源得到充分利用，进而提高本地 GDP 和人均收入水平，稳定物价，提高就业率。另外，在努力推动地区经济发展，促进资源优化配置的同时，地方政府还应发挥其经济和社会管理的功能，注重公平和效率的统一，处理好经济增长与资源、环境可持续发展的关系。过度强调地方政府发展经济的职能就必然导致地方政府沦为经济利益的追求者，在其他社会责任方面承担较少的义务。

第二，地方政府机构利益。地方政府在追求地区经济快速发展的过程中，不可避免地从自身出发，谋求本部门和本单位利益的最大化。强大的社会经济发展需求以及中央和地方财权、事权划分的模糊性强化了地方政府的利益主体意识，迫使地方政府努力实现本部门利益的扩张。在行政区划分割的现行体制下，省、自治区、市、县是分散的利益主体，各地区为追求本地经济的较快发展与利益最大化，不断追求税收和财政收入。在对资源产品的收益分配中地方各级政府力求争夺更大的分配比例。

第三，政府官员自身利益。作为社会个体，政府官员在现实社会经济生活中有生存发展的需要，也都有自己的利益取向，具有利益最大化的本能欲望。地方政府官员有着自己的利益偏好和目标追求，其所追求的个人效用的最大化具体体现在工资收入、奖金福利、职位晋升、社会声誉和政治前途等方面。

地方政府是中央政府在地方的延伸，两者在许多方面都有一致性，但在市场经济中，地方作为一种市场主体，同样会要求自身利益，随着地方政府的权限和职能范围逐渐扩大，地方利益因此得到加强。地方经济利益与国家总体经济利益是相对应的，为了地方利益的合法化，他们往往会以公共利益的名义掩盖对地方利益的追求。在追逐利益方面，各地方市、县政府的基本目标与各省政府接近，特别是其增加财政收入的欲望会更加强烈，在这一点上它们就会与上一级政府的利益发生分离。地方政府既要维护国家的整体利益即遵循中央的宏观调控要求，又要兼顾地方的利益，为地方的经济增长做出最大贡献，这就使得在利益追求方面必须两面兼顾，不能只单纯为了地方经济利益的实现而影响整个国家的经济利益或全局利益，否则中央政府就会运用行政手段对地方官员进行处罚。然而当地方政府以追求自身利益最大化为其根本性目的，矛盾也将必然出现。

"地方利益是地方政府及其官员利益、本地企业利益和本地居民利益的综合表现，涉及社会、政治、经济和文化等多方面的内容，但经济利益是基础。每个地区的利益主体主要是由地方政府及其官员、本地企业和当地居民构成。"[1]

从地区利益考虑，地方政府虽然同时具有调控者和地区利益主体的双重身份，但却更愿意使自己以地区利益维护者的身份去干预地区经济。地方政府就与地方企业有了更多的利益共谋。他们一方面会运用行政权控制企业，加深政府与企业的利益联系，正是由于这种联系，使得他们在维护本地区的公共利益如环境保护、社会公正等方面显得力不从心；另一方面地方政府可以动用作为地方经济调控者拥有的力量，鼓励企业扩大投资规模，实现地区利益，甚至还会为了协助企业实现利益而使用行政权力。由于政府本身存在着生存、发展等根本问题和财政状况等具体问题，政府行政官员自身存在着经济利益和政治仕途等问题，因此事实上地方政府存在着自身的政治、经济利益，但是它的发展又始终受中央政府的政治与经济约束，所以地方政府的行为自始至终也都存在着竭尽全力从社会环境提取资源来克服这些约束，为自己争取更大的生存与发展空间这一背景。[2]

2. 在油气资源开发中的利益

地方政府利益包括了不同层级的政府利益，在资源开发方面就既有省、自治区政府利益又有资源所在地政府利益。地方政府试图通过参与和获取油气资源勘探开发权，从而促进各地方油气产业和区域经济的发展，同时获取财政收入。但事实上中央政府掌控了油气资源的所有权，地方政府只能通过行使管理权来达到它对油气资源开发的限制，从中获取一定的利益。于是随着油

① 保建云："地方利益冲突、地方保护主义与政策选择分析"，载《国家行政学院学报》2007年第6期。
② 毛寿龙：《中国政府功能的经济分析》，中国广播电视出版社1998年版，第25~26页。

气资源开发，各级政府开始不断表现它们对资源开发的热情。一方面，代表国家权力的相关部门逐步建立和规范当地油气资源开发的秩序，行使管理权以实现"油气资源国家所有"应当分割的利益；另一方面，地方政府会尽可能地使用自己掌握的资源，力求实现自身利益最大化。于是，在矿区就出现了国家行政权力的延伸与扩张，这就使企业增加了管理成本。地方政府甚至对小炼油厂擅自取得油气资源配额的行为听之任之，尽管油气资源实行了完全的国家所有制，但这并不影响地方政府对利益的追逐，可是却干扰了正常的开发秩序。

我们发现地方政府在追逐地区利益的过程中，权力和职能发生了一定变化，地区利益就是诱发地方政府行为的主要动机。主要表现为：（1）利用区内各种力量企图获得更多税费留成，学者们对油气资源税费的研究成果以及在两会期间提交的议案都成了地方政府利益表达的途径。（2）在矿业发展上，地方政府面对探矿权、采矿权在找到矿后带来的丰厚收益，常通过种种方式控制矿权，使其收益留在地方。虽然对地方政府来说，它很难从中央政府手中得到对油气资源的控制权，但它可以采取其他方式获得利益，例如与中央企业在当地的油气开发公司协商，争取让这些开发公司投入更多资金用于基础设施建设或学校、医院等公共服务设施建设，或者希望能从企业手中得到更多的油气产品，以稀缺的油气资源吸引外地资金的流入，在本地开办公司企业，进行石油石化产品的深加工。（3）动用各种力量，尽量从区外或中央政府处获取有利本区的利益及权利。在体制转轨过程中，地方政府投资行为主要受资金的约束，而资金的取得已从过去单纯依靠中央财政拨款变为多元主体投资的方式，在这方面它受到中央政府的约束会越来越少。当然地方政府并没有完全放弃争取中央财政拨款和贷款。主要方式和途径包括：一是突出和强调本地区在全国经济发展格局中的地位，影响中央政府的发展战略决策；二是在税收分配上尽可能地向中央争取更大的留存比例。

3. 中央政府的利益诉求和实现

中央政府重视执政的合法性和有效性，政治上的廉洁清明，国家的长治久安。表现在油气资源开发方面的国家利益就是保障国家的油气资源安全和经济安全、促进经济社会的发展、改善生态环境、增加国家财政收入、执行和落实国家宏观发展政策，关注的重点是国有资源资产之收益及其保值、增值。中央政府在整个资源开发中的利益要求决定了资源开发的走向，政府通过宏观调控调整产业布局，通过立法进行利益分配，通过税收、信贷等政策调整对资源开发的投资。

4. 地方政府的利益诉求和实现

地方政府既是中央政府在地方的利益代表，同时也是地方的利益归宿。它不但执行中央的意思决策，而且还要谋求地方的利益，这就决定了地方政府在油气资源活动中的双重角色。在资源开发中，地方政府就会产生三项要求：第一，最好能参与开发，获得开发资源的长久性利益。第二，如果不能参与开发，则希望改变目前简单的一次性输出资源的模式为在当地生产高附加值的产品，提高产品在当地的加工利用比例，以项目和产业发展带动资源开发，发展深加工工业项目，从根本上加速当地经济发展，扩大就业，改善当地居民的生活条件。第三，如果上述个要求不能满足，则希望获得更多的油气产品，他们要么以油气产品来吸引其他企业在当地进行投资，加工这些油气产品，要么在市场出售这些产品，直接变现，获得利益。为此，地方政府一是执行中央政府的决定，实现中央对本地区的宏观管理和调控；二是争取中央政府的支持，实现本地区利益的最大化；三是和地方企业共谋获得更多的地方税收。但是采取后两种行动在一定程度上就会损害国家利益或中央企业的利益。

与财权相适应的就是事权的安排和设计，在油气资源开发中就表现为中央直属、代表中央政府利益的油气企业与地方政府之间如何划分二者的社会职能。在计划经济时代，我国的油田企业统一由国家领导，油田企业承担了大量应该由政府和其他社会组织应该提供的社会职能，包括油田企业拥有自己的学校、医院、物业管理、市政建设、文化宣传等。随着我国由计划经济向市场经济的转轨，要求我国企业必须将大量的社会职能交给地方政府与社会中介组织处理。于是油田企业按照中央与市场经济的要求进行了资产重组和企业转轨，直接将大量社会职能分离给地方政府。二者在分离社会职能过程中的矛盾主要体现在：地方政府由于受财政限制，无力承担过分沉重的社会职能。以新疆库车县为例，自 2001 年库车县规划化工园区以来，依靠县级财政和适当举债对园区内的路网、电网、供排水等基础设施进行建设，已累计完成投资 2 亿余元，但仍远远无法满足园区发展的要求。地方政府还要承担大量资源管理的事务，因为资源均位于地方政府所辖范围内，保证资源开发的社会秩序，向开发企业提供一定的生活条件和物资以及根据法律规定向开发企业征收各种税费、资源监管等，都是由地方政府负担并履行职能。

（三）中央所属企业的利益构成

1. 一般利益

经济利益是企业作为市场主体的必然追求，也是企业从事经济活动的内在经济需要。企业是市场的细胞，它是独立的法人，因为经济利益而产生、存在。企业利益包括三个方面：首先是生产资料的增加和资本增值；其次是转化为企业职工个人需要的满足；最后是转化为企业向社会提供服务的满足。[①] 企业追求利益最直接的表现就是对利润的追求；其次是企业的生存和发展，所以企业利益是在确保其生存和发展的基础上追求利润最大化。企业会在利润主导下向社会提供产品、提供就业岗位、向国家缴纳税收。

2. 在油气资源开发中的利益

一般情况下，央企是油气资源开发的合法主体，按照所有权和经营权相分离的原则，企业拥有油气资源探矿权和采矿权，从事资源开发和经营活动，从中获得投资收益与经营收益。由于油气资源的垄断开发，国家将资源交给它投资设立的国有企业进行经营，其通过投资回报的形式向中央财政上缴利润（显然其中包括矿权收益），同时通过油气生产经营活动获得利润，谋求企业的生存与发展。企业利益主要表现为开发、利用自然资源而获得的利润和收入；尽可能地降低税费，获得更高收益；争取中央政府、当地政府政策的支持。所以，在整个资源开发利益的分配上，企业也利用自己在经济上的垄断地位不断去影响政府决策，呼吁降低企业开发成本，调整所缴纳的各种税费等，力求以较低的成本获得较高的利润回报，比如企业经营中的成本核算。

---

① 余明勤：《区域地方利益》，经济管理出版社 2004 年版，第 51 页。

（四）资源所在地民众利益

1. 一般利益

个人经济利益表现为个人经济需要的满足，是由个人独立支配，属于个人所有的生活资料的需要。个人从消费需求和个人偏好出发希望能有更多的生活资料来满足自己对生活品质的追求。个人利益的实现，意味着个人生活需要的满足物在社会劳动成果的分配中，全部或一部分以"个人收入"的形式进入个人消费，或者个人总是以货币、实物或劳动的形式从社会劳动成果的交换中取得个人需要的满足物，这是属于个人所有的财产。个人利益包括个人生活消费的满足、个人发展条件的获得以及个人经济权利的享用等，主要有：就业要求的满足；获得与劳动付出同等的报酬；能够及时获得满足其需要的商品和劳务；拥有自我发展的机会；获得较好的劳动条件；获得丰富的精神享受；在公共福利中获得个人享受的份额。

2. 在油气资源开发中的利益

只有确定油气资源开发中资源所在地居民的利益，才能保证他们在油气资源的开发、利用、保护过程中实现其正当权益。确认、体现、落实当地居民在资源开发中的权益，直接影响到资源开发中的产权关系和权益结构的状态，也影响到资源地居民对资源保护与开发利用的态度。"无论自然资源的产权形式是如何规定的，其存在及开发与资源所在地的居民的生存利益都存在着不可分割的必然联系。自然资源存在及开发的利益首先必须关注资源所在地居民的生存利益需要，确保当地居民的必要的基本保障，然后才涉及其他区域的居民，在更广泛的社会成员间分享自然资源开发利益。资源地居民凭借其对当地自然资源的自然依赖形成资源使用权，确立在利益分享中的优先地位。"[1] 资源所在地居民的生存依赖当地的自然资源，这种权益关系是自然形成的，但在实际的资源开发和利益分配过程中容易被忽略，造成当地居民的利益实现和分配中自然主体缺位或虚置，自然依赖关系被淡化，其利益关系得不到充分保障。只

---

[1]　王文长："论自然资源存在及开发与当地居民的权益关系"，载《中央民族大学学报》2004 年第 1 期。

有明确当地居民与当地资源的权益关系，资源所在地居民才能够凭其权益结构享有其应得利益。

具体来说，资源所在地民众应该得到的利益包括：

（1）参与决策、开发、规划、部分经营等方面。资源所在地民众是自身权利的最好代表，更了解自己的实际情况，在其居住的区域进行有可能影响其生产、生活状况的油气资源开发，其应当有权参与决策、规划、开发和经营。

（2）直接参与开发获得的利益。如果资源开发与当地经济的发展紧密结合起来，就能吸引当地民众积极参与，既能将资源优势转化为经济优势，又能增加资源所在地民众的收入。资源所在地政府可以调动当地的所有资源如资本、劳动力等参与，向油气资源开发企业提供各种服务，例如农副产品的加工、制造和销售，企业所需要的建筑材料、生活用品等物资，从而积极发展第三产业，调整当地的产业结构，为资源地民众提供一定的就业机会，使得资源所在地民众通过广泛参与获取直接的物质利益。

（3）受损利益的补偿。一是土地征用的补偿，只要在集体土地上开发油气资源，一般都会对当地居民的土地权利和生存权利构成破坏，享有土地使用权的当地居民，特别是少数民族集体，当其土地被征用时，有权获得补偿，包括土地补偿费、安置费、地上附着物和青苗费等。二是油气资源利益输出的补偿，中央企业直接开发、资源外输为主的开发模式和产业布局，使当地缺乏更多的就业机会，以及资源产品在异地深加工产生的巨大反差，这些都使资源所在地及民众进一步遭受损失，对油气资源输出地利益补偿是当地居民参与利益分配的一种方式。

（4）环境补偿。资源开发不可避免地改变生态系统的秩序，产生恢复生态环境的成本。一是因油气资源的合法开采而给周围环境造成的污染、破坏的恢复治理，应由油气资源开发者和油气资源利用受益者进行补偿；二是因油气资源的合法开采而给周围环境造成的污染、破坏导致矿区居民（村民）丧失发展机会，应由矿产资源开发者和矿产资源利用受益者给予适当的补偿。

（5）生存和发展的权利。应当尊重资源所在地民众的根本利益，不应因油气资源开发而导致生存发展环境恶化以及当地居民可持续生存质量下降。资源所在地在失去土地、失去良好的生存环境时候，应该从资源收益中获得今后的发展机会，不致影响其生活，补偿时应予以考虑其现实利益和长远利益。毕竟资源开发改变了当地人的生计方式，虽然获得了一定的补偿，但这个补偿只是暂时的经济补偿，对当地人长期、持续的发展能力并未考虑，因此补偿中还应包括对未来生活的一种安排，比如进行职业培训获得重新就业的能力，或者是安置适合当地人的工作等。

政府、企业和个人三者利益的侧重点不同，政府关心的是就业、经济增长、通货膨胀和国际收支平衡等整体层面的问题；企业所追求的是利润和扩张；个人则希望获得稳定的就业、较高的收入来改善自身的生活水平，实现个人的社会地位等。中央政府投资和控制下的油气生产企业，其资源产品必然服从国家能源计划的需要，在全国范围内配置和转化使用，因此企业既有利益最大化、扩大生产规模的追求，又有提高企业政治地位和企业家业绩的诉求，这两者混杂在央企中表现最为明显的就是：国家特大型的油气开发企业不是一般的生产经营企业，它是国家平衡国内油气需要、节约宝贵外汇、加强国际政治经济军事地位、国内宏观控制、保持政治和经济稳定统一的物质基础。因此，对这样的企业，中央实行特殊的经济政策，给予某些方面的行政权力，并进行一定的特殊司法保护。在这方面企业并不完全是以经济利益为其根本；他们力图从国家得到更多的特殊保护以利于企业的垄断地位，通过不断增长的企业利润获得政治地位以影响国家经济政策的制定。

资源开发企业从事资源开发的动机就是实现其利润最大化，关心的是油气产量、销售额、利润率、经济回报率等指标的高低。为了提高企业的竞争力，它会采取各种办法和措施来改变自己在市场竞争中的地位。

资源所在地民众在资源开发中的利益诉求主要表现为：开发将给自己带来多少利益，以及开发对其生存和发展造成的损害能在多大程度上得到补偿。具体表现为：收入能否增加，是否提供致富的途径和就业机会；促进当地经济和社会发展，提高居民的福利水平；改善生态环境；参与油气资源开发决策。

（五）资源输入地的利益

1. 一般利益

地区与地区之间的经济利益关系，是各地区在追求自身经济发展过程中，与其他地区发生的各种各样的经济利益关系。各地区之间经济的非均衡发展，以及各地区为实现自身经济利益目标而引发的各种经济现象，是调整地区经济利益关系的重要内容。不同地区由于在资源禀赋、技术条件、经济基础等方面不同，导致地区间经济发展状况也呈现出差异，各地应通过地区间的竞争不断提升地区竞争力，吸引更多的投资，促进本地区经济的发展。

2. 在油气资源开发中的利益

资源输入地包括区外油气资源的使用地和区外油气资源的加工地，它们可以从资源输入中获得的利益主要有：（1）获得大量低价油气资源，降低生产成本。我国油气资源生产地的低价与资源输入地的加工品的高价之间形成价格"剪刀差"，使资源输入地获得了较高利润。（2）减少环保成本。天然气的使用替代了煤炭，减少了生产生活对煤炭的消耗，使资源输入地的环境质量得以改善。（3）减少运输压力。以管道运输天然气替代铁路、公路运输，可缓解铁路、公路运输压力，减少对石油产品的依赖。（4）拉动相关产业的发展，促进产业结构的调整。油气资源的输入使用可以促进输入地油气产品加工冶炼业的发展，带动相关产业，调整依托煤炭等资源形成的产业结构，从而增加输入地的税收。（5）提高输入地居民的生活水平。天然气的输入和使用，改善了居民生活环境和条件，也减少了政府在卫生和安全方面的投入。

资源输入地和输出地都希望能加快本地发展，增加本地区就业，提高人民生活水平。具体表现在对资源开发的诉求上，资源输入地希望能得到更多的低价资源，满足本地区生产需要，而无须承担外部成本。对于资源输出地来说，希望通过资源输出能为本地区经济发展增加动力，从而增加财政收入，改善人民生活水平，获得更多的产品支配权可以用于发展本地区产业。两地关系密切，资源输入地作为西部地区原材料、资源和外出务工劳动力的主要接收者，加快发展后要带动西部资源的开发利用，尽可能让资源优势转化为经济优势并为劳动力输出提供更多的就业机会。

第三节　油气资源开发中各主体之间的利益关系分析

一、中央政府与地方政府之间的利益关系

（一）中央政府与普通地方政府

1. 利益分配受国家产业政策的影响

由于资源特别是油气资源在国家的高度控制之下，不同地区在经济发展中究竟能够占用多少资源（在收入和投资的分配上），在发展条件上处于优势还是处于劣势，并非完全取决于资源的地理分布而是取决于国家的政策倾向。投资发展何种产业以及产业布局和发展规模都受国家宏观调控的影响，中央政府与地方政府获得的利益因此产生了差异。

2. 在国家法律下的利益分配

在计划经济体制下，社会资源完全由国家（中央政府）支配，国家与地方的利益关系，主要通过中央政府下达行政性指令和命令，而地方政府按指令和命令行事的方式来调整，表现为一种行政关系，在市场经济体制下，国家与地方之间的利益分配也由这种"行政关系"来协调。就我国现阶段而言，国家与地方之间的利益关系集中表现为税费在国家与地方之间的分配。

油气资源所有者权益的分配反映了资源所有者主体内部的收益分配关系，即中央与地方的经济关系，具体通过开发企业所缴税费的分配比例而实现。因此，中央政府与西部资源地政府之间的资源收益分配主要受我国现行财政分配体制以及税收制度的影响。矿业企业除了缴纳增值税、企业所得税等普遍适用的税种外，现行矿产资源税费体系主要包括：资源税；资源收益（矿产资源补偿费、探/采矿权使用费、矿区使用费、探/采矿权价款）；特别权益金；行政事业性收费等（勘查登记费和开采登记费）。

企业所获得的收益按相关分配制度在中央政府和资源所在地政府之间进行分配。中央与地方的利益分配格局（见表9）由于自然资源的固定和与土地的不可分割性，资源的所有权就会在中央政府与地方政府之间形成双重结构，即中央政府拥有资源所有权，但与资源相关的社会事务则由资源所在地政府进行实际管理。

表9 各利益主体间的利益分配格局

利益主体	利益形式	表现形式	征收比例	分配比例	
				中央	地方
中央政府	行政税收	增值税	原油税率为17%，天然气税率为13%	75%	25%
		所得税	25%，以石油企业销售利润为基数缴纳	60%	40%
		消费税	汽油的税率为1.52元/升，柴油税率为1.2元/升	归中央	
	资源所有者权益	资源税	原油、天然气税率为销售额的6%～10%		归地方
		矿产资源补偿费	原油、天然气费率为零 其他补偿费率为1%	50%	50%
		石油特别收益金	五级超额累进制	归中央	
		矿业权使用费	探矿权使用费第1至第3个勘查年度，每平方公里每年缴纳100元，从第4年度起每年增加100元，采矿权使用费每平方公里每年1000元	归中央	
		矿区使用费	根据原油、天然气产量进行分档，费率1%～12.5%	海上部分	陆上部分
	资源管理者权益	矿业权登记费	探矿权登记费为50元或100元，采矿权登记费为100～500元不等	归中央	
	投资收益	矿业权价款	价款以国务院地质矿产主管部门确认的评估价格为依据，一次或分期缴纳，但探矿权价款缴纳期限最长不得超过2年，第一年度缴纳比例不低于60%；采矿权价款缴纳期限最长不得超过10年，第一年度缴纳比例不低于20%	20%	80%

利益主体	利益形式	表现形式	征收比例	分配比例	
				中央	地方
地方政府	行政税类	营业税	税率为5%，计税依据是提供劳务的收入		归地方
		征地补偿费	由各省参照征用耕地的补偿费标准规定用地单位直接支付给被征地单位		归集体
		城建及教育附加	按"三档地区差别"城建税以7%、5%、1%的比率计提；教育费附加以3%的比率计提		归地方
		房产税	按房产原值一次减除10%～30%后余值的1.2%征税，或者据房产租金的12%征税		归地方
		车船税	按车船辆数、吨位、艇身长度征收，如：乘用车每年60～5400元/辆；摩托车每年每年36～180元/辆；商用车货车每吨每年16～120元/辆；游艇每米每年600～2000元/艘等		归地方
		城镇土地使用税	以纳税人实际占用土地面积为计税依据，其中工矿区税率为0.2～4元/m²		归地方
石油企业			投资收益		

3. 投资不同，收益不同

油气资源开发收益权的分配，从根本上讲是投资权的问题。而油气资源开发的投资收益中很多时候是政府通过矿权的无偿转让和行政配置产生的利益，属于隐性收益。我国规定只能由中石油、中石化两家开采陆上石油，其他任何单位和个人未经审批、登记不得从事油气资源开发，中央政府和地方政府围绕着中央企业通过开发油气资源获得的利润征收税费，并在两者之间进行分配。中央政府得到该企业上缴的税收中的国税部分，而当地政府得到地税收入部分，市县政府所获利益甚微。

西部地区油气资源开发中，由于投资主体的构成不同，产生了不同的收益分配差异。中央政府投资和控制下的油气生产单位，其资源产品服从国家能源计划的需要，在全国范围内配置和转化使用，对全国经济发展贡献巨大。当地政府投资和控制的企业，其矿产资源产品的配置范围和转化使用主要集中在本地区内，因而对本地区社会经济发展，特别是投资和产业链发展的推动作用十分明显，尤其各市县政府以及个人和单位投资者，推动了本地区投资、就业、消费和经济的快速发展。

4. 各省、自治区分配比例不同

我国的油气资源管理是由中央和地方协作进行的，油气资源开发收益中分配给省、自治区的，矿产资源使用费按照中央与自治区4∶6、中央与省按5∶5的分成比例分别入库。资源税费在不同省份内的不同级别的地方政府间的分配比例也有所不同（见表10）。因此，地方政府为获取尽可能多的开发利益，希望借开发之势发展附加值更高的能源利用和深加工项目，建设更多的化工项目，通过与开采企业协商，由开采企业给当地留出一定数量的油气资源用以吸引外地投资者前往当地开办石化工企业，以期给当地带来更多的收益。

表10　部分省份资源税费地方政府间分配比例表

油气税费项目	省份	油气资源税费地方政府间分配比例		
		自治区政府分配比例	地市级政府分配比例	县级政府分配比例
资源税	新疆	75%	不直接参与分配	25%
资源补偿费	新疆	10%	15%	75%
	青海	10%	20%	70%
	陕西	矿产资源管理经费50%；地、县矿产资源保护开发专项经费20%；省财政30%。中央返还给本省超过50%的部分，主要用于建立省地质矿产勘查基金及与开采矿产资源相关的环境保护和环境污染治理费用		
增值税	新疆	不直接参与分成	不直接参与分成	100%

（二）中央与民族自治地方政府

通过对我国相关法律规定及其规定背后价值取向的分析，我们可以看出中央与民族自治地方在资源开发过程中的关系具有一定的特点，主要表现在以下三个方面。

1. 中央政府在矿产资源开发中占据主导地位

矿产资源是国民生存和发展的物质基础，也是一个国家经济发展、国家安全的重要保障。所以矿产资源的所有权规定对于国家的生死存亡具有十分重要的意义。世界各个国家基本上都通过作为根本法的《宪法》规定矿产资源的所有权，对于具有战略意义的矿产资源，也都无一例外的规定其归国家所有。我国也在《宪法》中规定了国家具有对矿产资源的占有、使用、收益、处分四项权能，国家集矿产资源的所有者、使用者、管理者于一身。对于具有战略意义的石油、天然气等资源，更是规定了严格的国家所有权、使用权、管理权制度，在任何情况下这些资源的唯一合法所有者就是国家，其他主体在任何情况下都不可能是这些资源的所有者。可见，在矿产资源开发过程中，国家占据着主导性优势。即使地方政府对部分矿产资源行使所有权，也是中央政府授权的结果。对于这些重要资源的开发，其收益全部或者大部分都归中央政府享有，地方政府无权单独开发、利用这些资源。

我国在规定矿产资源国家主导权的同时，与此相应地也赋予了一定的事权和财权。在事权划分方面，《宪法》第 85 条规定了中央人民政府的具体职权，这些职权几乎涵盖了社会政治、经济、文化的各个方面。而地方政府拥有的行政权力，除国防、外交等方面之外，要承担本行政区域内各项事备管理责任。财权方面，1994 年的分税制改革划分了各级政府财政的收入范围，建立了中央税、地方税和共享税及返还制度。具体内容是：按照中央与地方政府的事权，划分各级财政的支出范围；根据财权与事权相统一的原则，合理划分中央与地方收入；实行中央财政对地方财政的税收返还和转移支付制度，中央集中必要的财力。

2. 民族自治地方政府拥有一定的自治权，可以优先合理开发利用

矿产资源大部分位于少数民族地区，稀土、钾盐、镁储量占全国储量的90% 以上，云母、盐矿储量占 80% 以上，汞、锡、石棉、砷等矿藏储量占60% 以上，煤、铜、铅、锌、锑矿出量占 35% 以上，石油、天然气储量也很丰富。[①] 这些自然资源是少数民族地区群众生存的物质基础，他们世代依靠这

---

① 国家民族事务委员会经济发展司、国家统计局国民经济综合统计司：《中国民族统计年鉴（2000）》，民族出版社 2000 年版，第 189 页。

些资源生产、生活，根据人权的生存权、发展权原理和要求，作为我国基本法的《民族区域自治法》和作为单行法的《矿产资源法》都规定了"民族自治地方的自治机关根据法律规定和国家的统一规划，对可以由本地方开发的矿产资源，优先合理开发利用"。

但是这种"合理开发权"必须在法律规定和国家统一规划的前提下行使，开发利用的对象也只能是"可以由本地方开发的矿产资源"，对于不可以由地方开发的矿产资源，地方政府在任何情况下都不享有"优先开发权"。但基于我国的现实国情，我国法律规定了石油、天然气等矿产资源的国家专属所有权，还规定了开发时国务院的专属审批权，地方在任何时候、任何条件下都不可以享有对这些资源的所有权和专属审批权。

3. 国家有帮助少数民族地区发展的义务

现行法律虽然在表述上不尽相同，但是都包含着中央负有帮助少数民族地区发展的义务。经济社会发展是巩固和发展各民族大团结的牢固基石，加快少数民族和民族地区经济社会的发展关系着社会稳定和国家的长治久安。目前民族地区仍然存在着发展基础薄弱、发展能力不足的问题，与经济发达地区仍有一定的差距。为了缩小这种差距，国家对民族地区给予了更多政策倾斜，加大了政策性转移支付力度，国家还组织了经济发达地区对民族地区的对口支援，加快了民族地区的发展。

二、政府与油气开发企业之间的利益关系分析

（一）中央政府与油气开发企业

在油气资源开发过程中，存在特定的产业利益和发展过程，政府、企业之间通过使用资源、运用规划等来调整利益分配关系。确定税费征收的额度，中央政府对油气资源一般征收：（1）矿产资源使用费的40%；（2）矿业权价款的20%；（3）矿业权使用费；（4）特别收益金；（5）企业所得税：1999年和2000年分别成立了中国石油、中国石化总公司等，总分机构统一计算当期应纳税额的地方分享部分，25%由总机构所在地分享，50%由各分支机构所在地分享，25%按一定比例在各地间进行分配，2002年中央宣布将中石油、中石化所得税全部收归中央政府。一直以来，我国对西部能源资源的开发采取的是

以中央企业直接开发为主，这些中央直属企业通过开采自然资源，为国家各项事业的发展提供战略性物资，是我国国民经济的重要支柱。

（二）地方政府与油气开发企业

在油气资源开发中，央企的大部分开发用地、生活及内部服务设施用地不是通过有偿使用获得，而是由政府无偿划拨的方式取得土地使用权。地方政府获得的油气资源税费主要有：（1）资源税；（2）矿产资源使用费的50%或60%；（3）矿业权价款的一部分；（4）生态补偿费、土地复垦费；（5）地方政府因处理开发企业在当地的一些事务而支出的管理费用。例如安置、央企在本地的生活、教育、和医疗、对资源进行必要管理、排查矛盾、协调利益的行政负担和支出。

地方政府在中央政府的宏观调控和产业布局安排下，没有油气资源的开发权，他们只有采取其他方式从油气资源开发中获取利益，许多地方政府运用手中掌握的政治资源和经济资源，一方面大兴各种"基地""园区"，另一方面与开发企业协商以获得更多的产品支配权。对地方政府和油气资源开发企业而言，由于企业的生产活动导致双方均能获得巨大收益，都有合作的急切动机和实现利益分配的愿望。但存在一方总是先行动造成既成事实，逼迫对方让步的现象。一般而言，企业总是先制定发展规划，由于企业具有垄断性，地方政府有时候会让步，进行妥协以变相承担企业生产带来的负效应。

在油气资源开发过程中，政府与开发企业双方设定的目标往往不一致，企业只考虑保证国有资产的保值增值，避免影响中央政府对其的政策支持，对企业高层管理人员的调任；中央政府则考虑国家财政收入的增加，环境保护和维护社会公平，地方政府往往考虑如何能促进本地经济发展，改善人民生活以及官员的升迁等。随着政企关系逐渐向合作式方向发展的趋势，政府与企业必须充分考虑对方的利益，否则会因欠缺合作基础而无法进行合作。

三、油气资源输出地与输入地之间的利益关系分析

西部地区以资源输出为主，即资源的开发主要是输送到东部地区进行加工或使用。东部地区人力资源素质较高，交通发达，有较雄厚的工业基础，技术条件较好，因此能够吸引大量资金向东部地区聚集，其使用的油气资源

主要从新疆等西部省市输入，生产的高附加值产品为东部地区带来了更高的收益。

从矿产等主要资源分布来看，西部地区特别是新疆人均资源数量远远大于东部地区，在经济发展的资源及条件方面明显优于东部地区。对于资源输出地来说关键在于能否将资源优势转化为经济优势，缓解当地经济发展的压力。可以通过开发资源增加当地的就业机会、推动相关产业的发展，但同时也给当地带来了生态环境被破坏的后果。而对于资源输入地来说，可以提供他们经济发展过程中所急需的资源，改变其能源消费的结构，改善环境状况，在一定程度上也可以为输入地提供资源，使其能够利用当地技术和人力开办相关企业，加快基础设施建设等。

表11　2005～2010年新疆石油资源的生产量和调出量

年份	石油生产量（万吨）	调出量（万吨）			调出量占总产量的比重（%）
		合计	出口量	本区调出量	
2005	2408.32	1530.9	5.18	1525.72	63.6
2006	2474.74	1680.12	2.26	1677.86	67.9
2007	2604.31	1751.11	1.91	1749.2	67.2
2008	2715.13	2476.17	49.61	2426.56	91.2
2009	2512.86	2532.81	0.93	2531.78	100.8
2010	2558.16	2683.20	1.08	2682.12	104.9

资料来源：《新疆统计年鉴（2007）》《新疆统计年鉴（2008）》《新疆统计年鉴（2009）》《新疆统计年鉴（2010）》《新疆统计年鉴（2011）》。

表11显示：新疆的油气资源大量外调，在全国范围内产生了较多经济利益的流出和较大的外部正效应，为中东部资源输入区的经济发展做出了巨大贡献。目前中东部地区对西部的支援、"援疆"计划不仅是一种支援，更是利益在输入地与输出地之间的调整，输入地借助于西部油气资源获得了更多的利益：第一，新疆的油气资源以较低的价格大量外调，有力地支援了内地资源短缺省份和全国经济的发展；第二，新疆输出油气资源，东部进行精深加工，使东部获得了大量的附加值、利润和就业机会；第三，新疆大量清洁能源外调，一是可以明显改善输入地大气环境，二是可以免除每年大量原煤运输，缓解输

入地交通运输紧张的问题，三是随着能源结构发生变化，将会减少煤炭资源的开采，煤矿安全事故也将由此而减少。

四、油气开发企业、资源所在地及民众之间的利益关系

石油企业作为国家重点支持的能源企业，长期以来都是无偿使用国家划拨的土地[①]。理顺油气开发企业、资源所在地及民众之间三者在土地征用、生态环境和税费收缴方面的具体关系，可以为生态补偿责任认定、标准确定和机制制定提供依据。

以新疆为例，新疆是能源富集区，选择资源型产业是符合新疆实际产业发展道路的，当地政府希望通过资源开发，实现资源的价值利益，从而带动当地经济发展和人民生活富裕。受中华人民共和国以来全国油气工业布局和地缘条件的影响，新疆石油天然气产品附加值低，原材料产品或初级产品占较大比重，新疆处于资源分工的上游地区，油气资源开发也主要以油气开采和原油的粗加工为主。目前，新疆原油产量的一半在本地加工，但石油加工业在经济中的份额远小于油气开采业，而石油加工业对新疆 GDP 和地税收入的直接影响不大。近年随着资源价格的上涨，资源开采业的利润大增，远远高于化工及下游行业的利润。新疆 2009 年石油和化学工业全行业规模以上企业实现利润332.5 亿元，其中原油开采业实现利润 294.8 亿元，占石化全行业利润的88.7%，石油加工业实现利润 32.9 亿元，化学工业实现利润 4.8 亿元。[②]

目前，我国油气开发企业在资源开发过程中主要是通过土地征用补偿、生态环境和税费收缴等制度来平衡和协调与资源所在地及民众之间的利益关系的。

（一）土地征用补偿

根据《土地管理法》的相关内容，石油天然气开发所使用的耕地或林地由县级以上人民政府批准，采用行政划拨的方式，按划拨用地进行补偿。

---

① 李永波："油田地方产权冲突及其治理机制探析"，载《资源与产业》2010 年第 4 期。

② 谢鹍、宋岭："资源税改革对矿产资源配置的效应分析——以新疆为例"，载《新疆大学学报》2011 年第 1 期。

表12 土地征用补偿标准表

费用名称	地类		补偿基数（元）	倍数
土地补偿费	林地	有林地	18 000	6
		灌木林地	9600	6
		宜林地	7200	6
	耕地	棉花	27 000	8
	草地		3930	6
安置补偿费	林地	有林地	18 000	4
		灌木林地	9600	4
		宜林地	7200	4
	耕地	棉花	27 000	18
耕地开垦费	—		67 500	1
土地管理费	征迁管理费	—		4
未利用地管理费	750 元		1	

（二）生态补偿

1. 土地复垦

以新疆为例，《新疆维吾尔自治区实施〈土地复垦规定〉办法》（新疆维吾尔自治区人民政府令〔1994〕第48号）第7条规定："进行造成土地破坏的社会、生产活动，能够及时进行土地复垦的，应当及时进行复垦。及时复垦有困难的，应当在所进行的社会、生产活动结束后两年内进行复垦；有特殊困难的，经土地管理部门同意，可以推延一年进行复垦。"油气开采用地结束时应当对被破坏的土地恢复到可供利用状态或者恢复生态的活动。

2. 生态环境保护

（1）加强对废弃物的管理。以新疆为例，《新疆维吾尔自治区石油勘探开发环境管理办法》（新疆维吾尔自治区人民政府令〔1995〕第50号）第12条规定："石油勘探开发单位在钻井和井下作业过程中，应当定点存放泥浆、岩屑或者其他废弃物，并及时做好回收利用和处理；对含有汞、福、铅、铬、砷、氰化物、黄磷等有毒有害物质的泥浆、岩屑或者其他废弃物，应当采取防水、防渗和防溢等有效措施存放。"

（2）环评费。环保部门以投资的合同额收取环评费，这部分收入作为环评部门所在地政府的本级财政收入。

（3）排污费。按企业开发过程中的排污量征收，实现中央、省、征收地政府 1∶1∶8 分成。

在油气资源开发中，资源所在地民众以各种方式参与到开发中，分享资源开发获得的利益，主要有以下几种方式：第一，参与油气开发企业驻地的建设，向企业提供劳务获得一定报酬；第二，承担勘探开发企业的后勤供应任务，向油气开发企业销售农副产品、向企业提供其他必需品或物资获得利益，例如提供建材、办公用品及其他生活用品，开办宾馆、饭店等第三产业提供服务；第三，从基础设施和社会公用设施的改善中获得收益，油气开发企业为了自己的工作、生活的便利，往往会投资兴建一些基础设施，例如库尔勒市的石化大道就是由开发企业出资兴建的；第四，油气资源开发增强了当地的经济实力，增加了财政收入，改善了当地的生活条件。国家在 2010 年调整资源税，改"从量计征"为"从价计征"，使新疆和库尔勒市的资源税都有了大幅度的提高，当地用新增收入投入城市建设、城市基础设施的改善以及一些民生工程，如"气化工程"和"保障房"，使当地的许多地区用上了清洁能源，改善了生活环境。

在对资源开发过程中各方利益进行梳理和分析中可以发现每个主体都有各自不同的利益导向和利益诉求，只有理顺主体之间的关系，构建三者之间合理的利益分配关系，才能从根本上解决此问题。

第五章　西部油气资源开发中的利益协调机制

在西部资源开发中，由于对收益分配的需求不同产生了不同的利益主体。要想影响利益分配的内容、份额，首先就得拥有介入或参与影响决策活动的机会，表达自己的利益诉求。一定的利益表达主体，通过确定的表达渠道，按照民主参与、公平正义、平等协商的原则，对关系到自身利益的事件，提出利益诉求，并以实现这种利益诉求为目标创建或完善制度。

第一节　利益表达：寻求制度与现实的衔接

利益表达是政治过程的起始阶段，国家要动用政治权力对资源开发的利益进行分配，就必须通过利益表达获取充分的决策信息。"利益表达"是现代政治学的一个基本范畴，它在民主政治中占有重要地位。对关乎资源所在地利益的开发应该由当地人决定是否开发、怎么开发以及开发的利益分配等问题，忽略了这一点，资源所在地必然会有强烈的不满，在现实社会中，如果不提供通畅的利益表达渠道，那么利益表达就会受阻。正如美国著名政治学家阿尔蒙德所指出的，"坚持持续不断的利益表达，其耗费量是很大的，勉强能维持生计的集团和个人可能无力承担。而且集团没有什么政治资源，他们就很可能认为，利益表达，至少通过正常途径进行表达，是一种希望渺茫的过程，可能得不偿失。在贫富之间存在巨大鸿沟的社会里，正规的利益表达渠道很可能是由富人掌握的，而穷人要么是保持沉默，要么是采取暴力的或激进的手段来使人们听到他们的呼声"。①

如果各利益主体缺乏表达自身利益和参与影响公共决策的渠道和形式，缺少能够真正代表其利益的代言人，极容易将直接的、利益上的不满足转化为政治上的不满，进而转变为对国家的质疑，危及国家的稳定。应该看到的是在利益表达的过程中，由于政治利益等诸多因素的驱使，一些本来代表地方利益的人考虑自己的政治前途依附于政府组织，要么本身逐渐官僚化，失去了其独立地代表公共利益的社会责任感，要么由于利益表达主体自身的素质无法反映自己的利益，这些都将导致利益诉求无法充分表达，积压在心中，成为对政治的不满。目前，我国不论是地方利益还是民众利益，沟通渠道较少，当地方政府或民众认为自己的正当权益受到侵害或威胁时，选择的直接表达方式可能会是消极抵抗、不配合或破坏资源开发。由此可见存在利益冲突并不可怕，可怕的是缺乏利益表达以及充分的利益表达之后的利益协调。

一、利益表达的意义

利益冲突的存在具有一定的必然性和长期性，一旦累积却不能通过制度的安排进行有效调控，就会出现暴力抗争性表达，从而演变为一些恶性事件。美国著名政治学家阿尔蒙德在《比较政治学：体系、过程和政策》一书中，将某个集团或个人"提出要求的过程称为利益表达"。在资源开发中，各主体为了自身需要，就会提出相关要求，这种提出要求的过程就是利益表达。有些要求是正当的，通过合法性渠道就能获得，但是也有些利益因为各种各样的原因被视而不见，无奈之下人们只有通过体制外的抗争性手段去争取。为了防止暴力性表达，就必须让利益冲突通过足够的、合法的表达方式得到解决。利益表达制度对于构建现代政府、完善现代市场经济、建立现代法治社会、建设政治文明都具有重大意义。

第一，利益表达是建立现代法治社会的重要途径。现代法治社会需要人们

---

① ［美］加布里埃尔·A. 阿尔蒙德：《比较政治学——体系、过程和政策》，曹沛霖译，上海译文出版社 1987 年版，第 216 页。

将自己的行为控制在法律所许可的范畴内，避免侵犯他人的权利。利益表达制度是法律赋予公民的一项基本政治权利，它使民众能够运用法律所赋予的方式和权利解决冲突。人们可以通过人民代表大会、组织化的社会团体充分表达自己的意见和诉求，并使其得以在法律的制定中得以体现，减少暴力性行为。因而，在制度安排上，政府尤其应注意倾听那些利益表达渠道较少、容易被忽视的群体和地区。这样才能畅通表达渠道，减少群体性事件的发生，维护社会的稳定。

第二，利益表达制度能够通过法定形式使公众参与政治活动，建立他们与政治生活之间的联系，从而有效地行使民主权利，增加对国家、政府的认同感，了解公共政策、法律产生的过程，并加以维护和遵守。

第三，通过利益表达可以很明确地知道各群体的利益所在及冲突所在。无论是资源所在地政府还是资源所在地民众，他们都有一种本能的认知，即"资源在我们生活的地方，为什么开采的利益分配与我们无关？"即使资源具有国家所有属性也不能完全剥夺他们对资源的拥有，割裂他们与资源天生的联系。就其内容、主体和目的来看，利益表达属于对政治系统提出"要求"，"一个公正的制度设计必须安排一定的利益表达渠道并以兼顾社会各方面的利益为基本前提"。[①] 否则社会不仅会失去活力，还会出现利益失衡危机，影响社会和国家的稳定。所以应让每个阶层和群体都能表达自身的利益要求，并使这种要求进入社会的公共决策部门，使政府最大化地代表社会各个阶层和群体的利益。

二、利益表达的主体

当利益发生流失时，利益主体受到利益侵害，需要一种利益补偿的表达诉求机制表明利益受损情况，申明补偿要求，维护自身利益。我国利益表达的主要途径有人民代表大会、媒体监督、信访（游行）等。现阶段政府应进一步拓展利益表达途径，完善政务公开制度，建立听证会制度，加强新闻媒体监督

[①] 赵光侠："构建和谐社会要完善农民利益表达机制"，载《江苏省社会主义学院学报》2007年第5期。

等，使利益损失者的利益诉求得到顺利表达，从而使受损者的利益得到及时补偿，这也是及时化解社会利益矛盾的有效手段。

因为社会中各种不同的组织或个人，在特定社会现象的感知、认同与影响下，必然要从自身利益出发，表明自己的态度。一旦某些组织或个人利益受到了威胁，产生了被剥夺感，他们会千方百计地要求政府采取行动保护他们的利益。利益表达主体既包括民众，也应该包括地方政府，毕竟中央政府利用权力决定资源的分配方式、分配比例也会涉及地方政府的利益，也决定了中央与地方关系的走向。

（一）地方政府的利益表达

资源所在地民众因其分散性，无法与政府、企业等进行抗衡，他们的抗争往往不能获得争取利益的胜利。所以应该：一是由地方政府代表民众表达利益；二是培育民间组织，由它们代表民众进行集体性抗争。

如果允许地方政府表达地方利益，特别是以一个团体而不是个人的方式表达地方的群体利益，那么地方利益就可以通过中央政治过程而得到充分考虑和保障。地方利益是客观存在的，在合法有效的表达渠道缺位的情况下，地方利益就会通过某种非正常渠道来表达，由此导致地方之间、中央与地方之间关系恶化等一系列负面效应。这就需要我们逐步确立和完善合理有效的地方利益法律表达机制，将"尊重中央权威和维护地方利益并重"的立场反映到法律层面来。地方政府有担负疏通利益补偿表达与诉求途径的责任。所谓利益补偿表达与诉求是指利益受损者向外界表明自己的利益受损情况和自己的补偿要求，并试图通过一定的途径和手段维护利益要求的行动。政府作为利益分配的政治机构，需要借助相应的制度和政策来协调社会利益关系，保障利益共享。其中，政治制度和公共政策在协调社会利益关系中发挥着重要的功能，它能弥补市场机制的不足和经济制度的缺陷，解决市场本身和经济体制无法解决的利益纷争。公正的制度和政策能为利益主体提供平等的利益表达机会和参与社会价值分配的机会，在拥有一定政治影响力的前提下，利益主体的合法权益才能得到保障，利益主体的平等协商和合作共享的生活方式才能得到维护。

在中央政府制定法律政策的过程中，地方政府以地方利益的合法代表身份出现，既与各同级地方政府展开激烈的利益竞争，又积极与中央政府讨价还价，进行激烈的利益博弈，通过公关、游说、施压等各种体制内和体制外的手段和方法表达自己的意愿，努力影响中央政府政策的制定，力图使自己关心的政策问题进入中央政府的政策议程或使中央政府制订的政策方案向本地区倾斜，谋求本地区利益最大化。只有充分的意见沟通和信息交流，才能确保中央政府决策的科学合理和地方政府行为的规范有序，防止资源分配不公，避免利益矛盾激化，实现中央整体利益与地方特殊利益的双赢。

由于民众寄求的个体化，他们的意见表现极为不统一，加之缺乏一个强有力的代表机构，不能使他们的利益诉求充分表达出来。一方面地方政府可以参与利益表达，向上级政府反映他们自身的利益诉求，另一方面也可以代表当地民众反映他们的利益诉求。地方政府通过一定渠道收集当地民众的意见并加以整理，反映给上级部门，以引起决策层的关注和重视，最终能体现在制度的设计和修改中。在制度的形成过程中，各利益群体都会把自己的利益要求投入法律制定系统中。中央政府将依据自身利益的需求，综合考虑各种利益诉求，实现对社会公共利益权威性的分配。一部法律的产生，是包括政府在内的各种利益群体，通过竞争、博弈与合作达到相对均衡的结果。"当代中国的政府过程主要不是以群众性的利益表达和综合作为动力，而是以党政官员走群众路线的方式来综合民意为基础。这是当代中国利益表达、利益综合和政策制定的一个特点。"①

(二) 地方民众的利益表达

"政府在向社会各成员分配利益时，除了考虑到社会的整体利益与政府的自身利益外，还要充分想到社会各成员之间的利益相关性。"② 在资源开发中，位于资源所在地的民众在利益追求能力上是处于弱势地位的，他们虽然人数众多却非常分散，缺乏组织性，仅对自己的利益有比较清晰的认识，但却比较狭隘。当资源所在地出现地面的坍塌、地下水的污染等环境问题时，资源所在地民众完全处于被动的地位，他们几乎没有任何要求赔偿的谈判能力。由于他们

---

① 胡伟：《政府过程》，浙江人民出版社1998年版，第206页。
② 宁国良：《公共利益的权威性分配：公共政策过程研究》，湖南人民出版社2005年版，第43页。

占有资源的局限，导致其体制内的利益表达不顺畅，这样他们很可能就会选择体制外的表达方式以示抗议，对社会的稳定有一定的影响。

因而，应鼓励人们因某种诉求结成一定的利益团体，政府可以定期与利益团体进行协商或谈判，便于政府掌握人们对公共政策包括利益协调机制的反应，及时做出调整。这种显性地呈现矛盾和冲突的方式至少让政府与民众之间相互沟通，利于防止两者之间关系的不确定引发的冲突。因此，应该大力发展社会组织，推动社会的组织化进程，使他们能够承担起为个体进行社会利益表达的责任。

此外，还应密切人大代表与社会个体之间的联系，使他们能真正代表社会个体反映他们的诉求，尽可能将个体的利益表达方式纳入制度内进行，防止因非制度性的利益表达方式给社会带来危害。因此，改革现有的选举制度，使人民代表能真正代表人民参与到政治生活中。同时政府还应建立和完善信息披露制度、重大事项公示制度和听证制度，倾听来自于不同利益团体的声音，作出科学合理的决策。

三、畅通利益表达渠道

利益表达是利益主体向外界表明自己利益诉求以实现自己利益要求的行为。在资源开发中，存在多种利益主体，各利益主体都有自己的利益要求，并且这种利益要求需要通过一定的途径给予有效的表明和沟通。如果没有有效的利益表达和沟通机制，必然会导致利益主体之间因为对彼此利益要求缺乏准确的了解而引起矛盾和冲突。利益能否得到有效的表达取决于利益表达机制的完善和畅通。资源开发中，为协调各方关系，必须首先建立和完善利益表达机制，使各种利益冲突能够得到及时的暴露和解决。完善利益主体的利益表达途径首先是疏通利益表达的渠道，通过立法反映和表达各利益主体的利益要求，其次是各利益主体通过理性的、合法的、正当的、制度性的方式表达利益，使利益表达行为规范化。最后能将其利益诉求通过博弈、整合、协调等方式统一到利益整体中，制定法律调整或重新分配利益，在不同的利益主体间建立新的利益关系，使大多数人的利益得到国家法律的尊重和支持，并进而产生良好的社会效果。

不同的利益主体在表达利益诉求的能力上各不相同，尤其是在政府掌握较多政治资源的情况下，其他利益主体的诉求需要通过政府输入政策决议层，通过制定法律政策反映其利益诉求。资源开发中中央和地方政府各有自己的利益要求和利益目标，在实现各自利益目标的过程中，如果没有正常的利益表达渠道，地方政府为追求利益最大化，会不恰当地运用中央给予的权力。此外，地方利益有共性的一面，也有特殊性的一面，就全局和长远发展来说，地方利益都是客观存在的。既然地方利益是客观存在的，就需要建立地方利益表达机制。没有正常的表达渠道就会通过非正常渠道表达，并导致地方之间不公平竞争等一系列负面效应。为了克服这些负面效应，使地方利益能够得到及时有效的反映，同时也为了实现中央决策的科学化和民主化，实现中央与地方相互之间的有效沟通，就必须通过体制改革和制度创新，建立科学合理的地方利益表达与平衡机制，扩大地方参与中央决策的概率。[1] 所以，协调资源开发中中央与地方的关系首先要实现中央与地方相互之间的有效沟通，通过科学合理的地方利益表达机制，反映地方的利益诉求，扩大地方参与中央决策的机会，使决策者充分了解地方特别是资源所在地的利益需求，在此前提下才能够形成合理的利益分享制度。

资源所在地的民众生活在资源富集区，从理论上来说资源所在地的民众由于自然生存依赖于当地的自然资源，形成了对自然资源存在及开发的优先受惠权，并在具体的资源开发中体现这种优先利益。[2] 但由于缺乏顺畅的表达自己利益的渠道，当地居民的利益并没有得到很好的实现。由于他们的利益表达能力有限，又没有更多的政治资源可以动用，以使自己的利益能够被关注，当资源所在地出现环境污染和环境破坏的情况时，他们要么退让，得到很少的补偿，生活质量下降，要么通过一些非理性的甚至过激的表达方式表示抗议，有可能影响社会的稳定，某些地方出现的资源地居民与开发企业之间的利益冲突就是一种比较典型的反映。所以应建立、健全以资源所在地民众为载体的协商

---

① 徐宏伟等："中央与地方关系中的'不公平'现象与解决途径"，载《社会政治研究》2004 第 12 期。

② 王文长："论自然资源存在及开发与当地居民的权益关系"，载《中央民族大学学报》2004 年第 1 期。

对话制度，同时要成立可以表达民众利益的相关组织，提供一个资源所在地民众同政府、央企平等对话的平台。通过沟通、对话、协商，使不同利益主体的意志得以表达、彰显，减少、缓解社会利益冲突。

第二节　油气资源的收益分配

一、收益分配的原则

（一）产权明晰原则

在集中性的传统体制下，矿产资源财产权利被集中到国家手中，产权归属国家，表面产权清晰，实际上造成了产权界定模糊、主体不清。这直接促成了利益分配平均化或者利益分配的不公。

在利益多元化的社会中，利益分配要以产权明晰为原则，其一是因为产权之核心是收益权的划分。产权作为排他性的财产权利，其被占有的基本理由是能使产权主体受益。同时，产权具有可让渡性，让渡价格的大小很大程度上受收益索取权份额大小的影响。其二是因为产权与收益受损边界密切相关，产权制度的改革在实践中的一个重要方面就是中央与地方的权利分配以及中央与地方的分权。"有一种特别强大的力量在发挥作用，把高额财产与更高收入能力密切地联系在一起。"同样，这种力量也使高额财产与更大的亏损责任相连，从而产权明晰，有利于收益的合理分割，充分发挥收益分配中的激励与约束功能，协调好收益分配参与者之间的关系。政府在产权制度方面的调节主要在三个方面：一是对主体的经营在市场失灵的情况下进行适度干预；二是界定产权边界；三是对收益进行调整。

（二）依据法律进行分配的原则

对于资源收益分配，收益分配的参与者都是利益博弈的各方，他们之间因各自的利益必然会导致相互之间发生矛盾，因此要兼顾各方利益，使矿产资源收益在分配主体之间正确分配，以解决矛盾的根本。

正确分配就要依据法律进行分配，这样收益分配的结果才有可预期性，各方主体之间才会有一个长期的规划与合作，既有利于资源的开发，也有利于各方主体利益的实现。例如依据国家具有的两种权力（财产权力和政治权力），国家参与分配的方式主要有两种形式，即财产收益和税收，而且国家参与分配应该把财产权力作为参与分配的第一依据。随着政府职能和所有者职能的分离，所有权和经营权的分离，要求财产收益和税收分开实现。在资源收益分配中，国家要严格依据财产权利来获得收益分配。对其进行规范就是要避免各利益主体在资源开发中的逐利和毫无约束的转移风险等违法行为。

（三）比例合理原则

建立合理公平的利益分配机制，协调利益冲突。关于资源开发的立法不仅要顾全国家利益，还要考虑地方利益和当地居民的利益，使各方能够公平分享资源开发的利益。其实在收益分配过程中，要想做到这一点是有很大困难的。从定性的角度来说，合理的分配比例要从下面三个方面考虑：（1）是否体现"谁投资，谁受益"的一种正相关关系；（2）是否影响资源的可持续勘探和开采；（3）是否能够使资源开发的外部性降到最低。

二、我国油气资源收益分配的改革

从前面的论述中，可以知道资源收益主要是三个部分：其一，是资源所有者财产权收益；其二，是投资收益；其三，是管理者收益。但收益分配的主体并不单纯是资源所有者、投资者和管理者，也包括在资源开发过程中涉及的其他经济利益追求者、承担者等主体，主要是资源开发企业及资源所在地居民。本项目在研究中发现我们必须要理顺利益关系，才能最终解决资源开发的收益未能在主体间进行合理分配而导致的冲突。

（一）厘清国家资源所有者、管理者和投资者利益

国家在油气资源开发中具有多重身份，既是油气资源的所有权人，也是油气资源的行政管理者，亦有可能是矿山企业的投资者。据此，在油气资源开发中国家以及代理国家的各级政府身份不同，所享有的利益也不同，分别为油气资源的所有者利益、管理者利益，以及国有企业的投资者利益。厘清国家基于不同身份在资源开发中所享有的利益，取决于如何妥善地安排我国油气资源产权制度。

1. 建立合理的油气资源初始矿权分配制度

"中国的自然资源产权制度设计，应对一些重要战略性资源实行国家专属所有权情况下确立资源利益多级化的分配制度。"[①] 坚持油气资源国家所有的制度不变。油气资源的战略性地位，关系到国家安全、社会稳定，且油气资源开发技术要求高、资金量大，应当由国家直接控制其所有权，进而开发利用，尤其是现在开采中的油气资源，需要保证其稳定性。

油气资源归国家所有，但可以履行所有同占有、使用、处分等具体权能分开的原则，由中央政府和地方政府分别代表国家履行出资人职责，实行国家和地方二级开发、二级管理制度，两级政府均享有占有、使用、收益的权利，有效地将两级财政投入资源开发中来，有利于协调中央和地方的经济利益冲突，保证地方经济的增长。

2. 健全矿业权市场

在资源地首先建立统一的由中央政府和资源省政府油气矿权负责机构共同组成的油气资源矿权管理委员会，负责组织资源省内油气资源勘探权的竞拍体制，允许具有合法资质的油气勘探、生产企业通过竞争获得该区域的油气勘探权和优先开发权，而竞拍的所得作为油气资源初始矿权所有人的收入归相应的（中央和省）政府所有。当上述油气资源勘探、开发企业通过勘探或委托勘探而获取了可采油气资源并决定投入开发时，可通过上述油气资源矿权管理委员会获取合法的独家开发权并获取征地权，但在征地时可考虑给予相应地权所有人一定的高于一般地价的合理补偿。当上述油气资源勘探、开发企业通过勘探或委托勘探而获取了可采油气资源并决定转让其油气资源优先开发权时，可通过上述油气资源矿权管理委员会进行资源价值评估并组织该区块开发权的竞拍，所获收益按一定比例在勘探权企业和初始矿权所有者之间分配。通过这种方式，使矿权收益的内容和各类矿权人的所得明晰化，同时也规范了政府和企业的关系和行为，使油气资源的开发真正纳入市场经济的轨道。

---

① 刘灿、吴垠："分权理论及其在自然资源产权制度改革中的应用"，载《经济理论与经济管理》2008 年第 11 期。

3. 确立合理的收益分配机制

国务院代表国家行使油气资源所有权，地方政府在中央政府的授权之下行使所有权，同时各级政府还要履行相应的管理职能，这些都会涉及收益的产生。另外，我国目前本应由全体人民享有开发油气资源所带来的丰厚收益，已成为少数企业、特权部门的利润或者某些利益集团的收益，因此需要依据各级政府在自然资源开发利用中所占的地位、所起的作用、实际贡献建立合理的收益分配机制。例如，在中央政府与地方政府之间确定适宜的收益分配比例，可以适当加大地方油气资源开发收益份额，并在省、市、县、乡各级政府之间合理分配。同时将矿产收益的分配向中西部、基层、农村和社会事业倾斜，兼顾资源所在地民众利益，用于当地居民生产和生活条件的改善，积极治理和保护生态环境，切实解决矿地、村矿矛盾和民生问题。①

（二）形成"税""矿权收益"和"投资收益"的分配格局

1. 合并现行资源税、矿产资源补偿费和矿区使用费统一征收权利金，并采用从价计征方式，收入归为中央政府

根据前面分析矿产资源开发补偿税费政策存在的问题，可知，我国现行的资源税、矿产资源补偿费和矿区使用费体现的都是国家作为矿产资源所有者的权益，存在税目设置重复、征收目的混淆的问题，因此将现行资源税、矿产资源补偿费和矿区使用费进行合并，借鉴国外矿产资源税费体系，改称为权利金。

2. 增设矿产资源生态补偿费，按照矿区面积征收，收入归为地方政府

矿产资源在开发过程中，其废气、废水以及固体废弃物的排放不仅会造成空气、地表水、地下水以及土壤等环境污染，同时也占用、破坏了大量土地，并引发一系列难以避免的生态、环境问题，侵害了当地居民的环境权益，威胁了他们的生存权、发展权。按照"谁污染，谁治理，谁破坏，谁复垦"的环境保护原则，矿产资源开采企业应该出资、组织治理恢复矿区生态环境。但是在我国，由于矿山环境保护相关的法律法规以及责任追究制度等尚不健全，目前还难以真正实现让矿产资源开采企业主动组织恢复治理矿区环境。为减少矿区生态环境破坏，保障矿产资源产地居民平等的环境权、生存权以及发展权，

---

① 曹海霞："我国矿产资源产权的制度变迁与发展"，载《产经评论》2011 年第 3 期。

同时让矿产资源开采企业承担其应尽的社会责任，按照"谁污染，谁补偿"的原则，向矿产资源开采企业征收矿产资源生态补偿费。

3. 新增矿产资源耗竭补偿费，从价计征，收入归为地方政府

矿产资源是自然赋予人类的财富，同时也是人类社会发展的物质基础。根据可持续发展理论，人类（包括当代人和后代人）具有公平使用矿产资源的权利，但是矿产资源具有耗竭性，开采一点少一点。当代人应该合理开发利用矿产资源，将矿产资源优势转化为经济优势，实现社会经济的可持续发展，才能真正做到不损害后代人的利益。实际上，在我国，矿产资源属于国家所有，中央政府代表国家行使对矿产资源的处置权、分配权等权力。为发展国家经济，维护大局利益，矿产资源产地的矿产资源被开发输送到其他地方，但是其并未收到与之对等的收益，反而还要承担矿产资源开发所带来的社会经济成本，包括资源耗竭带来的产业结构调整、就业压力等。换而言之，在矿产资源开发过程中，矿产资源产地的利益被忽视了，其资源优势并未转化为经济优势，这为后代人的发展带来了难题。为促进矿产资源的合理开发利用，保障后代人公平使用矿产资源的权利，应该对当代人的过度开采和对矿产资源产地、后代人所造成的价值损失进行补偿，因此针对矿产资源开采应设立矿产资源耗竭补偿费。其主要目的在于将矿产资源产地资源优势转化为经济优势，促进社会经济的可持续发展。

4. 提高探矿权、采矿权价款和使用费费率

探矿权、采矿权使用费也是我国矿业权有偿取得制度的组成部分之一，其目的在于保证和维护矿产资源的合理开发利用。但目前收费标准太低，无法实现探矿权人、采矿权人有偿取得的目的，因此应适当提高收费比率。

三、调整油气资源开发的税收分配比例

（一）央企企业所得税

按照我国有关税收分配规定，企业所得税为中央与地方共享税，中央分60%，地方分40%，但由于在新疆从事油气资源开采的主要为中石油、中石化等中央企业，因其财务总部不在资源所在地，其所属油气开采及加工企业的所得税全部上缴了中央财政，2006年其数额约为88亿元，资源所在地的政府

只能取得央企的流转税。因此建议：无论矿产资源开采企业所属地在哪里，都应在矿产资源开采地登记注册，就地缴纳所得税，再按比例上缴中央财政或允许资源所在地政府与中央共同分享中石油和中石化所属油气开采及加工企业的所得税，将中石油、中石化等央企企业所得税作为中央与地方共享收入，并在中央与地方之间按照6:4的比例分配。

（二）管道运输业营业税

中国"西气东输"工程由在上海注册的石油天然气公司承担，由于该公司未在新疆维吾尔自治区注册而是在上海注册，因此其生产的营业税和企业所得税仅上缴上海市。"西气东输"天然气管道1/4左右在新疆境内，理应分享自治区内经营而自治区外注册的油气运输公司的营业税和所得税。从2013年8月1日起管道运输营业税改为增值税，地方政府收入会有一些增加。

（三）增值税

我国目前采用17%的生产型增值税，这相当于23%的消费性增值税，而国外很多国家不征收增值税或征收低于17%的消费性增值税。建议：加快推动增值税转型，如何将新疆作为西部增值税改革试点地区，逐步将生产型增值税向消费型增值税转变，增值税仍执行17%的税率，允许抵扣固定资源所含的进项税。提高地方在增值税的分配比例，将增值税分成比例由现在的中央分享75%、地方分享25%调整为中央50%，地方50%，民族地区还可适当调高此比例以体现对民族地区的优惠政策。

（四）中央和地方共享其他收益比例的调整

1. 矿产资源补偿费

我国资源补偿费率比国外低很多，平均补偿费率为1.18%，国外一般在2%~8%。目前资源补偿费在中央与自治区的分成比例为4:6。以新疆为例，鉴于新疆经济发展水平和特殊的民族结构，建议提高资源补偿费地方的分成比例，将中央与自治区的矿产资源补偿费分成比例由现在的4:6提高到2:8或全额返还，以体现国家对民族区域自治地区的照顾。

2. 探矿权采矿权使用费价与价款

根据《关于探矿权采矿权价款收入管理有关事项的通知》的规定，由国家出资形成的探矿权、采矿权价款收入 20% 归中央所有，80% 归地方所有。建议：对于民族自治地区，探矿权、采矿权价款收入全部归地方所有。

第三节　利益共享

西部地区作为中国资源丰富但经济发展相对滞后的地区，其地方经济和财政收入的增长很大程度上依赖于资源开发的带动和国家与地方合理的利益分配方式的确立。在资源开发与利用过程中，中央政府、资源所在地政府、资源开发企业以及资源地居民本应利益共享。但是，现行资源利益分配中，利益分配明显地忽视了地方政府和资源所在地居民的利益。一方面，由于中央企业垄断资源开发经营权从而导致大部分资源开发的经济收益被开发者获取，地方政府在资源开发与经营中得到的收益较少；另一方面，资源所在地居民得到的利益更少，处于一种"丰裕中的贫困"。现行资源开发机制不公，客观上导致了资源开发过程中利益分配的失衡，有碍于构建和谐社会。

在对分配机制进行改革时，如果单纯只考虑某些税种的分成比例，并不能解决根本性问题，应当围绕着增强地方政府对油气资源的控制和利用能力来进行。因此，资源开发的现实，强烈呼唤资源共享机制的出台。它是一种既能克服原有资源开发与利益分配机制的弊病，又能通过让资源四方利益主体在资源开发中共同获益的分配模式，从而实现共生共赢，协调发展区域经济，构建和谐社会。

"要实现利益共享就是要公平地对待社会中的每个人，使得社会成员在社会共同体中拥有平等的权利和享有应得利益，从而使其对政治体制和社会发展方向产生认同感。"[1] 在社会制度中与人们利益实现最紧密关联的是社会的分配制度，它直接决定着人们最终所享有的利益对象的多少。因为人在其现实性上是一切生产关系的总和，人们通过劳动所创造出来的利益对象必须要通过社会的分配制度才能最终为人们所享有。可见，生产力水平的低下造成了满足人

---

① 何影："利益共享的政治学解析"，载《学习与探索》2010 年第 4 期。

们利益需要对象的匮乏，人类社会经济资源、政治资源和文化资源等各种资源的稀缺是引发利益冲突的根本原因，而社会分配制度的不合理则是人们利益冲突的直接根源。

一、增加资源所在地和居民为利益主体

油气资源开发的利益享有者并未包含所有的利益主体，从前面对利益关系的分析来看，按照目前的法律并未将资源所在地及民众的利益考虑进去，利益分配只是在中央与地方、国家与企业之间进行分配，一部分利益主体被忽略了。如果不考虑资源所在地及民众的利益，不考虑他们对油气资源开发所付出的无形成本，不让他们参与分配油气资源开发带来的利益，极容易由于利益分配不公引发矛盾和冲突，影响社会稳定。当前，在资源开发方面，资源所在地没有能够从矿产资源开发中获得直接的收益，使得当地人民的收入和矿产资源价格、开采量出现明显的脱节，主要原因是由于法律制度不完善所造成的。矿产资源属国家所有，国家享有矿产资源所有权，同时国家作为社会的管理者，对矿产资源及矿业企业的开发、经营行为享有管理权。体现国家管理者权益的收入应当是税收，这是国家凭借政治权力而获得的财政收入；国家作为所有权人，体现其利益的应当是矿产资源补偿费；体现国家投资者权益的，应当是矿业权价款。从现有法律法规的立法初衷看，我国矿产资源税、矿产资源补偿费、使用费等税费体系的设立目的是直接弥补矿产资源勘察资金的不足，少部分用于资源保护，这是计划经济时期的思维模式，忽略了资源所在地居民及少数民族在生态、环境等方面的付出。因此，要保护矿产地居民的利益，避免生态环境的恶化，应该在矿产资源现有利益分配主体（企业、国家、地方政府）的基础上，增加矿产地主体，规定具体的分配比例，使矿产资源开发的价格和开采量和当地经济的发展联系起来。

矿产资源的输出、增值必须维护当地居民的基本利益，确保资源地居民在资源增值中的正当权益。具体付诸实践过程，既表现在利益实现过程的直接参与及分配关系上，也表现在资源使用权实现不充分或不能实现引起的生存利益受损的补偿关系中。将资源收益向资源所在地倾斜，有利于油气资源的保护和合理开采，满足资源产地对资源收益的合理要求，促进地方经济发展。应将

国家对资源的单主体所有权制改为多主体所有权制。资源属于国家的，但不能据此就认为归中央才是归国家，国家所有就等于中央所有，或者说中央所有才是国家所有（同理，在我国尤其是在中西部地区，国有企业仍然在国民经济中占有相当大的比重，除了少数中央企业之外，更多地是属于地方国有企业，并非国有企业就是中央企业，归地方政府所有仍然是归国家所有）。资源属于国家，但资源开发首先应该使当地的老百姓看到未来发展的希望，因为资源所在地及民众也是作为国家的一部分，他们也应当有权分享资源开发的部分利益。

二、对国家所有权进行合理分解

国家对自然资源的所有权应当表现为一种终极意义上的所有权，在实际经济生活中，国家资源的所有权可以是也应该是多主体的。因此，在资源利益分配制度中应充分考虑资源利益的多主体性，要确立各利益主体应有的地位，理顺各利益主体之间的关系，在法律上确认资源地对资源的部分所有权，按照国有产权、地方产权、企业产权和自然人产权分解开来，并经过科学计算使四方均获得一定比例的产权。同时按照各自在资源产权中所占的比例入股，通过资源开发和企业的运营，对资源开发所获得的收益进行分享，从而保障地方政府和资源所在地居民从资源开发中受益。

三、给予资源开发地政府一定比例的开采权，多途径促进地方资源开发收益

1. 赋予地方政府一定油气资源开采权，放宽油气等能源产业准入限制

由于资源所有权制度的改革涉及宪法和诸多法律法规的修改，不仅周期较长，而且难度也较大，近期比较容易做到的是资源管理体制的改革。由国家所属的中央企业代行所有权并直接管理、垄断开发和经营的体制，转向国家终极所有、中央和地方多主体利益兼顾，中央企业、地方企业以及其他国内外投资者平等开发和经营的体制，实行所有权、开采权和经营权的分离。由单纯向西部地区的财政转移支付，转为通过资源管理权和开发权的下放，使西部地区可以通过地方企业参与资源的开发，通过开发权的市场交易招商引资，吸引东部资金甚至国外资金流向西部，提高西部地区经济的自我发展能力，促进西部经

济发展。资源是国家的，并不等于必须由中央企业垄断开发，资源归国家所有并不等于地方不能开发。可以在国家统一管理、不破坏资源的前提下，给予地方一定比例的开采权，地方可以用这部分资源开采权去招商引资，例如用资源换路、用资源换项目、用资源入股、资源开发权交易等，以此增加地方的财政收入和带动地方的经济发展。

还可借鉴陕西、山东等省的做法，对于分散在各大油田边缘的小块零星油气田，由地方政府组织，允许地方企业进入开发。也可以借鉴陕西的做法，通过与中央石油企业合作、联营等方式，允许西部地区组建地方性石油企业，引入民间资本参与油气资源开发。对于民族区域自治地方，可以资源入股的方式参与国家的资源开发，使当地居民、政府真正成为矿产资源的共同所有者，通过建立风险共担、利益共享的资源收益分配制度，促进民族地区经济的快速发展。

2. 建立开发企业运行共享制

通过对现有资源开发企业实行规范的股份制改造，使资源开发合作企业在资源开发和经营过程中实现资源产权组合的制度。开发企业运行共享制要求资源开发企业改变传统的条条管理体系，由中央政府、地方政府、企业以及当地居民，按照各自在资源产权中所占的比例入股，并根据需要吸收社会资本参股，按照现代企业制度成立规范的股份制公司。开发企业运行共享制的建立，不仅保证各个利益主体的产权得以实现，而且使区域资源合作开发中的各方利益统一于股份制企业中，可以促进资源开发企业产权的多元化以及公司管理结构的规范化，调动资源所在地政府和当地居民参与资源合作开发的积极性，减少资源开发公司与资源地政府、当地居民的矛盾和纷争，进而可以保障资源所在地政府和资源所在地居民从资源开发中受益，实现资源共同开发、利益共同分享。

3. 深化油气资源产品加工

从前面的研究已经得知西部地区的油气资源大部分是运往外地进行利用以及加工，例如，新疆天然气除少量供自治区城镇居民生活用气外，其余的均外送到其他省市。从中国现有油气及其加工产品价格形成机制看，处于下游的油气加工产品有较大的利润空间，因此谁得到油气资源，谁就能获取较大的利益。因此，从这个角度出发，建议国家应在条件允许的情况下，多留一些油气资源就地进行加工转化，扩大油气资源本地深加工比例，在西部地区优先安排资源深加工项目，通过延伸产业链条，支持地方下游和辅助产业的配套发展。通过矿产品的深加工，带动当地工业化、城镇化的发展，促进就业，加快地方经济发展。

四、提高资源所在地居民参与当地资源开发的程度

资源所在地居民在资源开发过程中，属于真正的弱势群体，对资源开发所形成的利益，基本上没有分配参与权。矿区居民理应有权通过参与矿业开发而分享矿产资源开发收益。让矿区居民参与到当地的矿产资源开发中来，可以增加当地居民的就业机会，提高农牧民的可支配收入，刺激当地的消费，减少贫富分化，这将有利于矿区的社会稳定与和谐。因此，在制度设计中国家要提高和强化资源地居民参与资源收益分配的程度及其受益能力，例如，为落实实施《民族区域自治法》中"民族自治地方的企业……优先招收少数民族人员"的要求，国家可以明确要求少数民族职工的比例不低于20%，对于技术要求含量高的企业，需要对少数民族进行必要的技能培训和就业指导，在五年内逐渐达到这一比例。也可通过在民族地区发放资源开采许可证时，确定一个资源开采企业招收当地少数民族的比例标准，以此作为取得许可证的前提。

五、积极探讨中央企业与地方分工协作机制

地方政府应主动对接中央企业，错位发展煤化工、石油化工等深加工产业，形成共同发展的格局。按照"大力支持上游、积极介入中游、加快发展下游"的发展思路，扶持建立地方能源勘探及加工产业体系，集中力量建设一批油气资源基地，推进资源所在地石化工业上下游一体化协调发展，提高石油化学工业在国内外的竞争实力。建议国家在西部地区石油化工和其他优势资源深加工项目的核准和国债资金安排上予以支持。①

---

① 王承武："新疆能源矿产资源开发利用补偿问题研究"，新疆农业大学2010年博士学位论文。

第四节　油气资源利益补偿制度

所谓利益补偿制度，就是要通过规范的制度建设，来实现中央与地方、地方与地方在资源与生态方面的利益转移，从而实现产业利益在地区间的合理分配。依据收益—成本进行分析，国家和资源输入地从资源输出的获得多于其支出，同时开发资源还给资源所在地造成严重的环境后果，所以基于损益补偿原则，受益方应向受损方进行补偿，避免差距越来越大，导致利益受损的结果再次扩大。

一、有关资源开发利益补偿的规定

利益补偿一般是指利益补偿主体以各种形式与途径对利益补偿客体的利益损失进行适当的赔偿，以维护受损者及天赋较低弱势群体利益的行为过程。[①]

首先，《中华人民共和国民族区域自治法》（以下简称《民族区域自治法》）第65条规定：国家在民族自治地方开发资源、进行建设的时候，应当照顾民族自治地方的利益，作出有利于民族自治地方经济建设的安排，照顾当地少数民族的生产和生活。国家采取措施，对输出自然资源的民族自治地方给予一定的利益补偿。

同时第66条规定：民族自治地方为国家的生态平衡、环境保护作出贡献的，国家给予一定的利益补偿。任何组织和个人在民族自治地方开发资源、进行建设的时候，要采取有效措施，保护和改善当地的生活环境和生态环境，防治污染和其他公害。

这是国家针对利益补偿的总的规定，由此可以认为，国家在《民族区域自治法》中的规定是民族自治地方资源所在地群众在资源开发过程中获得利益补偿的根本法律依据。《矿产资源法》第32条就指出，开采矿产资源给他

[①]　马艳、张峰："利益补偿与我国社会利益关系的协调发展"，载《社会科学研究》2008年第4期。

人生产、生活造成损失的，应当负责赔偿，并采取必要的补救措施。我国早在
1994 年颁布的《资源税暂行条例》就以"普遍征收，级差调节"为原则，对
在中华人民共和国境内开采矿产品或生产盐的单位和个人征收资源税。同时，
《矿产资源补偿费征收管理规定》也具体规定了采矿权人应当向国家缴纳一定
的资源补偿费。

上述规定都是资源所在地群众获得利益补偿的根据，虽然这些规定还存在
一些纰漏，不能满足资源所在地群众获得利益补偿的要求，但却能给资源所在
地的群众在资源开发中利益受损时提供法律保障。

在资源开发中，目前阶段，尽管有资源税、矿产资源补偿费、探矿权使用
费、采矿权使用费等税费，但根据资源耗竭性理论以及从资源开发给生态环境
带来的影响来看，这些对资源所在地民众的补偿仍远远不够。而且征收的这些
税和费并不直接给他们而是交由国家，由国家再统一按比例分配。资源开发所
带来的负效应的承担者是资源所在地，但是资源开发的主要利益享有者并不是
资源所在地及其民众，这样一来他们遭受的是双重的损害。

二、收益补偿

收益补偿主要是建立一种制度，实现中央与地方、地方与地方在资源与生
态方面的利益转移，从而实现产业利益在地区间的合理分配。从前面的分析可
以知道，油气资源开采企业是首要受益者，第二是资源输入地即油气资源的使
用者，第三是油气资源性产品的生产者，第四是国家。

西部地区作为油气资源富集的地区，由于国家的宏观调控和产业布局，在
资源开发和输出过程中长期充当着低价格初级矿产资源产品提供者的角色，并
且还要为此付出治理生态环境的高额代价，而矿产资源消费地却从矿产资源中
获取了二次加工的高额利润。

对于地区之间经济发展的不平衡，国家应该加大财政转移力度，通过二次
分配调节，促使资源收益分配在区域之间趋于平衡，促进资源所在地经济发
展、缩小贫富差距、合理分配财富，最终实现区域协调发展。

众所周知，资源的开发势必造成资源所在地的资源枯竭以及生态的失衡，
建立利益补偿制度是区域经济合作协调发展的必然。利益补偿主体包括资源收

益补偿和生态补偿两大方面。利益补偿原则是"谁利用谁补偿，谁受益（或者谁损害）谁付费"，即损害者付费，受益者补偿，保护者受益。在中央、省以及资源所在地的分成比例中，加大资源所在地的分配比例促使收益向地方政府倾斜，使他们有更多的资金用于民众生活水平的提高以及提供更多的公共服务等。对利益补偿的主要方式：一是财政转移支付；二是由国家或地区对资源输出地直接投资，实施重大生态建设工程；三是建立资源、生态补偿费。建立利益补偿制度，旨在通过加大国家和地区对资源所在地政府和居民的补偿力度，以弥补资源所在地政府和当地居民由于资源开发、生态失衡所承担的额外成本，实现地区之间经济、生态和社会的协调发展。建立利益补偿制度，有赖于建立完善以下几个制度：一是建立资源折耗补偿制度。由于资源具备稀缺性（矿产资源不可再生）、收益性、权属性、有偿性等特征，具有与固定资产完全相同的资产属性。所以，只有对资源实行折耗补偿，才能避免资源在开发与利用过程中的流失和消减。因此，应通过建立资源耗减及补偿账户，加大对现有资源开发与利用企业的资源折旧与耗减核算，实现资源的资产化管理。二是建立资源开发收益反哺制度。这一制度通过刚性措施，要求中央政府和资源开发企业，将其所得收益按照一定的比例再投入到资源所在地的经济建设与生态环境建设中，使资源所在地实现社会效益、经济效益和生态环境效益的统一。三是建立补偿基金制度。即通过开征矿产开采补偿税、水电开发补偿税等，征收资源补偿资金，建立补偿基金，用于补偿资源开发所在地的移民安置、生态建设及库区、矿区维护等。

三、生态补偿制度

（一）油气田企业对资源所在地的补偿

对油气田企业征收补偿的依据是矿产资源的外部不经济性。石油开采给油田所在地造成较为严重的水污染，且污染物多以难以处理的石油类污染物为主，而且油气田企业因开采形成的地窖要用水来填充，将导致地下水严重超采，造成水资源不足，水位下降，湿地面积萎缩。石油等有机物的强污染，能改变土壤的结构，甚至导致土地几十年的绝产；油田的建设将导致开采区植被破坏严重，裸地面积扩大，破坏当地的生态环境。例如，在油田开发生产过程中，修建油田路、埋设各种管线、挖掘引水渠和排污渠、建筑油水泵站及厂矿办公场所等，都将占据大面积的土地，并将土地分割得支离破碎，破坏当地的生态系统。

对矿区生存环境造成的严重污染和破坏，严重影响了周围居民的生活质量。对这种外部不经济效应的治理成本应当内化为企业的生产成本，让污染制造者为经济行为的不经济性"埋单"。美国、德国等国建立了矿区的补偿保证金制度。美国的方法是：在开采许可证申请得到批准但尚未正式颁发以前，申请人先缴纳恢复治理保证金。当申请人按照计划完成恢复治理任务时，保证金全额返还，但当采矿者不履行恢复治理计划时，该保证金用来支付恢复治理的费用。《德国矿山法》规定：矿区业主必须对矿区复垦提出具体可靠的措施；必须预留复垦专项资金，其实质即生态环境恢复治理保证金，其数量由复垦的任务量确定，一般占企业年利润的3%。

我国自2006年开始在全国推行矿山环境治理恢复保证金制度，之后国家又陆续制定了《矿山地质环境保护规定》《土地复垦条例》等法规，对矿山地质环境治理恢复保证金管理工作作出了原则性规定。保证金制度的贯彻和实施对我国矿山环境保护起到了重要的推进作用，但在实践中仍存在诸多急需解决的问题，例如，保证金上缴标准偏低，难以满足环境治理恢复对资金的实际需求；分期返还保证金制度受制于矿产资源开采不确定、分期返还保证金比例难以确定等因素而难以实施；矿山地质环境恢复治理验收标准不明确；各部门在制度实施过程中职责不清等。今后还需进一步完善立法，细化具体制度，因时、因地制宜地调整保证金上缴标准，明确不同矿山的环境责任主体及各部门在保证金制度实施过程中的具体职责。只有这样，才能更好地使矿山企业就其因开采资源给资源地造成的负外部性进行补偿，促进矿区环境及生态及时得到治理和恢复，不使资源地居民的生活环境质量遭受严重影响。

（二）资源输入地对输出地的补偿

资源输入地对输出地补偿的理论依据是外部性理论中的外部经济性。在计划经济时期以及改革开放以来，为了满足整个国民经济发展的要求，资源输出地一直按照国家制定的价格（一直到1998年国家出台了原油与成品油价格改革方案，原油与成品油价格才逐渐与国际接轨），向其他城市输送大量原油以及初加工产品，由于价格低，弥补不了输出地的成本投入，影响了资源所在地的可持续发展。为了帮助输出地解决因油气资源开采所带来的一系列问题以及营造公平的竞争环境，对输出地给予补偿是必要的。具体征收办法可借鉴国外经验，例如美国、加拿大、澳大利亚等国的"跨州税"，由于各州拥有税收立法权，因此，在本州资源输往其他州的时候，就该种矿产品征收跨州税，使需求者或消费者负担自然资源租值。

（三）国家对地方的补偿

由于国家既是油气资源受益者又是社会管理者，国家理应从所获收益中拿出一部分支援地方建设。国家在控制和监管以上两项补偿顺利实施的情况下，对历史遗留下来的生态修复问题、对因环境保护而丧失发展机会的区域内的居民以及为了增加环境保护意识、提高环保水平而进行的科研教育费用支出等，需要利用财政支付转移的方式给予补偿。地方政府将补偿款用于改善当地民生、进行生态移民或环境修复等，改变当地人生存环境和生活状态。另外，国家也可直接对资源所在地民众进行补偿，拨付一定款项用于资源所在地环境的治理、恢复、矫正，对资源所在地民众给予资金扶持、技术和实物帮助、税收减免、政策优惠等一系列补偿。油气资源的合法开采而给周围环境造成的污染、破坏导致资源所在地民众丧失发展机会，或者对由于国家产业结构的布局导致的发展不平衡，可以考虑由国家进行适度补偿。

第六章　利益结构中的中央与地方关系法治化

人类为了巩固和维护一定的利益占有和分割原则便建立起了一定的社会制度。社会制度的建立，把一定的利益占有和分割原则固定了下来，又反过来决定了社会中各种利益集团的利益占有和分割。但是，一定的利益原则不是永远不变的。利益的分配取决于各利益集团在社会组织的地位，因此在国家的政治中，很重要的一个问题就是处理中央利益与地方利益的关系问题。

通过对西部资源开发中的利益关系、利益冲突的分析，明晰了中央与地方的利益关系和不同的利益诉求，透过这种利益冲突审视中央与地方的关系可以发现：中央与地方政府的相互利益追逐本质上存在的矛盾关系，是无法根本消除的，但同时也应警醒：如果一味强调地方利益的满足，最后的结果不但损害了国家利益，最终也会损害全国包括地方民众的利益。所以通过中央政府来协调中央和地方之间的关系是很有必要的，不过这样就会出现一个两难境地：中央政府本身处于这种关系之中，却要由它来主导协调两者的关系，所以为了防止它的偏向，就要从制度建设或法律监督等方面来减少或降低这些负面影响。

毕竟以政治关系来维持的中央与地方关系是一种机制不健全、法律体系不完善的关系，一旦中央与地方政治关系发生变动，地方政府就会循变动做出反应，加剧与中央政府之间的摩擦。长期以来，中央政府对于地方政府主要是依靠行政指令及人事控制等行政手段。当中央政府与地方政府之间出现利益竞争时，中央政府所采取的方法之一就是行使行政手段撤换地方政府的行政官员，但新任命的地方官员日后仍然会受地方利益的诱惑，逐渐走上维护地方利益的道路，使得中央的行政手段收不到预期的效果。随着改革的深入和经济的发展，中央如此频繁地变动地方官员是不可能的也是不应该的，这样不利于国家的稳定。所以尽快找到合理有效的行政控制方式，从制度和法律上规范中央与地方的政治关系才是解决问题的良方。

由于资源开发中存在不同的利益主体，各利益主体间出现矛盾冲突在所难免，但是当矛盾冲突出现的时候，怎样最快速、最有效地解决这些冲突非常重要，否则就有可能使得矛盾升级，引起暴力冲突，阻碍社会经济发展，引起社会动乱等。高效民主的政治体制是利益结构完善平衡的保障，利益关系的发展变化，要求政治体制及时进行改进和调整。制度具有稳定性和全局性的特点，一种具体制度的建立能够影响人们追求利益的行为与方式，其影响不在于一时一地的事件或利益，而在于长期的、稳定的、全局性的规范作用。所以建立健全利益冲突化解机制主要就包括加强立法和设立专门的利益冲突协调机构。利益冲突一般总是出现在法制体系不健全的地方，那么加强立法，给予各个利益主体足够明确的利益所得，利益冲突就会减少；当由于油气资源开发引起利益冲突时，应有一个专门的协调解决矛盾冲突的机构，充当法官的角色，集中处理因资源引起的不同利益主体的利益冲突。

如何使资源富集区在能源经济发展过程中走上可持续发展之路，构建中央、地方、企业和当地民众共同发展之路呢？笔者认为，国家应该通过调整资源开发中各方面的利益关系，调节现有财政税收体制，理顺利益关系，从地方长远利益考虑，以项目和产业发展带动地方发展，使地方政府和当地民众的利益能够有所保障，使西部资源开发更加健康有序，同时也能改善中央与地方的关系。庞德认为，"从过去看，法律是文明的产物；从现在看，法律是维护文明的手段；从将来看，法律是推进文明的手段"。① 文明社会的特征之一就是法律作为一种工具理性——通过法律的社会控制，无论是行为主体利益表达，抑或政府规范，都在法律的框架下行使。因此，基于资源禀赋地区差异的情形，以法律的名义保证资源安全与社会秩序的制度平衡，就是正当且必需的。

要实现中央政府与地方政府之间的利益均衡，必须建立健全有关法律制度，使国家权力机关和司法机关能够以有力措施有效地遏制地方政府追逐自身

---

① 沈宗灵：《现代西方法理学》，北京大学出版社 1992 年版，第 256 页。

利益最大化实现的行为。法律制度是各种制度规则中最强硬的一种，明确的法律法规有助于减少摩擦和冲突，降低中央与地方的博弈成本损耗。一旦中央与地方的权限划分、职责限定、利益分割等问题均以明文规定纳入宪法和法律形式，中央与地方的关系就不会因为权力的处置而反复变动。尽快将中央与地方政府关系纳入法制化轨道，在法治的基础上形成中央与地方新型的权责利关系，就成了目前解决中央与地方关系的必由选择。"明确在市场经济条件下中央政府与地方政府的行政主体地位及权利义务关系，以避免其变动的随意性和人治色彩。"① 当前我国宪法只规定了中央与地方的组织形式，没有规定中央与地方的事权财权的划分，更没有中央与地方合理利益分配的明文规定，给中央与地方带来了很大的不确定性，收益分配额度自然很难明确，因此，健全法律制度，以法律的形式来明确我国中央与地方权力的划定，是真正实现双方利益均衡的强力保障。

第一节　利益结构中的中央与地方关系

将利益纳入中央与地方关系的模式之中，将其视为这种模式之中的基本要素，这样我们不仅可以在中央与地方关系的框架内来考察利益，以分析影响中央与地方关系的因素——利益冲突，还可以循着利益这个视角对中央与地方关系做进一步分析。

首先，在不同的中央与地方关系模式之下，人们获取利益的方式以及分配比例是有差异的。由于利益获得不是偶然的，而是由一定中央与地方关系的框架所决定的必然性物品，因而，这种关系的框架不同，受其制约的利益就会不同。在计划经济体制下，中央高度集权，控制着资源性产品的生产、计划、调控等，地方没有独立的经济利益，完全依附中央通过划拨等方式安排本地区的公共物品的供给或服务。而到了市场经济时期，中央与地方的利益分配是由一

---

① 黄晓军："论公共政策制定和实施中的利益均衡——中央与地方关系的制度创新取向"，载《唯实》2002 年第 5 期。

定的法律制度安排所确立，利益分配的方式以及获取的数量大小也应该是通过法律来加以明确。

其次，要深入研究中央与地方关系必须把它放到具体的情境之中去观察才能发现两者关系如何，才能找出两者的冲突和矛盾，也才能找到解决两者关系的核心。准确掌握中央政府与地方政府（特别是市县政府）、地方政府（特别是市县政府）与中央企业之间、中央企业与民众之间的利益分配关系及其矛盾，是解决资源开发中利益冲突的关键，而解决好两者之间利益冲突又是把握中央与地方关系的核心。如果中央政府没有适度的利益分享机制和利益补偿机制，地方政府必然会选择参与某种经济活动，以保证本地区的经济增长。那么中央政府在信息无法充分掌握的情形下进行的监管也就无法达到最优效果。

最后，改革开放以来，中国社会实现了从指令性的计划经济体制向宏观调控的市场经济体制的转轨，充分调动了地方经济建设的积极性。同时，中国社会的转型也使得地方政府成为相对独立的行为主体和利益主体。中央政府作为国家权力的实施者，对各种利益和发展进行了分配和集中控制，形成了一种特殊的利益结构。在中央与地方的利益多元化格局下，中央与地方围绕着经济发展、资源保护、能源开发等一系列问题展开了博弈，这也使得转型时期我国中央与地方关系更加敏感和关键。地方政府为了实现自身利益的最大化，有时会对中央的政策置若罔闻或是在执行中大打折扣，导致中央政府的权威在无形中被弱化。在这样的情况下，中央政府往往不得不采取强硬的行政手段，对那些敢于顶风作案的企业和地方官员痛下杀手，以此来惩戒违背中央政府宏观调控政策的地方政府，但这并不能从根本上解决我国中央与地方之间的矛盾冲突，反而为中央与地方关系的规范化、制度化增添了更多的不确定因素。

中央与地方的性质和角色决定了它们在各项事务中考虑的角度和出发点不同。从利益角度来说，处理中央与地方关系，实际是解决和调整国家利益与地方利益的关系问题。随着市场经济的发展，地方利益越来越显现出来，地方独立性与自主意识不断提高，已经成为具有相对独立的经济利益和发展目标的利益主体，中央与地方关系已经由改革前单纯的行政服从关系，转向以相对经济实体为基础的对策博弈关系。不同主体各自具有不同的利益，因此就会产生其不同的利益需求。而这些需要之间往往是存在矛盾的，因为利益需求对象的有限性，某些利益主体的需要，往往是以对另外一些主体需要的限制为前提的。综上所述，利益是透视中央与地方关系的重要视角，也是其中的主要要素，有助于将人们带入具体的联系之中，使人们从这些联系中看清中央与地方关系的具体运作。

中央与地方的利益差别是由双方利益的特性决定的，也是由它们在国家中所处的地位决定的。我们必须要看到并承认两者存在的利益冲突，加以切实的尊重和满足，不能一味强调某一方的利益。双方在争取自身利益的过程中就会采取一些措施与另一方进行博弈。地方政府从本地区利益出发，谋求地区利益最大化，一是利用自身各种优势或"劣势"，挖空心思地积极与中央政府进行谈判，力求获得更多的政策资源和更为有利的政策空间；二是通过各种手段与中央政府和其他地方政府竞争，以使更多的资源流入本地区或尽量避免各种资源从本地区流出。中央政府则通过对财政转移支付、政策资源配置和政府绩效考评制度等权力和资源的控制和掌握来调控地方政府行为，约束地方政府决策。

第二节　立法转向：中央与地方间利益冲突的解决路径

为了规范地方政府的行为，消除地区利益障碍对经济发展、社会稳定带来的危害，应加快立法工作，把中央与地方的利益关系尽快纳入法制化的轨道。在地方政府由于地区利益障碍存在而发生的诸多行为中，有很多方面是和中央与地方之间各种权力没有明确的界限有关。改革开放以来，中央对地方下放了不少权力，但一是由于中央在给地方放权时，对地方政府的职责、事权和调控权等方面，并没有作出相应的明确规定；二是由于地方得到的这些权力是临时性和不稳定的，没有法律的保证，中央可以随时收回这些权力；三是由于不同地方行使的权力差异和变动性很大，这些差异和变动，常常与中央的某种倾向有关，也和这个地方与中央的谈判能力有关。在这种情况下，地方政府的权力就不可能有序和规范。所以，应该而且必须将中央与地方的利益关系建立在法制化的基础上，使其能够走上长期、稳定、规范的轨道。可以通过制定和实施规则，抑制和消除利益最大化行为和机会主义行为引起的冲突和对抗，使各利益主体在一定的制度框架内平等有序地实现自己的利益。

在权力配置方式上，一般分为两种：一种是授权体制，另一种是分权体制。授权体制的逻辑是认定权力属于居于上位的特定机构，居于下位的机构是否获得权力以及获得多少权力取决上位机构的授予。授权体制具有随机性、等级化、灵活性等特征。而分权体制认定权力是多元的、分割的、多中心、多层级，权力可划分为多个部分或板块，由法律来规定特定权力属于某一特定机构，其他主体或机构则不享有这一特定权力。分权制主要有政治分权、行政分权和行政权转让三种方式，在政治分权中地方政府与中央政府处于同等地位，地方政府领导人由地方选举产生，这种机制产生的地方政府独立于中央政府，拥有了较大的地方自治权，中央对地方的控制力较弱。行政权转让则是依靠中央政府对地方政府的授权获得权力，意味着地方政府完全听命于中央，财政完全依附于中央，其领导人也是由中央直接任命产生。地方政府的权力大小完全看中央的授权情况，实际它既是一个经济主体，又是一个行政主体；既拥有财产权力，又拥有国家授予的政治权力；既可以直接或间接的方式进行经济活动，又可以对本地区其他经济主体进行管理。行政分权中地方政府的权力来自中央政府，地方政府从属于中央政府，但并不完全依附中央政府，地方领导人由地方选举产生，但需要中央政府的任命和产生。在分权的结构中，中央与地方不是命令—服从关系，而是由法律来规定中央与地方各自享有的权力。有的学者认为中国目前还是一种授权制模式，由中央不断向地方下放权力，分权的结构虽有所体现，但终不能摆脱目前的授权制现状。①

在中央与地方发生的每一次冲突、每一次调整都会引发中央与地方关系的改变，也会导致它们之间的利益分配发生变化，所谓"牵一发而动全身"，因而对两者的关系进行法治化调整，可能引发的冲突和矛盾要较小一些。

一、中央与地方政府间的利益识别

利益反映的是对社会资源的一种分配，政治权力的形成必须以特定的利益

---

① 此部分内容参见涂晓芳：《政府利益论——从转轨时期地方政府的视角》，北京大学出版社、北京航空航天大学出版社2008年版。

作为基础，从利益分配到利益主体的多元化，从利益差距的扩大到利益冲突的产生，整个过程都是政府不断制定政策来调整现实利益关系、实现公平分配以及努力增进公共利益的过程。政府为了维护和发展这些利益，将其拥有的管理公共事务的公共权力按利益的不同重要程度做了分配。

我国是一个实行中央集权制的国家，各地方政府都是中央政府的有机组成部分，它们代表中央政府在各自的领域内执行国家的法律，并按照中央政府赋予的权限在一定程度上行使自治权利，促进本地区经济的发展。在计划经济体制下，地方政府之间是一种平行的关系，如果遇到问题一般由中央出面解决，矛盾虽有但并不突出。在向市场经济的转轨中，中央赋予了地方政府相对独立的利益和自主权，由地方政府决定和处理本行政区域内的政治、社会和经济事务。特别是我国陆续出台了放权让利改革战略和"分灶吃饭"财政体制等一系列较为充分地考虑地方政府利益的制度和做法，大大激发和增强了地方政府的经济活力和地方政府管理的自觉性，于是地方政府的利益主体地位日渐突出，地方政府为了发展本地经济，拉投资、上项目，积极主动地承担了促进地方经济增长的重任，在许多方面承接了中央政府在地方的宏观调控工作，促进了中央宏观经济目标的实现。

所以，在转轨时期的中央和地方关系中，地方政府尽管没有合法的市场主体地位，却在相当程度上从传统的行政隶属关系中摆脱出来，成为事实上的经济主体。相对于以社会经济福利最大化为己任的中央政府而言，地方政府有其独立的政治、经济利益，需要获得与中央政府进行谈判的能力，进而成为独立的利益博弈主体。因此，在处理中央与地方关系时，立法应以利益识别为出发点。第一，以利益识别为立法的起点，全面正确了解所要规制或协调的各种利益。第二，对各种利益进行评估以确定其能否进入立法选择中。第三，立法者最终将选择的利益在规范分析的基础上转换为法律文件上的权利与义务，形成法律上的制度。

并不是所有的利益关系都能得到承认和维护，那么在错综复杂的利益关系中做出选择，用法律来加以明确，这是非常重要的一个问题。"法律上的利益选择就是从一定社会经济形态下社会生活的需要出发，以社会上占统治地位的价值观为指导，对多元的客观利益进行判断、评价、权衡和比较，选择有利于统治阶级共同需求和目的的那些利益并予以法律调整。"① 法律就是要有效干预和调节利益分配的不均，保障各利益主体的合法利益，调动其积极性，使之达到一个全社会共同接受的状态。现代立法就通过利益识别、利益表达、利益选择来逐步完成不同主体间的沟通和交涉，获得对双方都满意的方案。合理的分配就是要让所有的主体都能从中获益，尊重他们在利益关系中的地位。所以中央与地方关系就从利益识别开始认知，在前面大量的研究工作中已经对此进行了分析和识别。

二、立法是解决中央与地方政府间利益冲突的重要途径

（一）充分的利益表达

制定法律的过程实际就是要让各利益团体充分表达自己的利益，并把它们融入法律中去。各个主体为了实现其利益，通过国家政权的支持或者在政权中取得一定的地位的方式才能将其利益充分展现出来并得以实现，这个过程就是参政议政的实践活动。利益分化程度的日益增大，表明人们的利益差异也日益扩大，冲突加剧。利益多元化同时也催生了社会的分层，代表不同利益的群体形成，他们的利益表达愿望也随之不断增强。立法就成了他们进行利益表达最主要的渠道之一，在立法环节人们为未来法律所保护或否认的利益展开自由讨论、平等沟通，不断发表由其所代表的那个群体的意见，期望能被接受并反映在法律文件中。莫里斯认为"在一个行政地方内，当每一个人都能决定与他及他所属的行政地方有关的问题时，这就是民主……我们所谈的民主，是要把决策地方化，使当地的公民及其团体真正能对与自己利益有关的事务进行讨论并做出决议"。② 利益的法律选择方案得到充分展示和权衡，人们从中选择最优方案，实现每个主体利益的最大化。充分的利益表达正是让法律得到各群体赞同和遵守的前提。

在社会转型时期，充满了新旧交替之间的摩擦与冲突，涉及方方面面的利益，在这个过程中，利益冲突与失衡在所难免。这就要求立法机关应当发挥立

---

① 孙国华、黄金华："论法律上的利益选择"，载《法律科学》1995年第4期。
② 转引自梁守德主编：《国际政治新论》，中国社会科学出版社1996年版，第216页。

法的利益表达功能，使改革各方主体的利益诉求得到充分的表达，各利益团体也展开了博弈，通过利益表达、利益争论和利益交涉，最终达到了利益一致，在法律文本中体现一个全社会普遍接受的结果，把利益主体之间的冲突和失衡控制在合理范围之内，从而保持社会稳定。

（二）理性、公正地解决利益冲突

立法对于解决不同主体之间的利益冲突也是极为稳妥的一种方式，人们在追求利益的过程中，必然会与其他主体、其他利益发生冲突，而一种利益实现的同时，往往需要其他利益的让步或减损，人们在立法辩论过程中所进行的讨论，都是为了使人们相互之间缩小认识上的差异，让所有的利益在立法过程中得到充分的展示，人们才有可能在相互博弈中达成妥协，实现利益上的一致，这个过程就是利益的相互认知、妥协和整合的过程。人们之间的利益冲突转化为法律规则的制定，以防止利益冲突的激化，使最终立法能反映大多数成员的利益和愿望。这个结果避免了较大冲突的发生，可见将利益冲突的解决方式转向立法会加速冲突的化解，并为各主体形成某种共识提供了一种大家都乐于接受的结果。

（三）为解决利益冲突提供法律依据

人们要解决冲突必然会提出一种供大家选择的方案，如何制订方案，不是某个群体或几个人就能完成的工作。法律规则的制定得到了大多数人的认可，这为解决利益冲突提供了法律标准，毕竟这是大家经过激烈的辩论达成的一致方案。法律力图体现全社会所普遍认可的利益，所以在寻求利益冲突的解决时，立法结果就使人们有了一个选择，也使司法机关在处理冲突时有了一个依据。法律既是对利益的表达、协调和分配，也是对利益的保障，[①] 将公民的利益诉求、权益维护的参与行为纳入法律轨道上来，将为冲突的解决提供可靠的法律保障。

（四）避免利益冲突向政治冲突的演变

不同群体对利益的需求或满足在资源开发的过程中有不同的表现，当人们的利益诉求难以通过制度设计得到满足或沟通阻梗时，人们就会为其自身或本

---

① 刘茂林、石佑启："WTO 与中国地方立法的回应与创新"，载《江汉大学学报》2005 年第 4 期。

集团利益而展开博弈，如果不能通过体制内或法律化的方式得以实现，就必然在政治上有其外显性的表现——政治冲突。在中央政府放权让利的过程中，地方政府的积极性被极大地激发出来，同时也造成了中央政府对地方政府的失控，经济发展较快、较好的地区越来越表现出与中央的矛盾，1994 年的税制改革则说明了这一趋势。区域发展的不平衡也使经济落后地区既依赖中央政府，又对中央政府颇多怨言，这种情绪会通过地方政府的施政策略转化为基层民众的意见。对于基层民众而言，起初的利益不均衡逐渐累积下来会演变成对国家的不满，从而使事件在政治层面上得以延展和继续，基层社会的矛盾和冲突由此转化为国家政权内部的政治斗争。通过立法争论从不同渠道了解不同利益群体和民众的意愿和呼声，这有助于立法的科学性和民主性。争论越激烈，表明人们的诉求差异越大，不能进行简单粗暴地"一刀切"，否则适得其反。立法争议的碰撞让我们了解不同利益群体的分歧之所在，在这些不同意见中，法治是一种不可或缺的力量，它可以协调人们的差异，并将差异纳入人们可以容忍的范围，因此大的冲突抑或是引发革命性的政治争斗就被化解了。

三、解决中央与地方政府间利益冲突的立法转向

（一）立法提案

我国立法提案程序在制度设计上本身就体现出多元利益表达的基本格局，提案主体除基本涵盖了所有类型的国家机关外，一个人大代表团、一定数量的人大代表或人大常委会组成人员都有立法提案权。也就是通过立法提案可以确定形成了哪些利益群体，各自提出了什么利益诉求，立法提案使利益群体的诉求与政府目标逐渐贴近，更能反映民众的要求以及立法者的想象。

（二）立法过程中民众的参与

立法活动不应该只成为几个人大代表或政府部门的事情，从利益的角度来理解，民主是利益共享的制度保障，正如美国学者基思·格雷厄姆所说："从利益角度的分析来看，人们追求民主制度的动机是因为在大多数时候民主制度能够实现每个人的利益。"[1] 为了维护和增进自身的利益和权利，许多人通过

---

[1] 黄文扬：《国内外民主理论要览》，中国人民大学出版社 1990 年版，第 382 页。

各种方式向各级政府反映自身的利益和要求并努力影响政策制定过程,政府对这些要求和期望以何种方式作出回应和在多大程度上满足其要求,在很大程度上影响到人们对政府的政治支持。公众参与立法可直接表达民意,运用恰当可以防止立法机关和行政机关的专断或失职。同时使民众的利益在立法时即被考虑,使制定的法律更公平地分配利益。民主制度使得存在利益差别的个人拥有了平等表达自身利益诉求的机会,为不同利益群体在相互博弈中实现自身利益最大化提供了保障,从而防止某一特殊利益群体受到公共权力的偏袒。实际上,公众的参与蕴含着人们通过立法活动满足对利益的追求。

(三)公开充分的立法辩论

立法是一种公共利益的选择与合意的过程,在立法过程中各方利益博弈在所难免,立法就是要对各方利益作出均衡。"现代法治是一个环环相扣的正义系统,系统的源头就在立法对利益的分配。"① 每一方都会用不同的方法向立法机关表达诉求,努力使自己的利益在立法中得以实现。立法辩论机制更能直观地反映不同利益群体(及代理人)的博弈过程,辩论无疑为立法过程中利益的充分表达、公平博弈提供了平台,以在辩论基础上达成立法共识。

第三节 中央与地方权力分配的法治化

一、立法权力的分配

(一)中央与地方立法权限划分的理论基础

自古以来,中外学者对"权力"内涵的界定,众说纷纭,莫衷一是。马克斯·韦伯认为权力是处于某种社会关系内的成员能够不顾抵制而实现其个人意志的可能性。罗素认为,权力就是能量,可能会产生财富等。霍布斯认为权力是"获得未来任何明显利益的当前手段"。以上几种对权力的解释虽然着眼点不同,但都从不同角度揭示了"权力"的特性:第一,权力是一种力量,

---

① 傅达林:"律师参与立法辩论立法博弈更显充分",载《检察日报》2008 年 9 月 22 日第 1 版。

带有强制力，使得权力的义务人必须服从；第二，权力的本质属性是利益，拥有权力者拥有预期的利益。

由于权利代表着利益，而利益又是人类活动追逐的目的，这是人的趋利避害的天然的自然理性使然。正是由于人类追逐利益最大化，因此，任何权利（权力）都有天生的扩张性。因此，一切权力都应该是有限度的，没有无限的权力。英国阿克顿爵士说过一句名言："权力导致腐败，绝对的权力导致绝对的腐败。""立法权固然是国家权利体系中最重要的权力之一或最高权力，却不是也不能是没有范围、没有限制的。"① 由于利益又是一切社会活动的原始动力，因此，为了防止利益的非正当纷争，社会利益的分配则通过法律机制以国家强制力的形式推行，最终导致利益成为立法活动的基本动力和根本目的。随着人类社会的不断充分发展，利益的诉求愈趋于多元化。过去，我国全体人民作为一个整体，具有共同的利益诉求，利益具有相当的一致性；现在，人民内部已经出现利益分化。国家作为主权的享有者，考虑的是整体利益，而在一个地广人多，地方经济、社会发展极不平衡，利益多元化的中国，地方的利益追求呈现出与中央的分离。"中央和地方各立法主体都可能自觉或不自觉地接受利益机制的驱动而期盼分配到更多、更大、更理想的利益。"② 因此，中央与地方立法权限划分的实质是中央与地方权力和利益的分配，折射出中央与地方在政治、经济、文化等领域的利益需求和表达，集中反映了中央和地方的关系。

"民主法制的精髓是对权力的制约，不受制约就会导致权力专横和权力腐败，使人民民主权利和其他权利受到损害。"③ 国家权力作为权力的一种，以国家的强制力保证其实现，更应该受到制约。西方国家实行的三权分立，就是强调权力制衡。在我国的政治理论和实践中，国家的一切权力属于人民，人民把自己的权力委托给人民代表大会行使，在人大的基础上，产生"一府两院"，由人民政府行使行政权，法院和检察院行使司法权，而把立法权保留给

---

① 周旺生：《立法论》，北京大学出版社 1994 年版，第 342 页。
② 李林：《走向宪政的立法》，法律出版社 2003 年版，第 211 页。
③ 李步云、汪永清：《中国立法的基本理论和制度》，中国法制出版社 1998 年版，第 56 页。

人大行使。一切国家机关都由人大产生，对人大负责，受人大监督。同时，由于人大地位的至高无上性，行政权和司法权不可能也不允许对人大的立法权进行监督，更不允许形成制衡。

中央和地方立法权限的划分，将通过立法的方式对一个国家中的所有立法事项与立法主体的权力加以界定和规范，科学合理地确定立法事项的不同归属。如果超越了立法权的归属，则属于越权立法，是无效的。因此，立法权限的划分是判断立法违法与否的前提依据，也是立法主体行使立法权的法律依据，法律没有规定，则不得行使。因此，可以说立法权限的划分是立法活动顺利进行的保证。"只有立法权限划分恰当，才能实现国家法制体系的统一和完整，才能充分发挥中央、地方主体的立法能动性，保障法治建设的顺利进行。"[①]

（二）我国中央与地方立法权限划分

2000 年颁布施行的《中华人民共和国立法法》（以下简称《立法法》），总结了 20 多年以来我国立法工作的做法和经验，在发挥中央和地方积极性的基础上，进一步明确了立法权限的划分。但经过几年的适用，却也发现了其中存在的问题。

1. 中央专属立法权限

所谓中央专属立法权，是只能由中央立法、地方不能立法的事项。凡属中央专属立法权范围的事项，不管中央是否已经立法，地方均不得进行立法。关于中央专属立法权，我国采取的是概括式和列举式相结合的立法模式。概括式是笼统地将立法权交由中央行使，而且对于这种权力，宪法不做范围的界定，不认为它是一种受限的权力。例如《宪法》第 58 条授权全国人大（常委会）行使国家立法权。但国家立法权的范围并未明确，我们可以作出扩大性解释。所谓列举式，则是用十分具体的方式将国家立法权的范围一一明确，并表明地方对此不得立法。"这一方面表明了国家立法权只能关注关系重大的国家事务，无法事无巨细都统揽于自身的权限范围内；另一方面也为地方立法权设定

[①]　张艳："论我国立法权限划分"，载《天津市政法管理干部学院学报》2006 年第 1 期。

了不能侵入的立法禁区。"① 《立法法》第 8 条规定，下列事项只能由中央制定：国家主权的事项；各级人民代表大会、人民政府、人民法院和人民检察院的产生、组织和职权；民族区域自治制度、特别行政区制度、基层群众自治制度；犯罪和刑罚；对公民政治权利的剥夺、限制人身自由的强制措施和处罚；税种的设立、税率的确定和税收管理等税收基本制度；对非国有财产的征收、征用；民事基本制度；基本经济制度以及财政、税收、海关、金融和外贸的基本制度；诉讼和仲裁制度；必须由全国人民代表大会及其常务委员会制定法律的其他事项。

上述十个方面的事项都专属于中央，但我们会发现，《立法法》对这十项的措辞有所不同。其中，第 2 项和第 4、5、6、7 项的表述十分清楚，而第 3 项和第 10 项出现了"制度"的字眼，第 8、9 项则出现了"基本制度"的表述。问题是，"制度"和"基本制度"以及"基本经济制度"之类的用语毕竟过于宽泛，它将损害公民对法律的合理预期。② 由于其非常笼统和抽象，没有明确而统一的标准，在立法实践中有广泛的自由度，对于资源开发的立法权是否必须由中央以法律的形式来规定，我们从该条很难找出准确的答案。同"资源开发"比较接近的便是"基本经济制度"，但对于"基本经济制度"的理解，却产生了不同的解释。有的学者认为，"基本经济制度"仅指生产资料的所有制和基本的劳动分配模式。因此，自然资源所有权的归属应由中央立法规定，地方无权染指。有的学者对此则作出广泛性的理解，认为"资源开发"应包括在内。③

2. 中央与地方共享的立法权

社会发展越充分，彼此间的联系愈复杂愈紧密。愈来愈多的事项既关乎国计民生，又和某个地方密切相关。对于有些事项，仅有中央或地方都不可能独立完成。只有相互配合，合力才能取得。在自然资源的开发立法方面，尽管宪法规定矿藏的所有权属于国家，开发权自然也属于国家。但是，仅有国家是不

---

① 汤唯、毕可志：《地方立法的民主化与科学化构想》，北京大学出版社 2002 年版，第 130 页。

② 杨利敏："我国《立法法》关于权限规定的缺陷分析"，载《法学》2000 年第 6 期。

③ 李林：《走向宪政的立法》，法律出版社 2003 年版，第 216 页。

可能单独开发的，倒不是中央的力量不够强大。而是由于资源的开发必然会涉及资源所在地土地的使用，必然会给资源地的环境造成或多或少的影响，必然会使用资源地的水、电、通信、道路等，资源开发的治安也会受到当地治安状况的影响，诸如此类。凡属全国性事项而又同某个地方有密切联系的，均应由中央和地方共享立法权。

对于中央与地方共享的立法权，如果中央尚未就某问题作出立法规范，原因可能是相关立法经验积累的不足，也就是全国性立法时机尚未成熟。而这些事项在某些地方可能已经成为急需立法解决的问题。此时，地方可以先行立法，积累经验、等待时机、创造其他必要条件，为其后的中央立法或中央和地方共同立法（如中央制定法律、地方制定实施细则）做好准备。《立法法》第64条作出明确规定，除专属于中央立法事项外的其他事项，国家尚未立法的，地方可以先制定地方性法规。如果中央已经制定了法律的，地方可以就执行中央的法律做出细则性规范。即地方享有执行性立法权。《立法法》第73条第2款规定，为执行上位法的规定，需要根据本行政区域的实际情况作具体规定的事项，可以由地方制定地方法规。例如，对于矿产资源的开发和保护，国家基于所有权享有立法权，于是制定《矿产资源法》，各地则可以根据中央的立法作出细则性和特殊性的规定，如北京、福建、新疆等地纷纷制定"矿产资源管理条例"，就地质勘探、资源开发、资源和环境保护，以及矿产开发秩序的维护等方面作出规定。

关于中央和地方共享立法权的事项，中央立法权具有优先性。无论是先行立法还是执行性立法，都必须遵循"不抵触"和"不重复"原则。执行性立法时，上位法已经存在，绝对不允许同上位法的精神和具体规范相冲突。而先行立法时，尚未制定上位法，但是当中央制定上位法并生效后，地方法规同上位法相抵触的规范无效，地方相应立法机关应该及时予以修改或废止。

《立法法》对于中央和地方共享立法权的规定是非常含混不清的。这里主要存在三个问题，一是现有的法律未对"地方性事务"作出规定，究竟哪些事务是"地方"的专属事务，并不明晰。二是对于"不抵触"也存在着不同的理解，笔者认为，对"抵触"含义的界定应适用最低限度原则，即以不破坏国家法制的统一和中央立法的严肃性、权威性为原则。① 没有突破最低限度或相反的规定，都应视为"不抵触"。"实践证明，不抵触原则仍难保证地方立法的质量。"② 三是对"不重复"的理解，也存在不同认识，目前尚无标准和定论。有学者参照版权法的相关原理，认为"在下位法的制定中非必要而合理地复制了上位法的内容，即为重复立法。以量来表示，一般是以不超过法律文本总字数的20%为宜"。

3. 地方专属立法权

从现代法治理论来看，我国是一个典型的单一制国家。在单一制国家，中央的立法集权是主要特征，地方即使享有立法权限，通常也比较有限。然而，"幅员辽阔有可能成为一国实行中央和地方两级立法体制的一个原因"。③ 基于我国是民族成分复杂、各地差异较大的单一制国家，《宪法》因此规定，中央和地方职权的划分，遵循在中央的统一领导下，充分发挥地方的积极性和主动性。在我国，"划分立法权限不仅要以宪法为依据，而且要坚持党的领导，以党的基本路线、方针为指导"。④ 党的十三大报告指出，"凡是适宜下面办的事情，都应当由下面决定和执行，这是一个总的原则"。这种思想体现在立法权限划分上，突出了向地方倾斜的"地方分权"特点。有一些事项完全属于地方性事务，与全国没有或几乎没有直接和必然的联系，也不会关乎其他地方。对于此事项只需由地方作出立法规定，中央不必插足，尤其对于民族区域自治地方更应该如此。例如管理本行政区域的工商业企业、决定修建和保养本地道路、决定对本地堤坝保护，民族自治地方有权自主地安排和管理地方性的经济建设事业等。

在资源开发立法方面，应当照顾地方的利益，尤其应当照顾民族自治地方的利益。《民族区域自治法》规定，"民族自治地方的自治机关根据法律规定和国家的统一规划，对可以由本地方开发的自然资源，优先合理开发利用"。自治地方一旦被确定为有优先开发权，则地方就如何开发所进行的立法则属地

---

① 陈斯喜："论我国立法权限的划分"，载《中国法学》1995年第1期。
② 李林：《立法理论与制度》，中国法制出版社2005年版，第335页。
③ 周旺生：《立法论》，北京大学出版社1994年版，第105页。
④ 李林：《立法理论与制度》，中国法制出版社2005年版，第319页。

方专属事项。另外，除了矿藏和水流以外的其他自然资源的所有权，如森林、草原、山岭、荒地和滩涂的权属有可能归地方区域内的集体经济组织所有，则地方有权自主地确定这些自然资源所有权的归属和开发。在资源开发过程中污染的排放标准，各地均可以制定较国家标准更严格的标准，以保护本行政区域的环境。对于一些非常细小的事务，也应由地方来制定法律，如新疆伊犁河流域土地开发就没有必要由中央制定法律。

（三）中央与地方立法权限划分的法律保障

以立法的形式将实践形成的中央地方政府各自的权利范围、权力运作方式、利益配置结构、责任和义务明确下来，在中央和地方政府之间形成法定权利利益关系，在此基础上形成中央和地方政府之间长期稳定的、超越个人关系的信任关系，这可能是中央政府在新的历史条件下，继续有效控制和整合地方政府，保持国家统一和长治久安的最佳选择。法治化水平比较高的国家，一般通过宪法予以明确立法权限的划分，至少由最高立法机关通过基本法律予以规范。

权限的划分过程虽然是一个利益博弈的复杂互动的过程，但从本质上来说，权力既不应该来自中央政府权力的向下分割，也不应该来自地方政府权力的向上让渡，而应该来自于宪法和法律的规定。中央政府和地方政府应在法律规定的职权范围内管理好各自的事务并承担责任，权力的大小要与事务大小相符，这一切都应该在法律的框架下进行。[①] 中央与地方权责明确划分并通过宪法或宪法授权的法律加以规定，是推进中央与地方关系法治化的第一步。因为只有在立法层面对中央与地方权责加以明确规定，才能使中央与地方在行使各自权力的时候有法可依并为法所限，从而有效地避免在中央集权气氛过分浓厚的国家中，权力过度向中央集中、地方无权行使的趋势。另外，也能有效避免在实行地方分权的国家中，地方权力过大，中央权力弱化，中央对地方控制力下降的情形。同时，一项权力的行使必须对应相应的责任承担，否则就会造成权力异化与滥用，引发权力争夺与责任推诿，而平衡权力与责任的统一，恰是法律所具备的一项基本功能。在法律层面对中央与地方在管理国家事务中的权

---

① 孙燕涛：“论中央与地方权限争议的法律调节机制”，河北师范大学 2010 年硕士学位论文。

力与责任予以明确,不仅能够更好地推进权力在中央与地方间的纵向配置,而且能够保证各个层级在行使权力的时候保持权力与职责的统一性,进而保证权力行使的效果与人民授权的初衷相一致。

中央和地方的立法项目从来不是孤立的,它们之间存在着严密的逻辑关系。应保证立法的统一性和完整性,使各个生产要素得到最优的组合,避免相互重叠立法或遗漏不全的现象。因此,要完善中央与地方立法权限的合理划分,就必须立足于社会经济的全局并着眼于今后长期发展的状况,逐步完善中央和地方立法权限的划分。

1. 要有恰当的认识和合理的期待

"如果我们研究当今世界上单一制国家的实践,就不难发现,在单一制国家中的确存在着分权,只是分权的方式和程度与联邦制国家有所不同。"[①] 立法权限划分的实质是中央与地方利益、资源的分配与责任的确定。中央与地方在整体利益与局部利益、长远利益与当前利益各方面都可能发生冲突。根据布坎南的"经济人"假设理论,任何个体都是理性的、自私的,组织也不例外,他们都会追求自己利益的最大化。因此,立法权限的划分不可能完全满足各方——尤其是处于较为被动和弱势一方的利益诉求。在单一制国家中,中央行使着国家主权,掌握着国家最重要的资源。在我国,自然资源的所有权归国家所有,由中央来行使所有权,因此在划分立法权限的博弈中,地方是否获得权力以及获得多少权力都是由中央授予,具有明显等级化和一方主导的特点,分权的目的是充分调动中央和地方的"两个积极性",而不是"一个积极性",所以对中央和地方必然会有所限制。因此在矿产资源开发立法权限的划分中,没有理由也不应该过分地期待无限扩大地方立法权限。

2. 在法制统一下适度扩大地方立法权

中央立法权的运用主要着眼于全国的利益和一国经济、社会的发展,而在中国这样一个复杂的大国里,实行"一刀切"的立法模式显然不完全符合每一个地方的发展。中央立法权主要关注事关全国性的最基本的制度,而把大量

---

① 杨利敏:"论我国单一制下的地方立法相对分权",载《厦门大学法律评论》2001 年第 1 期。

的事项留待地方根据各地的实际情况作出规定。例如自然资源的所有权属于基本的经济制度，由中央立法决定，如何开发、如何使用、在开发过程中坏境的保护以及自然开发中收益权的归属等非基本的制度和具体的规范都不应当专属于中央立法，要么专属于地方，要么由中央和地方共享。当然，在中国这样一个单一制的国家，地方立法权的运用必须要遵循法制的统一，不得同中央立法权相冲突或违背。

3. 权限分配的科学化、法制化

中国地方立法的表现形式历来是清楚的，只能是法规或规章，以及自治条例和单行条例。但是，"在确定中国地方立法范围的更具有实际意义的问题上——地方可以就哪些事项进行立法的问题上，历来是不够明确的"。① 法治要求明晰，要求权力主体的权利义务法制化。不明确的规范不能指引和引导人们的行为，甚至会将人们的行为引向误区，这是人性中趋利避害的天性使然。因此，在利益分配最为集中的立法权限划分中，更要科学化和法制化。然而，何种分配才是科学的，却一直是学界争议的焦点。

从世界范围看，单一制国家下中央和地方立法权限的分配模式共有两种，一是实行中央集权的立法模式，二是中央集权的地方分权模式。从实践看，实行中央集权的立法模式有利有弊，一般认为，在中小国家实行此种模式利大于弊，而对于一些大国来讲，这种立法模式的弊端是显而易见的。② 如前所述的原因，在一个单一制的大国体制下，往往采用第二种立法模式，如法国、英国、日本、土耳其等，我国更应如此。当然，有些联邦制国家也采用此模式，如印度、奥地利、尼日利亚、马来西亚、加拿大等。

接下来的问题是采用何种立法技术能更好地规范中央集权的地方分权模式。从立法技术上讲，规定地方的立法权限有以下几种方式。一是用概括式，用抽象和概括的方式来规定地方的立法权限。二是列举式，包括正面列举——明确列举地方立法权限的范围，超出此范围的事项地方无权染指，和排除性列举——明确禁止地方立法的事项，除此外地方都有权立法。列举式立法模式最

---

① 周旺生：《立法论》，北京大学出版社1994年版，第447页。
② 李林：《立法理论与制度》，中国法制出版社2005年版，第319页。

大的优势在于明确具体，易于操作，但其最明显的弊端是封闭性，易挂一漏万而天然地具有滞后性。概括式立法模式虽然具有开放性的特征，但是容易模糊不清而不宜操作。所以建议在立法中应结合这两种立法模式的优点，进行综合立法。首先概括性地规定涉及国家主权及最基本的政治、经济、文化制度的应由中央立法，地方性事务由地方立法规范。然后再详细地列举中央的立法权限，如自然资源的所有权制度、自然资源开发的总体规划、有偿使用制度、对自然资源开发进行环境保护以及资源开发的刑事犯罪等。最后再详细列举地方立法权限，主要涉及其他非基本的制度和具体的规范，如资源开发中的治安及安全法、探矿及采矿许可法、采矿环境保护的标准、权利中止和转让、贸易、投资、招投标、土地复垦、技术标准、鼓励措施（包括权利金减免）、违法责任等。对于没有列举的事项，中央和地方都不能单独行使而应共同协商行使，如税收权、资源使用收益的分配等。只有这样，才能使管理者和被管理者双方均清楚和明白各自的权利、责任和义务，使管理科学化、规范化、法制化和程序化。

4. 立法监督规范化

分权与监督是两个密不可分的方面。无论何种国家结构形式和何种分权程度的国家，为了维系国家的统一性都要对地方进行监督。而且分权程度越高的国家，监督的体系越是完善，监督的手段也越是强劲。[①] 在我国，国家的一切属于人民，人民把权力让渡给全国人大（常委会）行使。因此，我国的立法监督只能是中央对地方的监督，是一种单向的监督，地方决不可能对中央行使监督权。因此，本部分所讲的立法监督也只是对地方立法的监督。

立法监督最重要和首要的功能便是防止地方越权立法，违法立法。除此之外，还有对立法权限进行进一步调节的功能。毫不含糊地说"法律从制定的那一刻起就落后于社会现实"。由于立法者认识能力的有限性，在立法时不能认识到所有的社会现实，包括广度及其深度，这进一步加剧了法律的滞后性。因此，"不论法律对权限作出何种规定，都不能缺少一种能对权限进行不断地

---

① 杨利敏："论我国单一制下的地方立法相对分权"，载《厦门大学法律评论》2001 年第 1 则，第 47 页。

局部调节的机制"。① 如果没有这一机制，中央和地方的立法权就会处于一种不正常的博弈状态，只是最大可能地满足处于强势一方的利益诉求。立法监督可以使中央与地方权限的划分处于一个相对稳定的动态中，不断地满足社会的一切变化。我们应当将立法监督纳入法制化的轨道，使其成为一个解决中央与地方立法权限纠纷的常态机制。

（1）提起立法监督的主体应具广泛性。根据《宪法》第41条规定，公民对任何国家机关都有批评、建议、申诉、控告和检举的权利。组织当然不例外。因此，"提请立法监督的主体是一个更为广义的概念"。② 任何组织和个人，只要认为地方立法不合法或不适当，都可以向有权机关提出。

（2）监督主体的法定化。在各国，享有立法权争议解决的主体有三类，分别是：普通法院解决模式，如美国；行政法院解决模式，如法国；立法机关解决模式，如中国。根据我国现行《宪法》与《立法法》的规定，解决地方立法权争议的主体为全国人民代表大会（常务委员会）。在我国，立法权的行使发生争议，只能由中央立法机关解决。然而，这种解决模式却不能保证争议解决结果的公正性，至少不能给争议双方（尤其是地方）带来一种公正的印象。显而易见，解决争议的主体是身处争议的一方，如何能够保证其在争议解决过程中不偏不倚而保持中立者的立场就成了最现实不过的问题。因此，笔者建议，解决争议的主体应该是处于绝对中立地位的第三方。而第三方的组建应由中央和地方通过谈判协商的方式确立。

（3）监督的程序法制化。程序有两个功能，一是可以保证争议处理结果的公正，二是可以让争议双方感觉到处理结果的公正，如果绝对正义的结果不可能实现。因此，对于地方立法的监督也必须遵循法定的一系列程序，如立法监督的提起程序、审查程序、决定程序，包括批准程序、备案程序、撤销程序、改变程序等。这些都应当法制化，监督者也不能随意违反。

---

① 杨利敏："论我国单一制下的地方立法相对分权"，载《厦门大学法律评论》2001年第1则，第47页。

② 汤唯、毕可志等：《地方立法的民主化与科学化构想》，北京大学出版社2002年版，第368页。

二、中央与地方事权的法治化①

中央政府和地方政府的利益分配主要依据法律手段按各自的事权通过规范分税来实现，即经过严密测算，通过法律限定哪些税种归中央，哪些税种归地方，并制定出比较科学的转移支付制度，以保证地区间的相对均衡和突发事件的恰当处理。这样做了之后，中央和地方政府只需在自己的事权范围内更好地发挥政府职能，并以市场行为保证公平竞争的经济环境和推动经济的稳定与健康发展。

2000 年 3 月，全国人大制定并通过了《立法法》，初步对中央与地方的事权划分作了相对明确的规范，对协调市场经济条件下的中央与地方关系具有重要意义。坚持了事权相对分散而财权相对集中的原则，在相对明确事权划分的同时，还需要明确划分二者的财政权力并将其纳入法律制度，进一步调整分税制，改变中央收入占全国财政收入比重偏低的状况，规范中央与地方的分配关系，逐步建立起规范的中央财政对地方财政的转移支付制度，以提高中央政府的财政控制力，对地方政府实行切实有效的监督。

中央与地方的事权划分如下。

1. 政府职能的定位

中央与地方政府的职能界定并不是单独而存在的，总是与企业、民众、社会之间的关系相伴而生，所以要分清政府职能，就要正确处理政府与市场的关系，强化其经济调节与市场监管的责任，也就是政府只对应该属于政府行政领域的事务进行管理，只有在市场失灵的情况下才进行干预，所以党的十八大之后，当务之急就是按照市场经济的客观要求，定位好政府职能，政府既不能越位，也不能缺位，该管理的事情应该管好，不该做的事情一定不做。

无论是中央政府还是地方政府，他们的职能都包含政治、经济、文化、社会等方面的职能，既有同构性，也有不一致的地方。只不过中央政府是在一

---

① 有一些学者认为事权就是支出责任，这是从事权的一个维度来观察的结果，实际上事权还包含有权力的内容，也就是处理某项事务的权力。事权基于什么进行划分，理论有很多，代表性的理论有"委托—代理"理论、公共产品层次性理论、博弈理论、公共需要理论、公共财政理论等，在这里我们并不对事权分配理论进行阐述。

般、普遍意义行使其职权，而地方政府更多的是依据本地区的需要，履行一般职能和具有地方特色的职权。需要注意的是对其的定位就是要将政府的每个职能进行具体化，相互间不能混淆。比如要将政府以所有者身份参与分配和以行政主体身份参与的分配区分开来。行政主体是依据行政权力参与再分配的，是由国家机关的行政职能引起的，不包括国家以所有者身份参与的利益分配。这两种职能有根本性的不同，实际上反映了国家的政治职能与经济职能。另外与中央政府相比，地方政府更贴近当地的企业和民众，更了解本地区民众对公共产品的需求，所以中央与地方应根据政府间的职责分工以及职能的不同进行事权的划分。

综合来看，政府的基本职能应该主要包括三个方面：一是从事社会管理和公共服务，包括巩固国防、处理国际关系、维护社会治安等；二是进行收入再分配，包括实施社会保险，平衡公民个人以及地区间收入差距等；三是调节经济运行，促进经济稳定发展。① 在这个基本定位基础上，正确区分政府、市场和企业的责任。对于市场失灵的领域，政府必须承担起相应的管理职责，如基础教育、公共医疗卫生、基本社会保障和社会福利领域，必须强化政府的职责，加大公共财政支出力度；对于应由市场发挥资源配置的基础性地位的领域，如具有完全经营性和竞争性的领域，政府应该坚决退出，明确政企关系，严格界定企业的权利，放权于企业，由市场机制配置资源，政府只能起到培育市场主体资格的辅助作用；对于具有一定竞争性而又需要政府履行监管职责的领域，则政府只能做有限地介入。十八大报告中明确"政府的职责和作用主要是保持宏观经济稳定，加强和优化公共服务，保障公平竞争，加强市场监管，维护市场秩序，推动可持续发展，促进共同富裕，弥补市场失灵"。

明确了政府与市场的关系，接下来就要在转变职能的基础上划分中央政府与地方政府的职能。对中央政府而言，其重要的职能主要是国家的统一和安全，维护国家稳定，促进经济、社会的发展与繁荣。所以它是从宏观层面来管理国家事务，进行宏观调控，提供全国性的公共物品和服务。而地方政府作为中央政府的下设机构，要服从中央政府的指令，承接中央政府交办的事务，又

---

① 谢旭人："关于中央与地方事权划分若干问题的思考"，载《财政研究》1995 年第 1 期。

必须组织和领导本行政区域内的经济和社会发展，提供区域性的公共物品和服务，所以地方政府履行职能就带有很强的地方色彩。依此对中央与地方职能进行划分就必然是：第一，凡是与国家利益直接相关的职能，由中央政府承担，依据这一原则，中央政府应履行的主要职能有：（1）加强国防现代化建设，推行独立自主的和平外交政策，维护国家的统一、独立、主权和领土完整。（2）维持全国的政治稳定和社会稳定，保持宏观经济的稳定。（3）建立统一的社会保障体系。（4）加强全国性的基础设施建设。（5）在全国范围内，调节收入和财富分配。（6）制定科学的国家经济社会发展战略，指导国家产业结构调整。（7）培育和建立统一的市场体系，消除地方保护主义。（8）创造良好的对外经济交流与合作的环境，促进本国企业参与国际市场竞争。（9）建立和维护良好的市场秩序，保证市场经济的正常运行，抑制市场的消极作用，为市场经济发展提供良好的服务。（10）积极发展国家的科技、教育、文化、卫生、体育事业，努力提高国民素质。此外，非全国性但是跨省区的政府职能，应由中央政府承担，进行组织或协调，如大江大河的治理、跨省区的环境污染的治理。① 第二，凡是与地方利益直接相关的职能由地方政府承担：（1）省级政府要切实发挥区域调节和社会管理职能。（2）按照国家法律、法规和方针、政策，制定区域性经济社会发展规划。（3）维护市场秩序，打破地区条块分割，创造公平、公正、公开的市场竞争环境。（4）加强地方基础设施建设。（5）加强社会主义精神文明建设。（6）为市场经济发展提供服务。（7）发展地方的教育、科技、文化、体育、卫生事业，提高国民素质。②

2. 对中央与地方事权进行界定

合理划分事权，平衡、界定共同利益和各自利益，根据宪法和法律共同作出界定，这样才能够为中央和地方权力利益来源提供充分依据。当然只有事权划分清楚，才能决定财政支出的合理性，从而进一步说明财政收入的正当性。政府间事权的划分主要依据其职能，它被赋予的事权是为履行职能而产生的。所以对中央与地方的事权划分可以依据以下几个标准：

---

① 刘立华："市场进程中中央和地方关系的重构"，南京师范大学 2004 年硕士学位论文。
② 薄贵利：《集权分权与国家兴衰》，经济科学出版社 2001 年版，第 244 页。

（1）划分原则。

一是法制化原则。事权划分要在宪法中得到体现或制定法律加以明确，从有关国家的经验看，政府间责权利关系都是建立在宪法或相关法律基础上的，各级政府事权大小及其事权的履行都有宪法或其他法律依据，即使政府之间共有事权也以法律形式加以明确分工。法制化可以保证各级政府事权的确定性，避免了因事权模糊不清而造成的相互推诿，对于协调各级政府间的事权关系产生了积极影响。

二是效率原则。这实际上就是就近、便利原则的体现。地方政府是当地社会经济事务的直接管理者，更了解民众需求，也更容易掌握信息和资源，能够有效地提供公共物品，另外由于接近公共物品生产地，也具有管理便利的优势。因此，地方政府在大多数公共产品领域具有相当突出的优势。在这一原则下，除了明显具有全局性特征的公共产品外，大多数国家倾向于赋予地方政府较多的事权，以充分发挥地方政府的主动作用。

三是事权、财权与责任对称原则。所谓事权与财权的对称性是指某一级政府在承担一定事权的同时应当具备充足的财权作为保障，事权与责任的对应主要是指各级政府在提供公共服务或履行职权时，还需要对自己的行为负责。

各级政府间财权的划分应以事权的划分为基础，以保证各级政府事权能够得到落实。若二者不对称，可能的后果就是政府职能难以充分实现，公共产品供给不足，抑或是各级政府采取非法手段获取财政收入以维持政府运行的基本支出，无论是哪种情况都会对社会经济造成严重损害。但是对称也并不是要求各级政府财力与事权完全对等，而是强调各级政府依财力对事权的保障能力来衡量自己的事权是否合适。目前我国地方政府用45%的财力承担了75%的事务，显然不匹配，造成基层财政困难。这在前面油气资源开发中中央政府与地方政府利益关系的分析里已经表明了事态的严重性和对称性的不足，造成地方政府对有些事务的不作为。

四是灵活性原则。事权的划分不是固定不变的，需要根据不同地区、不同时期、不同情况作出相应调整，如加拿大政府采用每隔5年就由联邦政府和各省之间进行讨论以调整各级政府事权的内容。我国幅员辽阔，东部沿海和中西部地区经济与社会发展水平存在巨大差距，同一省内不同区域也存在很大差距，多样化的国情要求有多样化的政府事权划分模式，特别应给各省留下一定的自主空间，赋予地方政府相应的自主权，让其有权力设计具有地方特色的事权划分模式。同时还应加强中央与地方协商机制的建立，使中央能及时了解地方的特殊性，适时地对事权范围进行调整。

（2）通过立法明确中央与地方的事权。

凡是关于国家整体利益、全局利益的事务，由中央政府承担。主要包括：国防、外交，维护国家的统一独立、主权和领土完整；制定和修改宪法，有关国籍及刑事、民事、商事、诉讼程序方面的立法；制定国家中长期发展规划和国家宏观调控政策，保持宏观经济的健康发展；限制垄断、保护竞争，维护全国市场的统一；协调国内各地区之间的经济关系，保证各地区经济和社会的协调发展；建立统一的社会保障体系；加强全国性的基础设施建设；在全国范围内调节收入和财富分配；积极发展国家的科技、教育、文化、卫生、体育等事业。

可以根据事务的性质和影响范围来确定事务的地方性特点，凡是关于地方局部利益和地方自主性的事务由地方政府负责。主要包括：按照国家的法律、法规和政策制定本地区的地方法规和地方发展规划；管理与本地区经济与社会发展相关的公共事务和公益性事业；维护市场秩序，防止地区封锁、地方垄断；维护地方社会治安；加强地方基础设施建设；发展地方教育、文化、卫生事业等。

3. 简化政府层级

根据分税制的原则，财政体制应按照财政分级、税种分设和收入分征的办法，"根据政府职能的层次和收益范围来划分各级政府的事权与财权，并根据事权与财权相统一的原则，结合不同税种对经济影响的程度及征管效应，划分各级政府之间的收入范围和征管权限，使各级政府均能拥有相对独立、能基本维持本级政府职能运转需要的税收收入"。[①] 我国政府管理层次多，政府间机

---

① 周国良："规范政府职能优化中央与地方税收结构"，载《天津商学院学报》2003 年第1 期。

构同构、重合、层级太多，权力在逐渐衰减，这使事权和财权划分难度大大增加，而具体的事务由最基层政府来完成，但是它却缺乏获取财政收入最有力的手段和方式，所以基层政府财政困难重重。那么在税种比较稳定，而且基层政府的税收不可能大幅度增加的情况下，减少地方政府级次是一种比较理想的选择。

4. 法律保障

（1）《宪法》层次的修正。

《宪法》只规定中央与地方政府的组织形式、"中央与地方应有职权划分"及"中央与地方的国家机构职权的划分，遵循在中央的统一领导下，充分发挥地方的主动性、积极性的原则"，对于政府间财权划分缺乏明文规定。结果就是，我国中央政府的收权与放权缺乏法律依据，政府间财权关系不稳定，威胁中央政府权威并降低地方政府积极性。因此，应该在作为国家根本大法的《宪法》修正中增加关于我国政府间事权财权划分的规定，确定我国政府间事权财权划分的宪法基础，逐步使中央政府与地方政府的经济、行政和立法方面的职责权限、财政支出责任及其财权由宪法明确规定或实现原则上的具体划分。

（2）建议制定《中央与地方关系法》。

制定《中央与地方关系法》，在法治基础上形成新型的权利义务关系，不断以法律形式将改革中形成的中央与地方政府各自的权力范围、权力运作方式、利益配置结构等明确下来，形成中央与地方政府之间法定的权力利益关系，从而将中央与地方的关系纳入法制化轨道。这样，既可以防止中央政府收权、放权的随意性，使中央与地方政府合理分配权力制度化；又可确保中央权威，落实宪法所规定的民主集中制原则。

采取法律列举的方法，具体规定中央与地方政府各自专有事权和支出职责以及中央和地方政府的共有事权和支出职责，并保持相对稳定性。当然，任何法律都不可能将所有事项一一列举分明，对"未明事项"可由中央或由中央交地方行使权力。

第四节　中央与地方争议的法律解决

在一个利益分化和利益主体多元化的社会中，有利益的争夺就应该有正规的渠道进行解决和协调，有正式的途径进行表达和平衡。目前在出现中央与地方的权限冲突时更多地是依靠行政方式，而这种方式显然对地方是不利的，因为在权力层次上中央居于地方政府之上，它又可以动用政治权力进行立法或进行人事调整，法律的模糊、原则都将使地方政府处于不利地位。

随着社会主义市场经济体制的逐步建立和发展，计划经济体制下形成的中央与地方关系模式显得越来越不适应，最为突出的缺陷是中央与地方的权限争议缺乏规范化的解决途径。因此，适应社会主义市场经济和民主政治发展的需要，不断改革和完善中央与地方的关系，是我国政治体制改革的一项重要内容。如何调整中央与地方的关系，要受各国政治、经济、文化、历史传统等因素的制约，不可能有统一的模式，但总有一些可遵循的规律可以把握。通过借鉴发达国家有限政府的理念和依法实行地方分权的经验，可以为调整我国中央与地方关系提供一种法治思路。而从以往的经验教训以及西方发达国家的成功经验来看，其目标模式应该是实现中央与地方关系的法治化。实现中央与地方关系法治化是处理中央与地方关系的重要原则，是科学合理的中央与地方关系的法律制度保障。中央与地方关系只有在制度化、法治化的基础上，才能走向现代化的道路，才能使中央与地方的职能关系保持一种均衡和稳定的状态。

中央与地方关系的法治化，其基本原则是中央与地方适度分权，具体包括中央必要集权和地方适度分权。中央无论如何集权，都不能危害地方的合理利益，不能束缚地方的手脚，压制地方的积极性、主动性和创造性；地方分权则不能危及国家的统一，不妨碍国内统一大市场的形成。它的基本内容就是将中央与地方之间纵向权力划分的原则、内容、监督机制以及程序，通过法律的形式加以规定，使中央与地方之间的关系法律化、制度化，以实现有法可依；中央与地方政府发生权限争议，可以通过司法程序裁决；中央对地方的监督与控制，主要是通过法律手段和财政手段而不是通过行政手段和人事手段来实现。

一、中央与地方权限争议的解决

中央与地方权限争议立法解决机制则主要是指通过立法领域措施的完善来实现争议解决的一系列制度的总和，通过考察世界主要国家的中央与地方关系的法律规范情况，我们发现中央地方权限划分的法律规范有两种立法模式：其一，主要通过宪法予以规定。采取这种方法的国家不仅包括我们通常所说的联邦制国家，如美国、德国等，而且包括单一制国家，如意大利等。其二，主要通过制定地方自治法等法律予以规定。

（一）中央与地方权限划分的法律化

1. 对宪法、地方组织法有关内容进行补充和修改

现行宪法和地方组织法虽然都有关于中央与地方关系方面的内容，但过于笼统，缺乏操作，没有配套规定。现行宪法只规定了中央与地方政府的组织形式和中央与地方国家机构职权划分的总原则，没有明确划分中央与地方的权力。宪法列举了国务院的一般事权，但未确定哪些是国务院专有，哪些是与地方政府共有。所以，在完善宪法中，适当增加中央与地方关系的内容，可考虑设专章规定中央与地方关系的原则、中央政府的职权范围、地方自治权限范围以及剩余权的归属原则等。

2. 加快有关中央与地方专门法及相应法律的研究和制定

尽快制定行政组织法、程序法、编制法、政府行为法、中央政策实施法、地方财政等法律法规，尤其要制定一部《中央与地方关系法》，[1] 用法律来规范、界定和保障权力的调整界限及运作过程，明确规定中央与地方政府的法人地位，明确在市场经济条件下中央政府与地方政府的行政主体地位及权利义务关系；明确中央与地方的职能结构、组织结构、权力结构、利益结构，把中央与地方关系纳入法制轨道。应该在《中央与地方关系法》中设计和构造出中央政府与地方政府关系的体制框架，并科学划分中央与地方的事权，该法至少应该包括以下几项内容：国家结构形式、权力划分、中央与地方权限争议处理办法、权限争议处理程序、权限争议处理的救济程序。[2]

---

① 何家弘：《当代美国法律》，社会科学文献出版社 2001 年版，第 156 页。
② 李星华："中央与地方权限争议解决机制的比较研究"，中国政法大学 2008 年硕士学位论文。

其中对中央与地方权限的划分，应从两方面着手：一是中央与地方各自专有权力，二是中央与地方共有权力。根据我国具体情况，目前可以考虑将下列事项规定为中央的专有权力：外交、国防与军事、制定和修改宪法、制定基本法律、航空、铁路、邮电通信的管理、财政与税收政策制定和划分、国家货币与国家银行、外贸政策、行政区划、国有财产、司法制度，以及其他依法应当专属中央的事项。地方专有的权力主要有：依据国家法律、法规而制定本地区的实施细则，制定地方性法规，管理辖区财政、工商、税收和贸易，开展地区间交流以及与外国地方政府间的交流，地方交通，地方教育，地方人事，其他依法应当专属地方的事项。中央与地方共享的权力主要有：保护人权与公民权、实施社会保障、维护社会治安、保护自然资源和环境以及其他依据应当由中央与地方共享的权力。这样一来，在法律制约下，中央的随意行为与地方"对策"性动作将大有收敛，从而为两者关系良性互动提供了必要的基础。

3. 应当制定单行的地方组织法

现行地方各级政府组织法与地方各级人民代表大会组织法合并为一部法律，且关于地方职权的规定，绝大部分内容是中央政府职权的翻版，并且对于列举的剩余权力归属也未作规定，没有确定省级政府的专有权力以及与中央政府共享的权力。这样，在职权划分归属问题上，地方与中央就容易产生矛盾。建议尽快制定单行的《地方政府组织法》，对于地方政府的权利义务作出明确的规定，明确地方各级人民政府的性质、地位、组成、任期、职责权限和工作程序等。

4. 健全相关财政法制体系

西方发达国家十分重视有关财政体制的法律体系的建设和完善。例如德国先后制定了包括《基本法》《财政预算法》《财政平衡法》等在内的一整套财政法律规范，以法律形式明确规定各级政府的事权、财权以及财政平衡制度。我国在发展市场经济公共财政过程中，应借鉴发达国家这方面的做法，加快财政法制建设的步伐。在分权的同时，增强事权划分的制度性、科学性，在保证市场统一性的同时保证地方政府各显其能，以实现地方政府供给公共商品效用的最大化。在中央与地方的财政转移支付方面，需要做的是尽快提高立法层次。政府财政转移支付制度要真正作为一种规范性的制度建立起来，必须遵循法制化原则，需要进一步制定和完善有关财政转移支付的法律，如《财政法》《转移支付法》《预算法》《财政监督法》等，就转移支付的内容、形式、依据、用途和监督等立法形式予以规范。还要制定关于政府间财政转移支付的单行法规，对财政转移支付的政策目标、资金来源、分配形式、分配程序、分配公式等作出统一规定，确保规范化的财政转移支付制度建设有法可依。[①]

5. 完善国有自然资源物权等相关制度

促进中央与地方关系的和谐发展，需要结合市场经济基本规律和发展程度。对国有自然资源来说，需要积极完善国有自然资源物权制度，这包括私法和公法两方面的要求：从私法层面看，要进行市场化取向的改革，使作为重要生产资源和生活资源的国有自然资源能够进入市场。需要构建一套符合自然资源流转规律，并反映市场经济要求的国有自然资源物权制度，包括所有权制度、用益物权制度和担保物权制度。这要求自然资源的开发、流转、交易等都遵循市场规则，采用招标、合同等法律手段实现资源在各类主体之间的有效配置。比如，地方政府可以对其管辖范围内的但属于国家所有的自然资源享有用益物权，并根据实际需要按照市场规则进行交易。[②] 从公法的角度看，要建立国有自然资源用益物权均衡配置制度，实现国有自然资源全民享有、平等使用的目标，促进地区之间的公平竞争。可以考虑建立相应的补偿机制，对那些为经济社会发展作出重要贡献而又因此作出牺牲的地区和个人予以补偿，补偿内容涉及经济收入、生态环境、就业安置、扶贫开发等方面。[③]

（二）建立中央与地方权限争议的处理机构

随着地方制度的深入改革和地方分权化的进程，要在明确划分中央与地方

---

① 孙开、彭健：《财政管理体制创新研究》，中国社会科学出版社 2004 年版，第 203 页。

② 浙江省义乌市和东阳市于 2000 年 11 月签署的有偿转让部分水使用的协议，开启了国内水权制度改革的先河。参见傅晨："水权交易的产权经济学分析"，载《中国农村经济》2002 年第 10 期。

③ 潘波："行政法视野下的中央与地方权限冲突——以国有自然资源为考察视角"，载《行政法学研究》2008 年第 2 期。

权限、分工和职责的基础上，建立健全中央与地方权限争议的处理机制。中央与地方关系，实际上是一个国家的国家权力在纵向上的配置方式，不论是单一制国家还是联邦制国家，在宪法和法律所确定的框架下，都试图寻求一种合理并且有效的方式来调整中央集权与地方分权的关系，以保障中央与地方的权力运行不偏离宪法所确立的框架和结构。因此，解决中央与地方之间的利益纠纷，应在宪法实施保障体制内解决。在德国是由宪法法院来处理这些纠纷的，在法国则是宪法委员会来处理，同时，行政法院也受理中央与地方行政机关之间的诉讼。在日本，根据《地方自治法》的规定，中央政府设立中央地方争讼处理委员会，处理涉及中央和地方的权限争议。在我国，宪法规定了一些宪法实施保障机制，但是也存在明显不足，如缺乏专门的宪法实施保障机制，缺乏切实可行的、保障宪法实施的实体和程序性法律规定。

目前，在全国人大及其常委会下，涉及中央与地方权限争议处理的机构，主要有两种：一种是全国人大的专门委员会，另一种是全国人大常委会的工作委员会。但是这两个机构都不是按照研究和处理权限争议事项所影响的地域范围来设置的，而且从目前情况上看，其人员组成、机构性质、权限和工作程序等，还难以承担处理中央与地方权限争议的重任。尽管近期全国人大常委会的法制工作委员会设置了法规审查备案室，但是也无权处理中央与地方的权限争议问题。因此，有学者提出在我国建立宪法法院来处理中央与地方权限争议是最理想的模式。在这种体制下，由一个比较中立和公正的机关处理中央与地方权限争议的办法，更符合建设法治国家的目标，但在我国目前情况下，采用西方发达国家的用司法机关解决中央与地方权限争议，可能存在体制上的困难。专设的宪法法院或行政法院，应该处于政治体系中的哪个级别是个不好处理的问题，既然肩负着违宪审查的职责就不能低于最高法院，而高于最高人民法院在制度设计上存在困难，与最高法院平级、在人大之下，则显得机构重叠。因此，在不修改宪法的前提下，可以考虑设立专门的机关或赋予某些机关处理这类争议的权限和职责，除了可考虑设立专门委员会性质的机构处理一般地方与中央的权限争议外，应按不同地方制度的特点，将现有的民族委员会和特别行政区基本法委员会，改组为民族自治地方事务委员会和特别行政区事务委员会。[①] 还有学者建议在全国人大及其常委会内设立专门的"地方事务委员会"，由各省、市、自治区人大代表团直接选举一或两名本地的全国人大代表而组成，负责研究、协调和审议人大议事中有关地方的各种事务。[②] 实际上在国外，有的国家议会中就有类似机构，如英国议会下院中的威尔士委员会、苏格兰委员会、北爱尔兰委员会等。这些议会的委员会基本上由各地区选出的议员组成，常常能对下议院审议的有关地方事务的决策产生大的影响。对于我国来说，最可行的是在人民代表大会下设立中央与地方关系委员会，专门处理涉及中央与地方关系的种种问题，包括中央与地方权限争议问题。这种制度设计既符合现行的制度设计又可以有效解决问题，既有很强的可操作性又能达到综合治理目的。由于中央与地方权限划分往往源于宪法或立法法，其权限争议的解决原则也源于宪法，这样合乎我国现行的政治制度，不需对政治制度进行大规模改变，只要增加一个委员会即可达到维护宪法尊严、有效调处中央与地方关系的双重目的。同时，我国应该建立中央与地方关系的违宪审查机制。对中央与地方在权限问题上出现的争执和纠纷由全国人大或全国人大常委会进行违宪审查。只有不断突出国家最高权力机关的作用，才能实现中央与地方关系的制度化、法制化。鉴于中央与地方权限争议的解决涉及宪法实施和违宪审查的重大问题，所以根本的办法是在全国人大之下设立宪法监督委员会，由它协助全国人大及其常委会对中央与地方权限争议，包括对立法冲突争议和国家机关权限争议进行宪法审查并作出宪法和法律解释。此外，宪法监督的范围应不限于法律规范性文件的审查，它还包括国家机关权限争议的解决和公民权利的保护等其他重大事项。通过建立宪法监督委员会或者类似机构，受理地方政府对中央政府的投诉、裁决中央和地方之间的利益纠纷，不仅为处理中央和地方利益纠纷提供了制度保障，也进一步完善了宪法实施保障机制。我们在强调通过立法和司法手段解决中央与地方权限争议的同时，也不能忽视通过行政系统内部

---

① 任进、李军："论中央于地方权限争议法律解决机制"，载《国家行政学院学报》2005 年第 2 期。

② 吴国光、郑永年：《论中央、地方关系：中国制度转型中的一个轴心问题》，牛津出版社 1995 年版，第 162 页。

化解矛盾解决争议的重要性。由于我国中央政府一直以来都具有较高的权威性，客观讲通过行政手段调节中央与地方争议具有直接、高效、便于执行的优点。只是以往单向的和非程序化的调解方式带来的负面影响，更多地掩盖了这些优点。为此，优化我国中央与地方权限争议行政调节机制关键在于建立一套程序化且利于中央与地方双向对话的裁决机制，其重点在于发挥这一机制的"调解"作用。可在国务院新设一个部门作为中央与地方权限争议的裁决机构，负责地方各级政府与中央政府间权限争议的解决。① 在权限上我们应当赋予这一机构更高的等级，即当出现中央政府及其组成部门与地方政府及其组成部门产生权限争议时，非经该机构裁决，任何层级的政府或部门不得单方采取行动，如行政处罚、问责、人事处分等。而无论中央或地方任何一方认为存在一项权限争议时均有权提交该机构进行裁决。在功能上，应当更多的强化该机构的"调解"功能，即对中央与地方提交裁决的争议，应当广泛听取各方面的意见，特别是给予地方表达其利益需求，说明其权限请求正当性的机会，在必要的时候可以组成专家组对该事项进行深入论证与调查，在此基础上双方可以就争议问题进行协商，共同寻求有利于中央与地方各方利益的处理办法。当中央与地方经过"调解"仍无法达成一致意见时，该机构应当进行实质性裁决，并及时作出裁决意见。在程序上，一方面，通过程序设计保证裁决的时效性，防止权限争议久拖不决；另一方面，要保证裁决的可上诉性，这里可以借鉴行政复议的上诉机制，当事人一方不服"行政权限争议裁决机构"作出的裁决时，可以诉至司法机关予以最终裁决。

二、建立中央与地方关系的司法裁决制度

在处理中央与地方之间的利益冲突时，单一制国家较注重采用行政手段，而联邦制国家更注重采用司法手段，从联邦制国家解决联邦与联邦成员、联邦成员与地方之间权限争议的主体来看，可分为普通司法机关解决机制和专门机关解决机制。例如美国联邦司法机构在处理联邦与各州之间的关系时所起的作用就十分突出。司法解决的前提是必须有一个独立、中立、权威、具有公信力

---

① 薛刚凌："中央地方间程序制度研究"，行政法学研究会 2009 年年会论文。

的裁决机构，只有这样才能使裁决具有公正性，才能使裁决为当事人和其他公众所信服，也才能最终有效地解决争端。就现阶段的中国而言，可以充分发挥现有司法机关的职能。我国要建立中央与地方的争端解决机制，其前提是要改变现有的中央统治地方、地方服从中央的单一格局，建立以司法为主导的解决机制，在现行体制下，设立处理中央与地方关系的专门机构，发生诉讼则由最高人民法院来行使管辖权。该机制的运行有赖于中央与地方权力的平衡划分和建立两者利益平衡的规则。中央应当主动改变观念和体制，在解决机制的框架内，赋予双方平等的法律地位，应当尊重地方的利益。此外该机制应注重程序，作出的裁决须具有执行力，这样才会有利于维护双方利益，有利于解决争端。[1] 笔者认为，司法都能在调整中央与地方关系上起到最终有效的作用。[2] 很可能，通过真正意义上司法权的树立，困扰我们的中央地方关系上的"集权—分权"循环将真正得以解决，同时也为分权化的道路提供制度上的保障。可以考虑由最高人民法院行政审判庭受理中央与地方政府以及地方政府与地方政府之间的一般权限争议案件和利益分配纠纷案件。建议在修改《行政诉讼法》时，将中央与地方以及地方与地方之间的权属纠纷、利益分配纠纷等方面的案件列入人民法院的受理范围。具体建议如下。

首先，应当确立"全国司法体系内中央司法权最高"原则。[3] 根据宪法和法律的相关规定，我国中央司法权（最高人民法院）处于司法体系的顶端，但现实状况却与此相悖，司法权地方化问题相当严重。笔者认为，我国应在一定程度上借鉴判例法制度。事实上，德国和法国这些传统的大陆法系国家的公法诉讼审判体系（德国的联邦宪法法院、法国的行政法院）都在很大程度上采用了判例制度。相应的，我国借鉴和引入判例法（特别是在宪法诉讼和行政诉讼上）也应当不存在藩篱。只有确立了最高人民法院的司法权最高地位，才能通过裁判案件发挥司法能动作用。

其次，确立涉及宪法问题的案件都可以最终上诉到最高人民法院，接受最

---

[1] 郭相宏："机构、规则和程序——中国建立中央与地方争端解决机制的前提"，载《国际学术研讨会论文集》，2007年。

[2] 刘海波："中央与地方关系的司法调节"，载《法学研究》2004年第5期。

[3] 郭殊：《中央与地方关系的司法调控研究》，北京师范大学出版社2010年版，第293页。

高司法权的司法审查。这一制度是"中央司法权最高"原则的体现。作为成文法国家，我国有必要在宪法框架内建构一套相应的司法审查制度，规定宪法性争议都可最终上诉到最高人民法院，从而保证中央的权威性和法制的统一性。

最后，应该限制特别行政区的司法终审权。香港特别行政区终审法院不仅可以审查香港本地立法会通过的法律或者行政机关的行为是否符合《香港基本法》，而且可以审查全国人大或者全国人大常委会的有关立法是否符合《香港基本法》。① 这个判决受到我国内地众多宪法学者的抨击，他们认为香港特别行政区终审法院的判决越权，其无权对国家最高权力机关的立法实施违宪审查。造成这一违宪审查争议的关键在于中央与特别行政区之间在司法权的体系安排上存在重大的缺陷。② 建议限制特别行政区的司法终审权：对涉及全国性或宪法性问题的案件可以由当事人上诉至最高人民法院，或者由最高人民法院主动发出调卷令予以提审；对于其他仅限于特别行政区内部事务和特别行政区立法的争讼案件，特别行政区司法机关仍享有独立的司法权和终审权。此外，对于如何判断一个案件是否涉及全国性问题或宪法性问题，则由最高人民法院通过具体案件的审理和判决来阐明。

三、构建有中国特色的行政主体制度

作为程序法律关系的双方，不管是中央还是地方都应具备自己独立的主体地位。中央政府与地方政府的关系，不再是单纯的行政隶属关系和上下级关系，而是具有了一定契约关系的性质，中央和地方政府在一定程度上成了具有不同权力和利益的法律主体，具有了不同的行为目标。③ 在西方国家，行政主体制度是地方分权或公务分权的法律技术。这种制度以行政分权为核心，是对

---

① 张千帆主编：《宪法学》，法律出版社2004年版，第52页、第267页。
② "就香港特别行政区终审法院的有关判决内地法律界人士发表意见"，载《人民日报》1999年2月8日第1版。
③ 董辅礽：《集权与分权》，经济科学出版社1996年版，第94页。

行政利益多元化的认可以及对个人在行政中主体地位的肯定。[①] 我国地方各级人民政府都是国务院统一领导下的国家行政机关，都服从国务院。这事实上就赋予地方政府双重身份，即它既代表本地区人民的利益，又代表着上级政府甚至中央政府的利益。这既为中央随意调整与地方的权力边界，在遇到权限冲突时以"下级服从上级"为借口打压地方创造了可能，也为地方随意行使手中职权带来了便利。在中央与地方法律分权模式基础上建构行政主体制度，明确承认并确立中央与地方的各自权利、义务和责任，可以使行政主体制度成为落实中央与地方法律分权模式的制度平台。同时，应健全相关制度，使行政主体制度的具体实践更加有效。尽管还有很多问题值得探讨，但全面介入中央与地方关系的改革将可能成为行政主体制度在我国确立的突破口。

地方政府与中央政府进行利益沟通时，具有独立的主体地位，并不完全听命于中央政府。当地方政府认为利益受损时，可以与中央政府再次进行沟通，在法律程序上即表现为申诉机制。中央作为全国整体公共利益的代表，除了具有国家地位之外，还要有权威性，特别是社会利益日益分化的转型时期，尤其要有权威性主体地位，否则就不能有效地进行社会动员。当然这种权威不仅是建立在中央命令与地方服从的基础上，而更有赖于程序的合理与公正。因为在公正的程序之中，当事人的主张或异议可以得到充分表达，各方利益主体可以进行综合考虑和权衡，其结果是不满被过程吸收了，增强了结果的可接受性。经过正当化过程的决定显然更容易获得权威性。[②]

四、健全中央与地方的双向监督制约机制

中国现行中央与地方利益争议调节机制，表现为以中央主导的、单向的、行政化的方式，缺乏双向利益沟通管道。而单向调节机制带来的问题是：当地方正当利益不被中央所接受时，一方面，中央无法充分获知地方利益的表达需求，无法评价这种地方利益在全国范围内是否具有普遍性，从而难以对中央自

---

① 应松年、薛刚凌：《行政组织法研究》，法律出版社 2002 年版，第 110～119 页。这里的"行政分权"是指对行系统权力的配置，与本书所说的"行政分权模式"中的"行政分权"意义不同。在西方法治发达国家，中央与地方之间的权或地方自治也是通过法律分权模式进行的。

② 季卫东：《法治秩序的建构》，中国政法大学出版社 1999 年版，第 53～54 页。

已颁布的法律、发布政令的正当性与合理性进行有效评估。另一方面，地方正当利益长期受到压抑，必然出现地方对中央的隐形对抗，表现为中央政令执行不畅、"诸侯经济"、地方坐大等现象，从而进一步导致中央对地方更为激烈的调整。① 所以为了扼制地方政府在追求利益过程中的违法行为，解决中央与地方在利益博弈中出现的"利益错位"或"利益层次错位"的问题，需要中央对地方的行为加以监督。同样对中央而言，它不会主动削减或弱化自己的权力及对社会资源的控制，只有遇到一定的边界才会使它收敛自己的行为，所以它也需要地方政府对它的监督，防止中央对地方的干预扩大化。

加强中央与地方的双方监督与制约，完善监督机制是中央与地方关系合理化的保证。所谓中央对地方监督，实际上就是中央政府为保证地方政府行为的合法性和与既定目标的一致性而对地方政府实施的检查、控制和纠偏的活动。所谓地方对中央的监督是指地方政府通过法律手段维护自己的权力不受侵犯，从而保证政府权力在纵向上的分权与制衡，以权力制约权力。所谓双向制约，就是要建立中央利益与地方利益的平衡机制，维持双方各自的生存空间，从而促进双方的相互合作。完善中央对地方的监督制约机制，首先，要坚持中央对地方监督的权威性、系统性和独立性，提高监督机构的地位和权威，使其能真正独立开展工作。其次，改革监督方式和手段，从直接行政干预为主转向间接的法律监督、财政监督、司法监督和行政监督相结合，变事前行政审批为主为事后合法性和效率监督为主。最后，要建立和完善监督程序，科学完善的监督程序是保证监督目的实现的重要条件，是监督机制完善的重要标志。没有健全的监督程序，就不会使监督不能高效优质运行，就不可能使中央对地方的监督实现程序化、规范化和制度化。而完善地方对中央的监督制约机制，主要在于建立科学合理的地方利益表达机制与平衡机制，让地方政府平等参与中央决策过程。

为了保证中央政府对地方政府的有效监督，必须建立健全相应的监督机制，变直接的行政干预为主为间接的法律监督、司法监督、行政监督和财政监督相结合。一是立法监督。我国现行宪法已对立法监督作出了原则规定，但迄

---

① 任广浩："国家权力纵向配置的法治化选择"，载《河北法学》2009 年第 5 期。

今为止,《监督法》仍迟迟没有出台。为此,应加快制定《监督法》并使宪法的有关规定得到真正落实。二是司法监督。健全司法制度,在中央政府与地方政府之间、省与省之间对其具体职责权限划分的解释发生争论时,应由相关法院加以裁决。三是行政监督,强化中央政府对地方政府制定的政策、计划及行政行为的监督和控制。为此,可以考虑在国务院建立地方政府事务部,专门负责监督地方政府行为,协调中央政府与地方政府及地方政府各级政府之间关系。四是财政监督。纵观世界各国,中央政府都把财政监督当作对地方政府监督的手段。中央政府的财政收入在整个国家的财政收入中的比重都比较高,一般在50%以上。地方财政对中央财政依赖性较大,其很大一部分来源于中央的财政补贴、借款、贷款等。① 中央政府正是通过这种方式对地方实行非直接的但颇为有效的监督。因此,我们在改革和调整中央政府与地方政府关系时,也应重视中央政府对地方政府的财政控制问题,要进一步完善分税制,改变中央财政收入占全国财政收入比重过低的状况,规范中央政府与地方政府的分配关系,逐步建立起规范的中央对地方财政的转移支付制度,以提高政府的财政控制能力,对地方实行切实有效的监督。当然,中央政府对地方政府的监督本身必须法制化,亦即通过法定的程序,有充足的法律依据,这套程序和法律实际上构成了对中央政府和地方政府的双向约束和规范机制。②

五、制定争端解决的程序

中央和地方的争端解决机制必须遵循一定的程序。如前所述,相应的机构和可供该机构遵循的规则是该程序的基础。因此,应该制定《中央与地方关系程序法》。应当看到,实现央地关系的法制化是一个长期过程。该法应该是确定中央政府和地方政府的结构形式、运作形式、职责关系等变更的法律程序以及行使各自权力时必须遵循的步骤、方式、时限以及顺序的专门法,具体内容应该包括总则和分则两部分。总则规定程序法的立法宗旨、目的、基本原则等内容。分则规定中央与地方行使各自权力应遵循的程序的构成要素,即步

---

① 冯兴元:"中央和地方财政关系的症结与应变",载《人民论坛》2010 年第 7 期。
② 冯华艳:"制度变迁及中央与地方的博弈",郑州大学 2002 年硕士学位论文。

骤、方式、时限和顺序。明确规定中央与地方政府的法律地位，树立法律面前政府平等，确定我国中央与地方关系运行的法定程序，依法维护中央与地方关系的基本结构和秩序，协调中央与地方之间的矛盾，对违反者要依法予以纠正。①

我们在设计中央于地方的争端解决机制时，除了应当制定相关的程序法之外，还应当认真考虑以下一些重要因素。

（一）先行协商

协商是要寻求规则所规定或允许的、两者都能够接受的方案。例如，芬兰就已经建立起了中央政府与地方市镇联盟之间的协商体系。从 20 世纪 70 年代起，中央和地方同意进行谈判，根据达成的协议框架，双方每年签署规定经济发展的总体框架协定。② 建议我国可以设立一个处理中央和地方事务的专门机构，这个机构的主要任务之一就是协调各类中央与地方的冲突，争取在两者都可以接受的范围内解决问题。如果该机构不能通过协商等途径解决争端，那么就应当在法定的时限内将案件移交专门的争端解决机构。

（二）不得单方面采取行动

不采取单独行动是指当中央与地方发生纠纷时，中央与地方任何一方都不得单独采取争端解决机制之外的行动——处罚、制裁。如果中央可以频频对地方采取单方面行动，就不会形成解决纠纷的机制。即便形成，该机制也不会发挥作用。无论是中央还是地方，在启动该争端解决机制之前，任何一方不得单方面对另一方采取行动，而应将裁判权交给争端机制指定的机构来解决。

（三）成立专家组

由于中央与地方关系极为复杂，涉及许多领域，而解决争端本身又会对专业技术、从业经验等方面提出很多要求，这就需要求助于有关专家。成立专家组的优点是明显的：可以很好地解决一系列专门领域的技术问题，完成常人所不能胜任的工作；更重要的是专家往往置身度外，与争议案件没有利害关系，

---

① 萧杰："我国中央与地方关系法制化的思考"，曲阜师范大学 2009 年硕士学位论文。
② ［芬兰］克里斯特·斯塔尔伯格等：《北欧地方政府：战后发展趋势与改革》，常志霄等译，北京大学出版社 2005 年版，第 95 页。

能够站在中立的立场分析问题、提出方案，符合公平原则，可以最大程度地实现正义。当然，专家组的意见是否具有法律效力，还有待仔细论证。但争端解决机构在作出具有法律效力的裁判之前，应当充分尊重专家组的意见，也可以直接引用专家组意见，经过法定程序使之具有法律效力。

（四）集体磋商

中央与地方之间的矛盾或博弈，不仅仅是因为中央与地方政府之间利益的分配不均或权力配置不合理造成的，更多的是涉及很多民众的切身权利和利益，比如自然资源的开采、使用以及受益等。所以，中央与地方发生争议时，可以召开听证会的形式，使利益相关的民众参与到争议的处理程序中来，听取他们的意见或建议以及利益诉求，通过采取集体磋商的方式来解决纠纷，而不仅仅是由当地政府包办代替他们发表意见，这样既能体现争议处理过程的公开性、民主性和平等性，也能保证争议处理结果的公正性和可接受性。

（五）允许上诉

在争端解决机构作出具有法律效力的终局裁判之前，应当在程序上为双方提供上诉的机会，使中央和地方均有进一步表示异议、充分表达意见的渠道。此外，一旦作出终局裁判，双方都要认真履行。裁决必须有执行力，还需要有强有力的执行机制。当争端败诉方不履行裁决时，要有法律上的执行保障。中央政府尤其要带头遵守裁决。如果有裁决而无履行，则一切解决机制及其努力都付之东流。①

---

① 郭相宏："机构、规则和程序——中国建立中央与地方争端解决机制的前提"，载《国际学术研讨会论文集》，2007 年。

参考文献

专著类

［1］涂晓芳.政府利益论——从转轨时期地方政府的视角［M］.北京：北京大学出版社，2008.

［2］张江河.论利益与政治［M］.北京：北京大学出版社，2002.

［3］梁波.当代中国社会利益结构变化对政治发展的影响［M］.兰州：兰州大学出版社，2007.

［4］郑永年.集权与分权的深度思考［M］.邱道隆，译.北京：东方出版社，2013.

［5］胡鞍钢.中国走向［M］.杭州：浙江人民出版社，2000.

［6］陈伯君，陈家泽，陈永正，等.西部大开发与区域经济公平增长［M］.北京：中国社会科学出版社，2007.

［7］洪远朋.利益关系总论：新时期我国社会利益关系发展变化研究的总报告［M］.上海：复旦大学出版社，2011.

［8］马衍伟.中国资源税制——改革的理论与政策研究［M］.北京：人民出版社，2009.

［9］张云.非再生资源开发中价值补偿的研究［M］.北京：中国发展出版社，2007.

［10］丁任重.西部资源开发与生态补偿机制研究［M］.重庆：西南财经大学出版社，2009.

［11］胡健.油气资源开发与西部区域经济协调发展战略研究［M］.北京：科学出版社，2007.

［12］世界银行、国家民委项目组.中国少数民族地区自然资源开发社区受益机制研究［M］.北京：中央民族大学出版社，2009.

［13］寇铁军.中央与地方财政关系研究［M］.大连：东北财经大学出版社，1996.

［14］李治安.唐宋元明请中央与地方关系研究［M］.天津：南开大学出版社，1996.

［15］宋立、刘树杰.各级政府公共服务事权财权配置［M］.北京：中国计划出版社，2005.

［16］李寿初.中国政府制度［M］.北京：中央党校出版社，2005.

［17］朱迪·丽丝.自然资源：分配、经济学与政策［M］.北京：商务印书馆，2002.

［18］朱光磊.现代政府理论［M］.北京：高等教育出版社，2006.

［19］吴惕安，等.当代西方国家理论评析［M］.西安：陕西人民出版社，1994.

［20］中华人民共和国国家统计局.中国统计年鉴（2012）［M］.北京：中国统计出版社，2012.

［21］新疆维吾尔自治区统计局.新疆统计年鉴（2012）［M］.北京：中国统计出版社，2012.

［22］国家统计局能源统计司.中国能源统计年鉴（2011）［M］.北京：中国统计出版社，2011.

［23］国家发展计划委员会政策法规司编.西部大开发战略研究［M］.北京：中国物价出版社，2002.

［24］高昭平.中国西部大开发战略研究［M］.西宁：青海人民出版社，2001.

［25］张广明，王少农.西部大开发——从孔雀东南飞到凤凰还巢［M］.天津：天津社会科学院出版社，2000.

［26］王文长. 西部资源开发与可持续发展研究［M］. 北京：中央民族大学出版社，2006.

［27］石生泰. 西部开发简史［M］. 兰州：甘肃人民出版社，2001.

［28］贾文瑞. 1996—2010 年中国油气工业发展战略［M］. 北京：石油工业出版社，1999.

［29］国家统计局固定资产投资统计司. 中国固定资产投资统计年鉴（1950—1995）［M］. 北京：中国统计出版社，1997.

［30］柳随年，吴群敢. "大跃进"和调整时期的国民经济 1958—1965［M］. 哈尔滨：黑龙江人民出版社，1984.

［31］张塞，黄达强，徐理明. 中国国情大辞典［M］. 北京：中国国际广播出版社，1991.

［32］黄培武，何晓东等. 中国西部开发信息百科（甘肃卷）［M］. 兰州：甘肃科学技术出版社，2003.

［33］杨明洪，王益谦. 西部热土：基于自然、社会、经济及相关问题的深层考察［M］. 成都：四川出版社，2001.

［34］陈东林. 三线建设：备战时期的西部开发［M］. 北京：中共中央党校出版社，2003.

［35］张万欣. 当代中国的石油化学工业［M］. 北京：中国社会科学出版社，1987.

［36］《气贯长虹》编委会编. 气贯长虹西气东输工程建设纪实［M］. 北京：石油工业出版社，2005.

［37］佟柔. 中国民法［M］. 北京：法律出版社，1994.

［38］孙宪忠. 论物权法［M］. 北京：法律出版社，2008.

［39］刘斌，王春福. 政策科学研究（第一卷）：政策科学理论［M］. 北京：人民出版社，2002.

［40］朱学义. 矿产资源权益理论与应用研究［M］. 北京：社会科学文献出版社，2008.

［41］江平. 中国矿业权法律制度研究［M］. 北京：中国政法大学出版社，1991.

［42］杨俊孝，朱亚夫.新时期新疆石油资源开发用地研究［M］.新疆人民出版社，2003.

［43］国土资源部编.中国矿产资源报告（2012）［M］.北京：地质出版社，2012.

［44］蔡定剑.宪法精解［M］.北京：法律出版社，2006.

［45］毛寿龙.国政府功能的经济分析［M］.北京：中国广播电视出版社，1998.

［46］余明勤.区域地方利益［M］.北京：经济管理出版社，2004.

［47］国家民族事务委员会经济发展司，国家统计局国民经济综合统计司.中国民族统计年鉴（2000）［M］.北京：民族出版社，2000.

［48］刘溶沧，李茂生.转轨中的中国财政问题［M］.北京：中国社会科学出版社，2002.

［49］熊文钊.大国地方——中国中央与地方关系宪政研究［M］.北京：北京大学出版社，2005.

［50］［美］加布里埃尔·A.阿尔蒙德.比较政治学——体系、过程和政策［M］.上海：上海译文出版社，1987.

［51］亚历山大米克尔约翰.表达自由的法律限度［M］.贵阳：贵州人民出版社，2003.

［52］胡伟.政府过程［M］.杭州：浙江人民出版社，1998.

［53］沈宗灵.现代西方法理学［M］.北京：北京大学出版社，1992.

［54］薄贵利.中央与地方关系研究［M］.长春：吉林大学出版社，1991.

［55］黄文扬.国内外民主理论要览［M］.北京：中国人民大学出版社，1990.

［56］周旺生.立法论［M］.北京：北京大学出版社，1994.

［57］李步云，汪永清.中国立法的基本理论和制度［M］.北京：中国法制出版社，1998.

［58］汤唯，毕可志.地方立法的民主化与科学化构想［M］.北京：北京大学出版社，2002.

［59］李林.走向宪政的立法［M］.北京：法律出版社，2003.

［60］李林.立法理论与制度［M］.北京：中国法制出版社，2005.

［61］［日］井手文雄.日本现代财政学［M］.陈秉良，译.北京：中国财政经济出版社，1990.

［62］杨元杰.税收学［M］.北京：经济管理出版社，2002.

［63］［法］孟德斯鸠.论法的精神（上册）［M］.张雁深，译.北京：商务印书馆，1961.

［64］［美］汉密尔顿，杰伊，麦迪逊.联邦党人文集［M］.陈逢如等，译.北京：商务印书馆，1980.

［65］［美］布伦南，等.宪法经济学［M］.冯克利，等，译.北京：中国社会科学出版社，2004.

［66］何家弘.当代美国法律［M］.北京：社会科学文献出版社，2001.

［67］吴国光，郑永年.论中央、地方关系：中国制度转型中的一个轴心问题［M］.伦敦：牛津出版社，1995.

［68］郭殊.中央与地方的司法调控研究［M］.北京：北京师范大学出版社，2010.

［69］张千帆.宪法学［M］.北京：法律出版社，2004.

［70］陈嘉陵，田穗生.各国地方政府比较研究［M］.武汉：武汉出版社，1992.

［71］董辅礽.集权与分权［M］.北京：经济科学出版社，1996.

［72］应松年，薛刚凌.行政组织法研究［M］.北京：法律出版社，2002.

［73］季卫东.法治秩序的建构［M］.北京：中国政法大学出版社，1999.

［74］［芬兰］克里斯特·斯塔尔伯格，等.北欧地方政府：战后发展趋势与改革［M］.常志霄，等，译.北京：北京大学出版社，2005.

［75］［加］威尔·金里卡.少数的权利［M］.邓红风，译.上海：上海译文出版社，2005.

［76］［美］布莱克.法律的运作行为［M］.唐越，苏力，译.北京：中国政法大学出版社，1999.

［77］卓泽源.法理学［M］.北京：法律出版社，2000.

［78］周勇.少数人权利的法理［M］.北京：社会科学文献出版社，2002.

［79］魏礼群.少数人权利的法理［M］.北京：中国经济出版社，1994.

［80］成升魁，等.2002 中国资源报告［M］.北京：商务印书馆，2003.

［81］肖国兴，肖乾刚.自然资源法［M］.北京：法律出版社，1999.

［82］蒋文军.矿业权交易法律实务操作指南［M］.北京：中国法制出版社，2009.

［83］国土资源部地质勘查司.各国矿业法选编［M］.北京：中国大地出版社，2005.

［84］杨维兴，关凤峻，等.矿业权与土地使用权制度比较研究［M］.北京：科学普及出版社，2006.

［85］高韫芳.当代中国中央与民族自治地方政府关系研究［M］.北京：人民出版社，2009.

［86］［美］罗伯特·A.达尔.多元主义民主的困境——自治与控制［M］.周军华，译.长春：吉林大学出版社，2006.

［87］张千帆.宪政、法治与经济发展［M］.北京：北京大学出版社，2004.

［88］刘星.法学知识如何实践［M］.北京：北京大学出版社，2011.

［89］郑琳.地方政府地位及财力配置问题研究［M］.北京：人民法院出版社，2008.

［90］［美］塞拉·本哈比.民主与差异：挑战政治的边界［M］.黄相怀，严海兵，等，译.北京：中央编译出版社，2009.

［91］乔世明.民族自治地方资源法制研究［M］.北京：中央民族大学出版社，2008.

［92］王允武，田钒平.西部开发背景下民族地区经济法制问题研究［M］.北京：中央民族大学出版社，2008.

［93］于建嵘.抗争性政治：中国政治社会学基本问题［M］.北京：人民出版社，2010.

［94］管跃庆. 地方利益论［M］. 上海：复旦大学出版社，2006.

［95］张志红. 当代中国政府间纵向关系研究［M］. 天津：天津人民出版社，2005.

［96］田芳. 地方自治法律制度研究［M］. 北京：法律出版社，2008.

［97］［瑞典］埃里克·阿姆纳，斯蒂格·蒙丁. 趋向地方自治的新理念？——比较视角下的新近地方政府立法［M］. 杨立华，张菡，吴瑕，译. 北京：北京大学出版社，2005.

［98］［加］罗伯特·L. 比什，埃里克·G. 克莱蒙斯. 加拿大不列颠哥伦比亚省地方政府［M］. 张广夏，皇娟，译. 北京：北京大学出版社，2006.

［99］金太军，赵晖. 中央与地方政府关系建构与调谐［M］. 广州：广东人民出版社，2005.

［100］熊文钊. 大国地方——中国民族区域自治制度的新发展［M］. 北京：法律出版社，2008.

［101］胡书东. 经济发展中的中央与地方关系——中国财政制度变迁研究［M］. 上海：上海人民出版社，2001.

［102］张千帆，［美］葛维宝. 中央与地方关系的法治化［M］. 程迈，牟效波，译. 南京：译林出版社，2009.

［103］马斌. 政府间关系：权力配置与地方治理——基于省、市、县政府间关系的研究［M］. 杭州：浙江大学出版社，2009.

［104］新疆维吾尔自治区统计局. 新疆年鉴（2010）［M］. 北京：中国统计出版社，2010.

［105］新疆维吾尔自治区统计局. 新疆统计年鉴（2010）［M］. 北京：中国统计出版社，2010.

［106］国家统计局能源司. 中国能源统计年鉴（2008）［M］. 北京：中国统计出版社，2008.

［107］新疆维吾尔自治区地方志编撰委员会. 西部大开发——新疆概览［M］. 乌鲁木齐：新疆人民出版社，2001.

［108］曹文虎，等. 青海省矿产资源开发与产业发展战略研究［M］. 北京：地质出版社，2004.

［109］姚慧琴，等.中国西部发展报告（2012 年）［M］.北京：社会科学文献出版社，2012.

［110］河北大学预算管理研究所.中国政府间财政关系研究［M］.北京：经济管理出版社，2007.

期刊类

［1］郝举，蔡齐.论我国矿产资源所有权［J］.中国矿业，2006（9）.

［2］张江河.论利益与政治之基本关系［J］.吉林大学社会科学学报，1994（11）.

［3］吕忠梅，尤明青.试论我国矿产资源所有权及其实现［J］.创新思维，2007（12）.

［4］王雪婷，王金洲.矿产资源所有者收益分配制度研究［J］.科技创业月刊，2012（9）.

［5］曹海霞.我国矿产资源产权的制度变迁与发展［J］.产经评论，2011（3）.

［6］戴永生.国内外矿业权之法律属性分析［J］.投资与合作，2006（2）.

［7］伍昌弟，贾志强.关于矿业权流转的必要性、条件、方式及存在问题的探讨［J］.四川地质学报，1998（1）.

［8］孙宏涛，田强.论矿业权的流转［J］.中国矿业大学学报（社会科学版），2005（9）.

［9］崔建远.矿业权法律关系论［J］.清华大学学报（哲学社会学版），2001（3）.

［10］许坚.采矿用地取得引起的问题及对策［J］.资源经济，2003（12）.

［11］吴宏.西气东输管道工程介绍［J］.天然气工业，2003（6）.

［12］才惠莲，等.我国矿地复垦立法的完善［J］.湖北社会科学，2009（3）.

［13］潘明才.德国土地复垦和整理的经验与启示［J］.国土资源，2002（1）.

231

［14］钟京涛. 我国矿业用地使用权的设置与改革［J］. 国土资源，2003（1）.

［15］崔建远，晓坤. 矿业权基本问题探讨［J］. 法学研究，1998（4）.

［16］刁广利. 西气东输三线工程正式开工［J］. 中学政史地，2012（12）.

［17］李寿武. 我国油气资源矿权制度中存在的问题及完善对策［J］. 技术经济与管理研究，2009（2）.

［18］郭彬程. 新疆油气产业发展现状与未来趋势探讨［J］. 中外能源，2012（7）.

［19］许抄军，等. 我国矿产资源产权研究综述及发展方向［J］. 中国矿业，2007（1）.

［20］李公明. 如何呈现矿产资源国家所有权性质［J］. 中国煤田地质，2007（5）.

［21］刘权衡. 必须在《矿产资源法》中建立保护矿产资源国家所有权的民事责任制度［J］. 西部资源，2007（5）.

［22］李俊然. 自然资源国家所有权有效实现的法律思考［J］. 经济论坛，2005（18）.

［23］彭方思. 浅析矿产资源所有权矿业权特征及其相互关系［J］. 中国地质，2000（04）.

［24］张璐. 矿产资源开发利用中权利与权力的冲突与协调［J］. 法学杂志，2009（8）.

［25］呼跃军，赵文龙. 内蒙古：草原石化披锦绣［J］. 中国石油和化工，2012（12）.

［26］孙鹏，叶普万. 论多元利益协调理论对解决我国西部资源开发中利益冲突的启示——以陕西榆林市为例［J］. 西安邮电学院学报，2011（5）.

［27］崔建远. 准物权的理论问题［J］. 中国法学，2003（3）.

［28］刘春宇，陈彤. 油气资源开发中中央和地方利益分配机制探讨［J］. 新疆社科论坛，2007（2）.

［29］孟勤国. 物权法如何保护集体财产［J］. 法学，2006（1）.

[30] 才惠莲，熊浩然. 西部矿产资源开发利用的法律环境分析 [J]. 法制与经济（中旬刊），2010（1）.

[31] 张千帆. 中央与地方关系法治化的制度基础 [J]. 江海学刊，2012（2）.

[32] 金亮新. 中央与地方关系法治化原理与实证研究 [J]. 浙江学刊，2007（4）.

[33] 杨海坤，金亮新. 中央与地方关系法治化之基本问题研讨 [J]. 现代法学，2007（6）.

[34] 熊聪茹，侯雪静. 新疆油气生产县从资源税改革中获益 [J]. 大陆桥视野，2011（7）.

[35] 余少祥. 什么是公共利益 [J]. 江淮论坛，2012（2）.

[36] 沈远新. 正和互动：中央与地方关系的新范式及其政策意义 [J]. 上海行政学院学报，2001（2）.

[37] 李凯. 转型时期我国中央与地方关系的改革和发展 [J]. 成都行政学院学报，2003（3）.

[38] 张亮亮. 自然资源富集与经济增长——一个基于"资源诅咒"命题的研究综述 [J]. 南方经济，2009（6）.

[39] 张颖慧. 油气资源开发中的生态补偿机制：文献综述 [J]. 西安石油大学学报，2012（2）.

[40] 张复明. 矿产开发负效应与资源生态环境补偿机制研究 [J]. 中国工业经济，2009（12）.

[41] 景普秋，张复明. 我国矿产开发中资源生态环境补偿的制度体系研究 [J]. 城市发展研究，2010（8）.

[42] 崔光莲，贾亚男. 厘清新疆能源资源开发中地方与中央利益关系的建议 [J]. 新疆财经，2007（4）.

[43] 武盈盈. 资源产品利益分配问题研究——以油气资源为例 [J]. 中国地质大学学报（社会科学版），2009（2）.

[44] 铁卫，王军. 略论对资源开发地政府利益的尊重与保护 [J]. 理论导刊，2006（3）.

［45］赵仕玲. 中国与外国矿业税费比较的思考［J］. 资源与产业，2007（5）.

［46］孙钢. 我国资源税费制度存在的问题及改革思路［J］. 税务研究，2007（11）.

［47］赵仕玲. 中国与外国矿业税费比较的思考［J］. 资源与产业，2007（5）.

［48］李社宁. 资源利益约束下西部经济持续增长的财税对策［J］. 财政研究，2007（4）.

［49］陈栋生. 西部大开发——回顾与前瞻［J］. 云南财经大学学报，2010（1）.

［50］铁卫，王军. 论对资源开发地政府利益的尊重与保护［J］. 理论导刊，2006（3）.

［51］高萍. 我国矿产资源开发收益分配实践与改革建议［J］. 中国矿业，2009（7）.

［52］王承武，蒲春玲. 新疆能源矿产资源开发利益共享机制研究［J］. 经济地理，2011（7）.

［53］刘小兵. 中央与地方关系的法律思考［J］. 中国法学，1995（2）.

［54］刘通，王青云. 我国西部资源富集地区资源开发面临的三大问题［J］. 经济研究参考，2006（25）.

［55］王海飞. 我国西部矿产资源开发现状及可持续发展对策［J］. 中国矿业，2009（2）.

［56］阎三忠. 加快西部油气资源开发［J］. 开放导报，2001（11）.

［57］郝举，蔡齐. 论我国矿产资源所有权［J］. 中国矿业，2006（9）.

［58］刘金平，张幼蒂，杨会俊. 绿色开采的矿产资源价值［J］. 中国矿业大学学报，2004（3）.

［59］李寿武. 我国油气资源矿权制度中存在的问题及完善对策［J］. 技术经济与管理研究，2009（2）.

［60］孙宏涛，田强. 论矿业权的流转［J］. 中国矿业大学学报（社会科学版），2005（9）.

[61] 伍昌弟，贾志强. 关于矿业权流转的必要性、条件、方式及存在问题的探讨 [J]. 四川地质学报，1998（1）.

[62] 崔建远，晓坤. 矿业权基本问题探讨 [J]. 法学研究，1998（4）.

[63] 钟京涛. 我国矿业用地使用权的设置与改革 [J]. 国土资源，2003（1）.

[64] 吴文洁，李美玉. 我国现行矿业用地制度中存在的问题及对策——基于油气资源地经济发展视角的分析 [J]. 特区经济，2007（10）.

[65] 王海. 21 世纪前期新疆油气资源开发战略探讨 [J]. 矿业研究与开发，2004（3）.

[66] 潘继平. 油气管理要分清"楚河汉界" [J]. 中国石油石化，2008（10）.

[67] 马艳，张峰. 利益补偿与我国社会利益关系的协调发展 [J]. 社会科学研究. 2008（4）.

[68] 陈飞，丁英宏. 西气东输工程对中西部地区经济与社会协调发展效益考查 [J]. 中国石油大学学报，2006（2）.

[69] 綦群高，杨俊孝，臧俊梅. 新疆油气资源开发生态环境问题研究 [J]. 新疆社科论坛，2003（1）.

[70] 石油石化行业税收问题研究课题组. 我国石油石化行业税收问题研究——以新疆为案例的分析 [J]. 经济研究参考，2007（69）.

[71] 付鸣珂. 新矿产资源法修改的要义和内涵 [J]. 中国矿业，1997（1）.

[72] 保建云. 地方利益冲突、地方保护主义与政策选择分析 [J]. 国家行政学院学报，2007（6）.

[73] 王文长. 论自然资源存在及开发与当地居民的权益关系 [J]. 中央民族大学学报，2004（1）.

[74] 胡克刚，铁卫. 关于陕北资源开发中若干问题的思考 [J]. 西安财经学院学报，2005（5）.

[75] 李卫华. 从利益分配的差异看东西部地区经济发展的差距 [J]. 当代经济科学，1997（3）.

［76］李永波.油田地方产权冲突及其治理机制探析［J］.资源与产业，2010（4）.

［77］谢鹍，宋岭.资源税改革对矿产资源配置的效应分析——以新疆为例［J］.新疆大学学报，2011（1）.

［78］余少祥.什么是公共利益［J］.江淮论坛，2012（2）.

［79］谭旭红，谭明军，刘德路.关于我国矿产资源税费体系改革的思考［J］.煤炭经济研究，2006（6）.

［80］薄传华，樊利钧.我国石油资源权益分配不平衡对油田与地方关系的影响及政策建议［J］.当代石油石化，2007（2）.

［81］张景华，许彦."资源诅咒"视角下的西部地区经济增长［J］.特区经济，2008（12）.

［82］宋槿篱，李玮.对我国财政转移支付立法的几点建议［J］.法学杂志，2005（3）.

［83］冯兴元.中央和地方财政关系的症结与应变［J］.人民论坛，2010（7）.

［84］王健，董小君.建立西部地区资源补偿机制中存在的问题和对策［J］.经济研究参考，2007（44）.

［85］赵光侠.构建和谐社会要完善农民利益表达机制［J］.江苏省社会主义学院学报，2007（5）.

［86］徐宏伟，等.中央与地方关系中的"不公平"现象与解决途径［J］.社会政治研究，2004（12）.

［87］曹海霞.我国矿产资源产权的制度变迁与发展［J］.产经评论，2011（3）.

［88］何影.利益共享的政治学解析［J］.学习与探索，2010（4）.

［89］黄晓军.论公共政策制定和实施中的利益均衡——中央与地方关系的制度创新取向［J］.唯实，2002（5）.

［90］刘灿，吴垠.分权理论及其在自然资源产权制度改革中的应用［J］.经济理论与经济管理，2008（11）.

［91］刘茂林，石佑启.WTO与中国地方立法的回应与创新［J］.江汉大学学报，2005（4）.

［92］周叶中.论民主与利益、利益集团［J］.学习与探索，1995（2）.

［93］张艳.论我国立法权限划分［J］.天津市政法管理干部学院学报，2006（1）.

［94］杨利敏.我国《立法法》关于权限规定的缺陷分析［J］.法学，2000（6）.

［95］陈斯喜.论我国立法权限的划分［J］.中国法学，1995（1）.

［96］潘波.行政法视野下的中央与地方权限冲突——以国有自然资源为考察视角［J］.行政法学研究，2008（2）.

［97］任进，李军.论中央于地方权限争议法律解决机制［J］.国家行政学院学报，2005（2）.

［98］刘海波.中央与地方关系的司法调节［J］.法学研究，2004（5）.

［99］任广浩.国家权力纵向配置的法治化选择［J］.河北法学，2009（5）.

［100］胡鞍钢.转型期防止腐败的综合战略与制度设计［J］.管理世界，2001（6）.

［101］王建新，黄雪莲.浅论新疆资源的开发与环境保护［J］.干旱环境监测，2004（2）.

［102］周金龙，杨志勋.新疆矿产资源开发与生态环境建设协调发展［J］.干旱区资源与环境，2004（7）.

［103］闫双双，龚战梅.试论新疆油气资源开发与环境保护［J］.延边大学学报，2009（2）.

［104］冉新庆.浅议库车草湖地区石油开发对周边自然生态环境造成的破坏及影响［J］.科技信息，2007（19）.

［105］国家行政学院经济学部.建立西部地区资源补偿机制中存在的问题和对策［J］.经济研究参考，2007（44）.

［106］李甫春.对西部地区自然资源开发模式探讨——以龙滩水电站库区为例［J］.当代广西，2005（7）.

［107］乌力更.关于自治权行使过程中的问题与对策思考［J］.贵州民族研究，2003（2）.

[108] 杨遂周. 分步推进资源税改革的背景和意义 ［J］. 研究与探索, 2010（11）.

[109] 杨利敏. 论我国单一制下的地方立法相对分权 ［J］. 厦门大学法律评论, 2001（1）.

[110] 谢旭人. 关于中央与地方事权划分若干问题的思考 ［J］. 财政研究, 1995（1）.

[111] 周国良. 规范政府职能优化中央与地方税收结构 ［J］. 天津商学院学报, 2003（1）.

[112] 宋槿篱, 李玮. 对我国财政转移支付立法的几点建议 ［J］. 法学杂志, 2005（3）.

[113] 丁文, 张林. 我国财政转移支付法律制度之反思与重构 ［J］. 武汉市经济管理干部学院学报, 2004（12）.

[114] 王丽娟, 李亚宁. 我国政府间转移支付制度的发展方向 ［J］. 经济师, 2004（2）.

[115] 傅晨. 水权交易的产权经济学分析 ［J］. 中国农村经济, 2002（10）.

[116] 薛刚凌. 中央地方间程序制度研究 ［J］. 行政法学研究会 2009 年年会论文, 2009.

[117] 刘灿, 吴垠. 分权理论及其在自然资源产权制度改革中的应用 ［J］. 经济理论与经济管理, 2008（11）。

学位论文

[1] 王淑玲. 我国西部地区矿产资源优势综合评价 ［D］. 中国地质大学, 2006.

[2] 谭卓卫. 中央政府与地方政府合作关系研究 ［D］. 湖南大学, 2010.

[3] 何瑜. 我国西部地区工业用地污染与法律整治研究 ［D］. 西北民族大学, 2008.

[4] 罗玮琦. 矿业权与土地权间的冲突解决方式研究 ［D］. 西南石油大学, 2011.

［5］王承武.新疆能源矿产资源开发利用补偿问题研究［D］.新疆农业大学，2010.

［6］孙燕涛.论中央与地方权限争议的法律调节机制［D］.河北师范大学，2010.

［7］刘亮桧.宪政视角下的国家征税权控制［D］.黑龙江大学，2009.

［8］刘永红.论纳税人的参与权［D］.吉林大学，2004.

［9］陈镱方.论税收程序的价值［D］.西南政法大学，2007.

［10］冯华艳.制度变迁及中央与地方的博弈［D］.郑州大学，2002.

［11］萧杰.我国中央与地方关系法制化的思考［D］.曲阜师范大学，2009.

［12］胡永平.民族发展权的法律保障机制研究［D］.石河子大学，2007.

［13］罗丽枝.论我国公民环境权的实现方式［D］.东北林业大学，2003.

［14］翟东堂.少数民族经济权利法律保障研究［D］.中央民族大学，2007.

［15］黎江虹.纳税人权理论［D］.中南大学，2006.

［16］林华辉.对我国中央与地方政府税权划分的思考［D］.浙江大学，2005.

［17］刘立华.市场进程中中央和地方关系的重构［D］.南京师范大学，2004.

［18］李星华.中央与地方权限争议解决机制的比较研究［D］.中国政法大学，2008.

电子资源

［1］江涌.警惕部门利益膨胀［EB/OL］.（2007－12－24）［2012－10－20］.http：//www.sociologyol.org/shehuibankuai/shehuipinglunliebiao/2007－12－24/4168.html.

［2］新华社.2010年新疆油气产业力争改变去年颓势［EB/OL］.（2010－03－25）［2012－10－20］.http：//www.china5e.com/show.php?contentid=86259.

［3］国务院西部地区开发领导小组办公室.“十五”西部开发总体规划［EB/OL］.（2006－04－13）［2012－11－20］. http：//news. xinhuanet. com/politics/2006－04/13/content_ 4418569. htm.

［4］西气东输概况.［EB/OL］.（2009－05－08）［2012－11－23］. http：//zhidao. baidu. com/question/96257160.

［5］中国新华网.西气东输工程已输气692亿方全面进入正常运行，［EB/OL］.（2010－03－04）［2013－11－23］. http：//finance. chinanews. com/ny/news/2010/03－04/2151693. shtml.

［6］中国人大网.国务院关于深入实施西部大开发战略情况的报告，［EB/OL］.（2013－10－22）［2013－10－30］. http：//www. npc. gov. cn/npc/xinwen/2013－10/22/content_ 1810645. htm.

［7］中国广播网.西部大开发10年间民族地区生产总值增长近两倍，［EB/OL］.（2009－11－21）［2013－08－20］. http：//www. cnr. cn/allnews/200911/t20091121_ 505651561. html.

［8］中央政府门户网.2012年西部大开发新开工22项重点工程投资5778亿元，［EB/OL］.（2012－12－29）［2013－08－20］. http：//www. gov. cn/jrzg/2012－12/19/content_ 2294080. htm.

［9］扶贫办.西部大开发期间我国农村贫困人口大幅度减少，［EB/OL］.（2010－07－07）［2012－11－23］. http：//news. workercn. cn/c/2010/07/07/100707213942318198200. html.

［10］中国网.中央投入不断加大深入推进西部地区卫生事业发展，［EB/OL］.（2010－08－10）［2013－08－20］. http：//politics. people. com. cn/GB/1026/12397582. html.

［11］中国新闻网.三年来新疆全社会固定资产投资增长每年都过千亿元，［EB/OL］.（2013－05－06）［2013－08－20］. http：//www. chinanews. com/gn/2013/05－06/4790278. shtml.

［12］中国政府门户网.西气东输引入四大气源保障全国14省区市供气安全，［EB/OL］.（2012－08－01）［2013－08－20］. http：//www. gov. cn/jrzg/2012－08/01/content_ 2196268. htm.

［13］新华网. 世界最长天然气管道建成投产从中亚到珠三角，［EB/OL］.（2011－06－30）［2012－11－23］. http：//news. xinhuanet. com/2011－06/30/c_ 121606930_ 2. htm.

［14］中国网. 川气东送工程投入商业运行，［EB/OL］.（2010－09－01）［2012－11－23］. http：//www. china. com. cn/economic/txt/2010－09/01/content_ 20839605. htm.

［15］加速油气资源勘查开发，提升内蒙古油气资源战略地位，［EB/OL］.（2012－12－04）［2012－12－20］. http：//www. docin. com/p－469729121. html.

［16］石油与环境网络. 新疆油气开发与环境项目终期报告，［EB/OL］.（2006－12－25）［2012－10－30］. http：//wenku. baidu. com/view/44b644c66137ee06eff918bc. html.

［17］李丹. 国土资源部：全国矿产资源开发秩序整顿效果显著，［EB/OL］.（2010－09－19）［2013－08－20］. http：//test. jndc. mlr. gov. cn/xwdt/jrxw/201009/t20100919_ 769314. htm.

［18］天然气输送管道. 西气东输气贯长虹，［EB/OL］.（2012－09－24）［2012－11－23］. http：//www. sogou. com/websnapshot?.

［19］王露. 专家呼吁税收立法权收归人大［EB/OL］.（2009－07－01）［2012－09－30］. http：//www. caijing. com. cn/2009－07－01/110191911. html.

［20］新华网. 开发"一黑一白"，不要"富财政穷百姓"，［EB/OL］.（2008－04－03）［2012－11－23］. http：//news. xinhuanet. com/newscenter/2008－03/30/content_ 7885825. htm.

［21］国际燃气网. 油气资源推动库车快速发展，［EB/OL］.（2006－08－22）［2012－11－23］. http：//gas. in－en. com/html/gas－20062006082230959. html.

［22］阿克苏政府网. 库车县石化产业助力库车税收迅猛增长，［EB/OL］.（2010－09－30）［2012－11－23］. http：//www. aks. gov. cn/? thread－18370－1. html.

［23］阿克苏新闻网. "八骏"拉动库车新型工业化，［EB/OL］.（2012－

09－05）［2012－11－23］. http：//www. aksxw. com/b926bda0－599f－4277－8010－ea7756400899_ 1. html.

［24］地委委员、县委书记李刚在中共库车县委十一届六次全委（扩大）会议上的报告，［EB/OL］.（2009－03－20）［2012－12－20］. http：//www. xjkc. gov. cn.

［25］新疆招商网.继续打好招商引资"一号工程"攻坚战，为库车国民经济又好又快发展培育强大动力，［EB/OL］.（2010－01－22）［2012－11－23］. http：//www. xjzsw. gov. cn.

［26］中国会计视野.资源税改革，［EB/OL］.（2012－09－22）［2012－12－20］. http：//www. esnai. com/focus/ziyuanshui/.

［27］巴州油气资源转换推进新型工业化，［EB/OL］.（2012－09－12）［2012－12－22］. http：//www. tianshannet. com. cn/energy/content/2012－09/12/content_ 7234644. htm.

［28］中国投资咨询网.新疆油气资源总量达150亿吨，［EB/OL］.（2012－04－25）［2012－09－22］. http：//www. ocn. com. cn/free/201204/shiyou251127. shtml.

［29］尉犁.［EB/OL］.（2012－09－22）［2012－12－20］. http：//www. hudong. com/wiki/% E5% B0% 89% E7% 8A% 81.

［30］中国税网."两会"：资源利用与财力增长应更持续、更协调，［EB/OL］.（2011－03－11）［2012－09－22］. http：//www. ctaxnews. com. cn/xinwen/ xwtp/201103/t20110311_ 1570224. htm.

［31］搜狐网.资源税收拉动民生项目建设，［EB/OL］.（2012－05－23）［2012－09－22］. http：//roll. sohu. com/20120523/n343926627. shtml.

［32］中国网络电视台.2012年上半年新疆资源税入账35. 5亿元，［EB/OL］.（2012－07－23）［2012－09－22］. http：//news. cntv. cn/20120723/108909. shtml.

［33］新华网.新疆资源税试点一周年增收35. 78亿元，［EB/OL］.（2011－06－03）［2012－09－24］. http：//news. xinhuanet. com/fortune/2011－06/03/c_ 121491677. htm.

报纸

[1] 董小君.建立资源补偿机制让西部走出"富饶的贫困"[N].中国经济时报,2007-07-20(4).

[2] 张一鸣.西气东输三线开工,进口天然气占比增加[N].中国经济时报,2012-10-22.

[3] 谢卫群,魏贺,胡洪江.西部:大开发,大发展[N].人民日报,2009-09-16.

[4] 赵永平.农业——固本强基,推动西部发展——访农业部副部长危朝安[N].人民日报,2009-11-26.

[5] 王辉.西部大开发战略实施10年成绩斐然[N].中国民族报,2009-11-24.

[6] 龚金星,汪志球.抓住机遇实现新跨越——访贵州省省长林树森(西部大开发10周年省长访谈)[N].人民日报,2010-01-20.

[7] 孙书博.十年投入超2万亿,中央投资西部显著加速[N].第一财经日报,2009-10-13.

[8] 赵永平.水利——西部发展的基础保障——访水利部副部长矫勇[N].人民日报,2009-11-25.

[9] 陆娅楠.大开发让西部交通畅出行便[N].人民日报,2009-11-30.

[10] 白剑峰.西部医疗卫生水平显著提高[N].人民日报,2009-11-30.

[11] 陈至立.巩固"两基"攻坚成果,开创农村义务教育工作新局面——在国家西部地区"两基"攻坚总结表彰大会上的讲话[N].人民日报,2007-12-04.

[12] 白天亮.大开发让西部就业稳人才聚[N].人民日报,2009-11-28.

[13] 谢卫群,魏贺,胡洪江.西部:大开发,大发展[N].人民日报,2009-09-01.

[14] 顾仲阳. 西部森林覆盖率 10 年提高 6.73% [N]. 人民日报, 2009 - 11 - 26.

[15] 冉永平. 天然气输气管道——西气东输, 气贯长虹 [N]. 人民日报, 2012 - 09 - 24.

[16] 内蒙古自治区统计局. 内蒙古自治区 2011 年国民经济和社会发展统计公报 [N]. 内蒙古日报, 2012 - 03 - 02.

[17] 陈金国. 黄土高原的希望与呼唤——陕西油气资源开发利用与区域经济发展的宏观分析 [N]. 中国石油报, 2008 - 07 - 18.

[18] 张米扬. 开发"一黑一白", 不要"富财政穷百姓" [N]. 新华每日电讯, 2008 - 04 - 03.

[19] 张国领, 翟开会. 库车栽下"梧桐树", 引来"凤凰栖" [N]. 新疆日报, 2004 - 06 - 28.

[20] 党鹏. 陕北石油资源开采权大战艰难落幕 [N]. 市场报, 2005 - 10 - 14.

[21] 发改委圈定三大油田九大煤田, 新疆能源开发提速 [N]. 中国证券报, 2006 - 08 - 10.

[22] 国家发改委. 西部大开发"十二五"规划 [N]. 经济日报, 2012 - 02 - 21.

[23] "十一五"时期西部地区生产总值年均增长 13.6% [N]. 中国证券报, 2012 - 02 - 21.

[24] 西气东输一样工程, 多样效应 [N]. 西安晚报, 2000 - 05 - 15.

[25] 陈金国. 黄土高原的希望与呼唤——陕西油气资源开发利用与区域经济发展的宏观分析 [N]. 中国石油报, 2008 - 07 - 18.

[26] 就香港特别行政区终审法院的有关判决内地法律界人士发表意见 [N]. 人民日报, 1999 - 02 - 08.

[27] 双拥共建促发展, 和谐花开龟兹美 [N]. 新疆日报, 2006 - 12 - 15.

[28] 罗洪啸. 西二线全线投产"能源新丝路"气贯神州 [N]. 文汇报, 2011 - 06 - 30.

外文文献

［1］ Tom Tietenberg：Environmental and Natural Resource Economic，Addison Wesley，2008.

［2］ Zillman，Donald M：Human Rights in Natural Resource Development：Public Participation in the Sustainable Development of Mining and Energy Resources. London：Oxford University Press，Incorporated，2002.